重庆市情概览

（2019）

重庆市地方志办公室　编著

西南师范大学出版社
全国百佳图书出版单位　国家一级出版社

图书在版编目（CIP）数据

重庆市情概览 . 2019 / 重庆市地方志办公室编著
. — 重庆 : 西南师范大学出版社 , 2019.12
ISBN 978-7-5697-0076-3

Ⅰ . ①重… Ⅱ . ①重… Ⅲ . ①重庆 – 概况 – 2019
Ⅳ . ① K927.19

中国版本图书馆 CIP 数据核字（2019）第 272738 号

重庆市情概览（2019）
CHONGQING SHIQING GAILAN（2019）
重庆市地方志办公室　编著

责任编辑　何雨婷　张昊越
责任校对　李浩强
排　　版　重庆巴南彩印厂
出版发行　西南师范大学出版社
　　　　　地址：重庆市北碚区天生路 2 号
　　　　　邮编：400715
　　　　　网址：http：//www.xscbs.com
经　　销　新华书店
印　　刷　重庆巴南彩印厂
幅面尺寸　170mm × 240mm
字　　数　240 千字
印　　张　16.75
版　　次　2019 年 12 月　第 1 版
印　　次　2019 年 12 月　第 1 次印刷
书　　号　ISBN 978-7-5697-0076-3

定　　价　58.00 元

重庆市地方志编纂委员会

主 任 委 员：唐良智　市委副书记、市政府市长
副主任委员：张　鸣　市委常委、宣传部部长
刘学普　市人大常委会副主任
屈　谦　市政府副市长
宋爱荣　市政协副主席
程　洪　重庆警备区副政委
欧顺清　市政府秘书长

委 员 单 位：市纪委监委机关、市委办公厅、市人大常委会办公厅、市政府办公厅、市政协办公厅、市委组织部、市委宣传部、市委统战部、市委政法委、市委编办、市发展改革委、市教委、市科技局、市经济信息委、市民族宗教委、市公安局、市民政局、市司法局、市财政局、市人力社保局、市规划自然资源局、市生态环境局、市住房城乡建委、市城市管理局、市交通局、市水利局、市农业农村委、市商务委、市文化旅游委、市卫生健康委、市退役军人事务局、市应急局、市审计局、市政府外办、市国资委、市市场监管局、市统计局、市高法院、市检察院、重庆警备区、市档案馆、市志办

《重庆市情概览（2019）》编辑部

主　　编：刘文海
副 主 编：夏小平
执行主编：郭永彬
成　　员：郭永彬　曾　伟　殷　智
　　　　　董宁波　熊蜀黔　洪　霞
编　　辑：熊　英　张　莉

《重庆市情概览（2019）》编辑部

主　　编：刘文海

副 主 编：夏小平

执行主编：郭永彬

成　　员：郭永彬　曾　伟　殷　智
董宁波　熊蜀黔　洪　霞

编　　辑：熊　英　张　莉

提供初稿单位
（按篇目先后为序）

市委研究室
市发展改革委
市委政法委
市扶贫办
市生态环境局
市纪委监委
市委组织部
市委宣传部
市委统战部
市政府外办
市人大常委会研究室
市政府研究室
市政协办公厅
市公安局
市检察院
市高法院
市司法局
民革市委会
民盟市委会
民建市委会
民进市委会
农工党市委会
致公党市委会
九三学社市委会
台盟市委会
市工商联（市总商会）
市总工会
团市委
市妇联
重庆警备区
市人民防空办
市农业农村委
市经济信息委
市住房城乡建委
市商务委
市交通局
市邮政管理局
市通信管理局
市文化旅游委
市市场监管局

市财政局
重庆市税务局
重庆银保监局
重庆证监局
市社科联
市作协
市档案局
市委党史研究室
市志办
市科技局
市教委
市卫生健康委
市体育局
市人力社保局
国家统计局重庆调查总队
市统计局
市民政局
市退役军人事务局
市应急局
市规划自然资源局
市林业局
市水利局

数字重庆 2018

土地面积　8.24 万平方千米

年末常住人口　3101.79 万人

就业人员　1709.51 万人
在岗职工　356.61 万人
城镇登记失业人员　13.09 万人

生产总值　20363.19 亿元
　第一产业增加值　1378.27 亿元
　第二产业增加值　8328.79 亿元
　第三产业增加值　10656.13 亿元
三次产业比例　6.8 ：40.9 ：52.3

房地产开发投资　4248.76 亿元

一般公共预算收入　2265.5 亿元
一般公共预算支出　4540.9 亿元

粮食总产量　1079.34 万吨
无公害农产品、绿色食品、有机农产品
　和农产品地理标志　3866 个

规模以上工业总产值　2.07 万亿元
规模以上工业主营业务收入　2.02 万亿元
规模以上工业利税总额　2231.17 亿元

建筑业总产值　7819.42 亿元
房屋施工面积　3.51 亿平方米
房屋竣工面积　1.38 亿平方米

公路通车里程　15.75 万千米
　高速公路通车里程　3096 千米
铁路通车里程　2371 千米
　高速铁路通车里程　492 千米
铁路、公路、水运、民航客运量　6.36 亿人
铁路、公路、水运、民航货运量　12.82 亿吨
港口货物吞吐量　2.04 亿吨

邮电业务收入　368.79 亿元
本地电话用户　589 万户
移动电话用户　3650.7 万户
固定互联网宽带接入用户　1273.8 万户

社会消费品零售总额　7977.01 亿元
　批发零售贸易业　6705.53 亿元
　住宿餐饮业　1271.48 亿元

进出口总额　790.4 亿美元
　出口额　513.77 亿美元
　进口额　276.63 亿美元

实际利用外资　102.73 亿美元
外商直接投资　32.5 亿美元

接待入境游客　388.02 万人次
旅游外汇收入　21.9 亿美元
旅行社组织出境游客　201.66 万人次

金融机构人民币存款年末余额　3.57 万亿元
金融机构人民币贷款年末余额　3.14 万亿元
股票筹资额　43.96 亿元
保险公司保费收入　806.24 亿元
保险公司赔款及给付　277.37 亿元

普通高等学校、普通中学、小学专任教师　28.66 万人
普通高等学校、普通中学、小学在校学生　457.66 万人
教育经费支出　1018.81 亿元

技术市场成交额　266.17 亿元

世界文化遗产　1 处
世界自然遗产　1 处

中国历史文化名镇　18 个
中国历史文化名村　1 个
中国传统村落　74 个

图书出版　1.53 亿册（张）
杂志出版　4455 万册
报纸出版　2.64 亿份
电视人口覆盖率　99.27%
广播人口覆盖率　99.04%

国家级自然保护区　7 个
国家级森林公园　27 个
国家级湿地公园　22 个

城镇常住居民平均每户常住人口　3.04 人
农村常住居民平均每户常住人口　2.93 人

内地居民登记结婚　25.88 万对
内地居民登记离婚　13.62 万对

城镇常住居民人均房屋建筑面积　36.53 平方米
农村常住居民人均住房面积　53.93 平方米

城镇非私营单位在岗职工工资总额　2903.79 亿元
城镇非私营单位在岗职工平均工资　8.18 万元
城镇常住居民人均可支配收入　3.49 万元
农村常住居民人均可支配收入　1.38 万元

医院、卫生院　1684 家（所）
卫生技术人员　20.92 万人
卫生机构床位　22.01 万张

编辑说明

一、为更好地服务新时代重庆改革开放和现代化建设，充分利用全市地方志系统文化资源，重庆市地方志办公室组织编纂了《重庆市情概览（2019）》。

二、本书简要记述了2018年度全市经济、政治、文化、社会、生态文明等方面建设的基本情况，内容丰富，资料翔实，一册在手，遍览市情，为广大读者认识重庆、了解重庆提供一个渠道和窗口，希望成为全市社会各界人士随身携带、简明实用的市情资料书。

三、《重庆市情概览（2019）》设特辑、政治建设、经济建设、文化建设、社会建设、生态文明建设、统计资料、附录等8个部分，注重体现地方特色和年度特征，内容通俗易懂，文字简朴生动，有较强的资料性、知识性和可读性。

四、本书资料主要来源于市级有关部门和单位，统计资料由市统计局提供。

五、本书的编辑出版得到了有关单位的关心、支持和帮助，在此表示感谢！由于时间仓促，书中难免有不妥和疏漏之处，恳请读者批评指正。

前　言

重庆，山水之城。

重庆，美丽之地。

“汉水波浪远，巫山云雨飞。”山环水绕，江峡相拥，重庆自古是 人文荟萃之地、商贾争占之埠、兵家必争之要，是我国著名的历史文化名城。“叶片浮沉巴子国”，早在 3000 多年前，巴人就在此立国建都，是巴渝文化的发祥地。因嘉陵江古称“渝水”，故又简称“渝”。北宋崇宁元年（1102 年），改渝州为恭州。南宋淳熙十六年（1189 年），宋光宗赵惇即帝位，遂升恭州为重庆府，重庆由此得名。自秦以来历经四次筑城，方才缔造重庆古城雏形。1891 年，重庆成为中国最早对外开埠的内陆通商口岸。抗日战争时期，是国民政府陪都和世界反法西斯战争远东指挥中心，是以周恩来同志为代表的中共中央南方局所在地。民盟、民建、九三学社和民革前身之一的“三民主义同志联合会”均在此成立。中华人民共和国成立以来，是中共中央西南局、西南军政委员会驻地和西南地区政治、经济、文化中心，是“三线建设”的重点地区，是全国第一个经济体制综合改革试点城市。1997 年直辖以来，重庆紧紧围绕国家重要中心城市、长江上游地区经济中心、国家重要现代制造业基地、西南地区综合交通枢纽和内陆开放高地等国家定位，谋划推动经济社会发展，各项事业发展取得长足进步。

大山大水之间，在巍峨壮丽的白帝城下，是“夔门天下雄”，文人骚客吟诵不朽诗篇；在大足山岭崖壁上，几经雕琢留下人类石窟艺术史上举世瞩目的丰碑。大开大合的自然环境孕育了重庆人民忠勇节义、开放包容的精神品质，巴渝儿女用辛勤劳动创造了灿烂的历史文化。国破家亡之际，巴蔓子刎颈留城，钓鱼城“上帝折鞭”，秦良玉擂鼓出征；为了独立自由，邹容甘为“革命军中马前卒”，革命先驱杨闇公、赵世炎慷慨取义，刘伯承、聂荣臻挥雄师金戈铁马；战火纷飞之时，民族精神堡垒傲然挺立，革命英烈鲜血永铸忠魂。悠悠岁月长河里，闪耀着动人的巴渝文化、抗战文化、红岩文化、三峡文化等历史遗迹。

七十年爬坡上坎，七十年励精图治，留下了辉煌的改革发展成果。中华人民共和国成立以来，重庆紧紧抓住“三线建设”、直辖建市、三峡工程、西部大开发、“一带一路”及“长江经济带”建设等历史机遇，老工业基地焕发生机活力，战略性新兴产业蓬勃发展。创新驱动引擎强力，推动经济社会高质量发展创新，创造人民群众高品质生活。基础设施提速建设，“四小时重庆”全面实现，“一枢纽十干线”铁路网连接城乡。移民安置圆满完成，城乡面貌日新月异，各项社会事业全面进步，山清水秀美丽之地正在形成。“三大攻坚战”全力打响，人民群众获得感幸福感安全感持续增强。内陆开放高地加快崛起，以长江黄金水道、中欧班列（重庆）等为支撑的开放通道全面形成，对接“一带一路”的国际陆海贸易新通道建设上升为国家战略。

历史总是以特殊的方式给人以智慧和力量。今年是中华人民共和国成立七十周年，为深学笃用习近平新时代中国特色社会主义思想和党的十九大精神，更好地满足人民群众日益增长的文化需求，增强文化自信，守住山城根脉，助力实现“两点”定位、“两地”“两高”目标、发挥“三个作用”和营造良好政治生态，重庆市地方志办公室认真组织编写《重庆地情概览》《重庆市情概览》，前者介绍历史上的重庆，后者介绍当下的重庆。《重庆市情概览（2019）》以《重庆年鉴》、统计资料为基础，简要记述2018年全市政治、经济、文化、社会、生态文明等方面的基本情况，图文并茂、全面立体地向人们展示重庆经济社会发展新成就、新成果。

行千里，致广大。《重庆市情概览》作为展示重庆风采的一张名片，是认识重庆、走进重庆的平台和窗口。愿本书能为重庆干部群众提供一份醇厚的精神滋养，为开启新征程、建功新时代提供一份绵薄的文化助力，让社会各界了解重庆、熟悉重庆、热爱重庆。

本书编写组

2019年8月

目　录

特　辑

第一节 “两地”建设

一、内陆开放高地建设

2018 年，全市上下深入贯彻落实习近平总书记对重庆提出的“两点”定位、“两地”“两高”目标和营造良好政治生态、做到“四个扎实”的重要指示要求，聚焦建设内陆国际物流枢纽和口岸高地，拓宽各类开放平台，壮大优势产业产品，着力培育市场主体，切实改善营商环境，内陆开放高地建设成效显著。全年全市外贸进出口总值突破 5200 亿元，比上年增长 15.9%，比全国外贸进出口总值增幅高 6.2 个百分点；服务贸易进出口总额 315 亿美元，增长 20.7%；实际利用外资 102.7 亿美元，其中外商直接投资（FDI）32.5 亿美元，增长 43.8%，列中西部地区第一位；非金融类对外直接投资超过 11 亿美元。

（一）开放平台发展引领作用凸显

开放平台体系进一步完善。荣昌高新区、永川高新区被批准为国家级高新区，江津综合保税区封关运行，涪陵综合保税区、果园港保税物流中心（B 型）被批准建设，全市形成“1+2+7+8”的开放平台体系。

开放平台制度进一步健全。出台全市开放平台协同发展规划，建立开放平台现场观摩机制，推动全市开放平台在功能定位、政策要素、产业发展、信息物流等多方面协同，推动全市各类开发开放平台政策共享共用，实现功能互补、发展互促。特别突出重庆自贸试验区与中新互联互通项目建设一体规划、统筹推进。

开放平台引领作用进一步突出。两江新区构建开放型经济新体制综合试点试验圆满收官，被批准深化服务贸易创新发展试点。自贸试验区建设总体方案151项改革任务已落地129项，推出创新举措141项，复制推广自贸试验区改革试点经验和案例127项，21项制度创新成果从自贸试验区推广到全市；探索形成13个创新典型案例、34项制度创新成果。2018年，全市新增注册企业1.28万户，新增注册外资企业221户，引进项目983个，合同金额2129.25亿元。高标准实施中新互联互通项目，深入推进金融服务、航空产业、交通物流、信息通信四大重点领域合作，举办中新金融峰会，启动智慧城市建设，全年中新双方签约合作项目147个，签约金额逾219亿美元。全年全市18个开放平台的外贸进出口额占全市外贸进出口总额的80%，外商直接投资占全市外商直接投资总额的73%。

（二）开放通道进一步完善

向东，强化长江黄金水道作用。巩固优化“五定”快班轮优先过闸3班/天机制，2018年协调优先过闸船舶953艘次，果园港启运港退税政策获批准；开通渝甬铁海联运通道并实现天天班，与中欧班列（重庆）实现无缝对接，全年开行143列。

向西，拓展中欧班列（重庆）功能。创新推动中欧班列（重庆）邮包运输，从2018年10月起，广州、杭州等6个互换局的国际邮件总包以转关方式运至重庆并由中欧班列（重庆）统一发运，累计出口国际邮件超过72万件。建设境外分拨点30个，形成“1+N”的辐射分拨体系，累计开行班列突破2700班。

向南，加快“陆海新通道”建设。打造以重庆为运营中心、对接“一带一路”的中新（重庆）战略性互联互通示范项目——国际陆海贸易新通道，并上升为国家战略。2018年，渝黔桂新铁海联运班列、跨境公路班车、国际铁路联运班列分别开行609、505、55班。

向北，打通从重庆经满洲里出境至俄罗斯通道。“渝满俄”班列实现每周常态化开行1班，联通中蒙俄经济走廊。

空中，发挥航空枢纽作用。以江北国际机场为核心，形成“一大四小”机场体系，加快打造国际航空枢纽。至年末，江北国际机场开通航线329条，其中国际及地区航线82条。2018年，旅客吞吐量突破4000万人次。

（三）开放口岸运行效能日益改善

口岸体系日趋完善。至年末，全市形成4个国家开放口岸、3个原二类口岸、8个保税功能区的口岸体系，拥有进口汽车整车、肉类、水果、冰鲜水产品、食用水生动物、粮食、活牛、药品、毛坯钻石9个类别进口特殊商品指定口岸，功能覆盖港口、铁路、机场、公路等主要交通枢纽和全市开放发展主要区域。

口岸服务持续优化。出台《重庆口岸提升跨境贸易便利化若干措施》《重庆航空口岸生鲜货物进口通关作业便利化措施（试行）》等提升口岸服务系列政策。降低集装箱合规成本，实行口岸物流“并联作业”“限时作业”，深化7×24小时通关保障措施，“查检合一”加快落实，通关便利化程度进一步提升。2018年，全市进口整体通关时间比上年压缩65%，出口整体通关时间压缩94%，进出口环节合计降费954元。

监管方式更加便捷。成功落地实施标准版税费支付、加工贸易、空运舱单、运输工具4项新功能，在国内率先实现“单一窗口”在线收付汇，深化国际贸易“单一窗口”建设并实现关区全覆盖，45项功能已上线40项，缩减申报事项124项，服务外贸相关企业

2 万余户。启动智慧口岸建设，加速水运口岸、航空口岸、铁路口岸和公路物流基地（公路口岸）智能化。

（四）开放主体培育成效明显

积极应对中美经贸摩擦。市政府出台稳外贸稳外资稳外经政策文件，持续推动外贸动力结构转换，积极有效利用外资，完善跨境投资布局，持续跟踪分析中美经贸摩擦可能带来的影响。建立政策咨询平台、政企信息共享机制和受影响重点企业台账，制定可行政策，强化精准服务，将摩擦对重庆市的影响降到最低。

外贸结构持续优化。货物贸易形成加工贸易稳步增长、一般贸易优势巩固、外贸新增长点加快培育的格局，汽摩、机电、通机等传统产业出口优势不断增强，手机出口成为新的增长点。服务贸易发展迅速，跨境电子商务、保税商品展示交易及保税贸易、互联网云计算大数据产业、跨境结算和投融资便利化等服务贸易重点专项培育取得突破性进展，形成 5 条服务贸易创新发展经验向全国推广。全年全市加工贸易额增长 26.9%，特殊监管区域进出口额占全市进出口总额的 60.1%，西永综合保税区加工贸易额突破 2000 亿元；实现技术贸易总额 53 亿美元、离岸外包执行额 21.3 亿美元，均列中西部地区第一位。

双向投资效益提升。全面推行准入前国民待遇加负面清单的外资管理模式，实行外商投资商务备案和工商登记“一口办理”，深挖外资存量，创造外资增量，引导外资更多进入实体经济领域，制造业、地产业、金融业、商贸服务业吸收利用外资比例更加优化。持续优化“走出去”支持政策，构建“走出去”服务平台，充分发挥“3+N”战略合作机制作用，民营企业成为重庆市“走出去”主力军。至年末，全市各类外商投资市场主体超过 6000 个，在渝世界 500 强企业 287 户，备案对外投资企业 390 户。

会展经济提质升级。实施会展业创新提升行动计划，增强会展对城市发展的促进作用、对招商引资的拉动作用、对内陆开放高地建设的服务作用。举办第二十一届中国西部国际投资贸易洽谈会、首届中国国际智能产业博览会、重庆市市长国际经济顾问团会议第十三届年会等重大会展活动。

（五）开放发展营商环境全面优化

市场环境更加优良。市委、市政府印发《关于全面优化营商环境促进民营经济发展的意见》。外商投资管理体制改革和对外投资管理体制改革深入推进，创新实施贸易结算便利化，支持国际物流电子化结算，建立支付机构和认证中心“双支柱”模式，开展跨国公司外汇资金集中运营和资本项目收入结汇支付试点，双向投资更加便利。实行包容审慎监管，制定发布《重庆市产业投资准入工作手册》，有效破除市场壁垒。

政务服务高效便利。深化“放管服”改革，深入推进行政审批制度和商事制度改革，推进“多证合一”和“证照分离”试点。实行外商投资“单一窗口”，建立“一口受理、分工协同”的在线办事平台。加强信用监管，上线公共信用信息平台，实现信用信息跨地区、跨部门共享、共用，信息归集量 3.9 亿条。深化事中事后监管改革，探索建立“双随机、一公开”监管机制，坚持依法监管、简约监管、审慎监管、综合监管、智慧监管、协同监管。

法治环境全面提升。强化立法保障，出台《关于为中国（重庆）自由贸易试验区建设提供优质高效法律服务的意见》《关于发展涉外法律服务业的实施意见》等系列法规文件。建立法律服务机构，设立中国（重庆）自由贸易试验区仲裁中心和中国（重庆）自由贸易试验区商事调解中心，组建中国（重庆）自由贸易试验区律师服务团、中新（重庆）战略性互联互通示范项目律师服务团等 5 个法律服务团。加大外商投资企业知识产权保护力度，建立完善知识产权执法机制、矛盾解决机制、信用体系建设。

人居环境持续改善。配套完善国际社区、国际购物中心、文体设施、公共交通体系等生活设施，启动国际消费中心城市建设，深化文化旅游交流合作。至年末，全市轨道交通运营里程突破300千米，列中西部地区第一位、全国第五位；重庆市对53个国家施行“72小时过境免签”政策，累计20个国家签证中心在渝设立；全市有外籍人员子女学校2所、中外合资医院4家。

2018年，根据粤港澳大湾区研究院发布的《2018中国城市营商环境评价报告》，重庆市营商环境列全国第五位。

二、山清水秀美丽之地建设

为全面贯彻落实习近平总书记对重庆提出的“两点”定位、“两地”“两高”目标和营造良好政治生态、做到“四个扎实”的重要指示要求，2018年5月，市委、市政府成立重庆市深入推动长江经济带发展加快建设山清水秀美丽之地领导小组。6月，全市组织召开深入推动长江经济带发展动员大会暨生态环境保护大会，印发《深入推动长江经济带发展加快建设山清水秀美丽之地的意见》等文件。

（一）坚持思想走在行动之前，深学笃用习近平生态文明思想和习近平总书记深入推动长江经济带发展战略思想

1. 统一思想认识。各区县、各部门第一时间传达学习全市深入推动长江经济带发展动员大会暨生态环境保护大会精神、研究贯彻落实措施，切实把思想认识统一到中央和市委的要求上来，把行动统一到中央和市委的决策部署上来，认真落实共抓大保护、不搞大开发方针，以久久为功的战略定力深入推动长江经济带发展，加快建设山清水秀美丽之地。

2. 加强组织领导。成立以市委、市政府主要领导为组长的深

入推动长江经济带发展加快建设山清水秀美丽之地领导小组，以相关行动计划和实施方案为抓手，统筹推动全市长江经济带发展、生态文明建设和山清水秀美丽之地建设工作。各区县均成立深入推动长江经济带发展加快建设山清水秀美丽之地领导小组，负责统筹协调相关工作，定期对重大事项和重点工程进行动态跟踪，对重大问题及时协调督办。

3. 压实工作责任。将加快建设山清水秀美丽之地纳入2018年度区县(自治县)和国家级开发开放平台政绩考核；按照定人、定责、定目标、定时间、定任务、定标准要求，列出时间表、任务书、路线图，强化区县、部门一把手的“第一责任”和其他班子成员“一岗双责”，层层压实责任。

（二）坚持共抓大保护，像保护眼睛一样保护生态环境

1. 筑牢长江上游重要生态屏障

严格管控生态空间。制定《关于完善主体功能区战略和制度的实施意见》《重庆市主城区“多规合一”业务协同平台共管共用及更新暂行办法》，加快“多规合一”工作推进，形成“空间规划一张图”，构建农业生产空间、城镇建设空间、生态保护空间协调统一的空间规划管控体系。严格产业准入控制。积极推进全市“三线一单”（生态保护红线、环境质量底线、资源利用上线、环境准入负面清单）编制，用“线”框住空间和开发强度，用“单”管住环境准入。严格执行长江干流及主要支流1千米、5千米产业管控政策。落实建设项目环评文件审批与规划环评、现有项目环境管理、区域环境质量“三挂钩”。全年全市审查产业园区等规划环评77个，审批项目环评3810个，涉及总投资约6235亿元，不予审批不满足环境质量改善要求的项目环评45个，涉及总投资约189亿元。

统筹推进山水林田湖草系统治理。重庆市成功入围国家第三

批山水林田湖草生态保护修复工程项目试点，首期中央奖补资金10亿元已经到位，并已下达到有关项目责任主体。试点依托重庆山城、江城的独特地形地貌，选择主城区“一岛”“两江”“三谷”“四山”区域，部署广阳岛生态修复工程、缙云山生态修复整治工程、“四山”山体修复、河湖水环境综合治理、截污管网、“两江四岸”治理提升、“清水绿岸”治理提升等生态修复重点工程。

加强自然保护区建设管理。全面贯彻落实习近平总书记关于缙云山国家级自然保护区重要批示精神，深入推动长江经济带发展加快建设山清水秀美丽之地领导小组专题研究部署整改工作，举一反三加强自然保护区综合管理，加快制定《重庆市自然保护区管理办法》，开展“绿盾2017”“绿盾2018”自然保护区监督检查专项行动，完成自然保护区卫星遥感监测实地核查并建立问题清单，严厉打击涉及自然保护区违法违规行为，推进自然保护区内95宗矿业权退出工作，实现自然保护区内矿产开发项目全部退出。

大力实施国土绿化行动。印发国土绿化提升行动工作方案，对重点工作任务进行项目化、清单化管理，突出抓好退耕还林、农田林网和特色经济林改造等项目。全年全市完成新（改）造林32.34万公顷，其中退耕还林10万公顷，超年计划4000公顷。绿化品质提升面积约255万平方米，实施水土流失综合治理面积1100平方千米、岩溶治理面积438平方千米，三峡库区消落区治理项目275个，完成沿江城镇周边消落区库岸综合整治162.5千米，全市湿地面积保持在20.67万公顷以上。

2. 实施污染防治攻坚

全力确保水环境安全。突出抓好污染流域、黑臭水体整治和环保基础设施建设。着力整治重点河流，2018年对部分重点流域7个区县和2户国有企业进行约谈，对9个区实施挂牌督办。打好黑臭水体歼灭战，对全市48段黑臭水体整治工作进行全面检查，圆满完成国家黑臭水体专项督查。加快补齐环保设施短板，累计建成城乡污水处理设施1600余处，全市城市生活污水处理率93%。累计清理三峡库区江面漂浮物垃圾250余万吨，清理完善入河排污口454个，取缔沿江餐饮船舶106艘、非法码头108个。至年末，长江干流重庆段水质总体为优，42个国家地表水考核断面水质优良比例为90.5%，城市集中式饮用水水源地水质达标率100%，三峡库区水环境安全保持稳定。

坚决打赢蓝天保卫战。全年全市完成机动车排气路检、遥测26.8万辆，核查新车2.5万辆，查处冒黑烟货车及超标车22.6万辆，淘汰老旧柴油车1.7万辆，车用油品提升至国家第六阶段机动车污染物排放标准。累计建成扬尘控制示范工地和道路3440处，覆盖和绿化裸土面积1400万平方米。实施施工工地控尘"红黄绿"标志分级管控领跑者制度，不搞"一刀切"，允许绿色标志工地在重污染天气施工。完成7台共252万千瓦煤电机组超低排放改造、深度治理企业676户。出台餐饮业大气污染物排放地方标准，完成2200余家餐饮业和公共机构食堂油烟整治。启动污染应对预警7次，出动1.2万人次强化污染应对，对505户企业1094个废气排口开展执法监测，实施人工增雨作业90余次。建成打赢蓝天保卫战大数据管理平台，开展4个片区空气质量3~7天预测预报。2018年，重庆市空气质量优良天数316天，增加13天。

扎实推进土壤污染防治。出台重庆市土壤污染防治行动计划工作方案。市政府与区县政府、区县政府与土壤环境重点监管企业签订土壤污染防治目标责任书，每年分解下达任务；完成农用地土壤污染状况详查，重点行业企业调查完成信息采集和风险纠偏。完成202块疑似污染地块调查评估，开工治理修复污染地块27块，完成11块，治理修复污染土壤面积43.6万平方米，提供治理修复后净地面积96万平方米。印发《重庆市危险废物集中处置设施建设布局规划（2018—2022年）》。"清废行动2018"移交的33个问题全面完成整改。建成投运城镇生活垃圾无害化处置场58处、危险废物收集利用处置设施65处。

3. 推进生态文明体制改革落地见效

落实主体功能区战略。起草《关于完善主体功能区战略和制度的实施意见》并经市委全面深化改革领导小组第八次会议审议。落实市委办公厅、市政府办公厅《关于建立资源环境承载能力监测预警长效机制的实施意见》，组织38个区县和万盛经开区开展资源环境承载能力试评价工作，推动主体功能区战略精准落地。

全面推行河长制。完善“一河一长”，市级河长增至20人，市级河流增至23条，市级责任及牵头部门增至30个，全覆盖建立市、县、乡、村四级河长体系，年末全市河长增至1.76万人。编制“一河一策”，完成23条市级河流和区县及以下5300条（段）河流“一河一策”编制工作。建立“一河一档”，启动智慧河长系统前期规划并完成方案制定工作。创新开展跨省河流联防联控，与四川省、贵州省正式签订跨省河流联防联控协议，协调推动跨省河流流域联动综合治理。在全国率先开展河长制执行情况审计，完成对1.7万名河长、38个区县及相关市级责任部门在河长制工作责任落实、工作制度机制建立健全、水资源和水域岸线管理保护、水生态修复等方面的全面审计。

探索生态补偿机制。印发《重庆市实施横向生态补偿提高森林覆盖率工作方案（试行）》，建立政府纵向转移支付与地区间横向生态补偿相结合的多元化生态补偿机制，促使区县政府切实履行提高森林覆盖率职责，为全国首创。出台《重庆市建立流域横向生态保护补偿机制实施方案（试行）》，全市19条河流的上下游区县已全部签订横向生态补偿协议。

抓好生态环境领域“放管服”。出台《进一步深化“放管服”改革推动经济高质量发展工作方案》，提出10类41项具体举措。压缩环评报告书、报告表审批时限，积极推行环评审批承诺制改革，最大程度为企业减负。强化环评与排污许可有机衔接，健全以排污许可证为核心的生态环境监管制度，衔接排污“费”改“税”，规范管理。建立排污许可证同危险废物经营许可证联动机制，两项工作实现无缝对接。

（三）坚持绿色发展，既要绿水青山也要金山银山

1. 全力推进重庆市与三峡集团战略合作协议落实。自 2018 年 6 月重庆市与三峡集团签订《坚持生态优先 共推绿色发展战略合作框架协议》以来，双方通过磋商，确定三峡集团依法全面参与和实施广阳生态岛开发建设、主城区“两江四岸”治理提升、清水绿岸建设、龙溪河流域水环境综合治理与可持续发展、三峡库区腹心地带环境治理和生态修复综合工程，总投资超过 1000 亿元。至年末，三峡集团已全面介入合作相关事项，提前介入谋划具体事项筹备和实施，确保尽快实现一批合作项目落地开工，实现年度投资 20 亿元左右。

2. 坚持创新核心引领。谋划实施以大数据智能化为引领的创新驱动发展战略行动计划。强力推进以科技创新为核心的全面创新，建设各类重点实验室、工程技术（研究）中心、企业技术中心超过 1100 个，累计培育科技型企业超过 8000 户，研究与试验发展经费投入强度、全员劳动生产率大幅度提高。持续打造低成本营商环境，实施“专精特新”中小企业培育工程。全年全市新增中小企业超过 10 万户、“专精特新”企业 259 户、“小巨人”企业 30 户、“隐形冠军”企业 10 户。全社会研发经费支出年均增长 17.6%，发明专利拥有量年均增长 28.3%。举办首届中国国际智能产业博览会，集中签约重点项目 501 个。

3. 深化供给侧结构性改革。优化产业结构，构建以电子信息、汽车为重点的支柱产业集群，前瞻性布局十大战略性新兴制造业，新型显示、集成电路、机器人全产业体系初步形成，物联网、新材料、新能源汽车等产业加速集聚，逐步淘汰和搬迁不符合产业政策和

环保要求的企业，依法依规推动落后产能退出。加快发展金融、物流、电子商务、服务外包、大健康等战略性新兴服务业，服务业增加值占比提高到49%。大力发展绿色低碳循环发展经济体系，加快绿色矿山建设和绿色矿业发展，出台《绿色矿山建设标准》《绿色矿山建设规划》，建立绿色矿山安全生产责任强制险费率动态调整机制。化工企业全部入园生产、污水集中处理，从源头上推动经济实现绿色转型，主要污染物排放量和单位地区生产总值能耗、水耗、二氧化碳排放量持续下降，其中2017年度重庆市能耗总量和强度双控目标考核为“超额完成”等级，获国家通报表扬。

4. 促进城乡融合发展。统筹实施新型城镇化和乡村振兴战略，城乡空间布局持续优化。国家中心城市集聚辐射功能明显增强，迈向千平方千米、千万人口超大规模城市，主城建成区面积拓展到768平方千米，城市人口增加到762万。全力破解农村基础设施“瓶颈”，实现“行政村100%通畅、撤并村100%通达”目标，农村电网供电能力和质量明显提升，广播电视、移动通信、网络宽带全面覆盖，农村人口饮水安全问题基本解决。深化农村供给侧结构性改革，推进农村一、二、三产业融合发展，柑橘、榨菜、茶叶等特色效益农业产业链全面构建，调整优化农业产业结构，加强农业品种品质品牌建设，有效期内“三品一标”总数3662个。加快补齐农村公共服务短板，城乡基本公共服务均等化成效显著，农村办学、医疗卫生条件全面改善。

第二节　打好“三大攻坚战”

一、打好防范化解重大风险攻坚战

2018年，全市各级各部门全面落实习近平总书记对重庆提出的“两点”定位、“两地”“两高”目标和营造良好政治生态、做到“四个扎实”的重要指示要求，落实习近平总书记“抓发展、抓稳定，两手都要硬”重要指示精神，市委出台《重庆市坚决打好防范化解重大风险攻坚战实施方案》，全力以赴抓安全、保稳定、促和谐，确保了全市政治经济社会大局持续稳定。经第三方调查显示，2018 年，重庆市群众安全感指数 98.43%，比上年上升 1.51 个百分点。

（一）防范化解经济金融风险

2018 年，各区县和市级有关部门（单位）按照“分级负责”原则，建立风险隐患台账，风险防控机制不断完善。督促落实债务管理主体责任，加强政府公益性项目建设资金管理，稳步推进融资平台市场化转型。防范化解供给侧结构性改革中的操作风险。深入开展房地产市场秩序专项整治工作，依法查处房地产市场违法违规行为。持续加强地方金融监管。政法机关积极服务保障全市经济社会发展。市委政法委健全完善重大案件协调会商机制，牵头制定出台《政法机关服务民营经济发展的实施意见》，细化完善 15 条具体措施。法院系统依法惩治严重危害企业发展的违法犯罪活动，加强民营企业救治和退出的司法保障，充分发挥破产重整、和解制度功能，促进民营企业转型升级。检察机关形成服务大局制度体系“78 条意见”。公安机关打造“民生警务”体系，制定出台《服务民营经济发展 30 条》《服务学校 29 条》《服务全市旅游发展的实施意见》。司法行政机关成立重庆市破产管理人协会，进一步推动全市律师等专业管理人为困难企业救治、破产企业重整清算、“僵尸企业”清理处置提供优质专业的法律服务。

（二）防范化解公共安全风险

2018 年，重庆市深入推进扫黑除恶专项斗争，取得阶段性成效。全年全市侦办涉黑犯罪组织 10 个、涉恶犯罪团伙 236 个，破获涉黑恶刑事案件2257件，刑事拘留犯罪嫌疑人2571人。以扫黑除恶专项斗争为牵引带动“渝警行动2018”专项行动等推进有力，破获案件9.92万件，上升10.03%。深入打击“套路贷”违法犯罪，在侦涉嫌“套路贷”的黑恶团伙案件51件，查询、冻结和扣划银行存款1.8亿元。对176个社会治安重点地区进行挂牌整治，重点地区刑事案件发案数量下降47.74%。开展全市安全稳定工作大排查大整治大督查大执法行动。集中开展7轮安全生产综合督查，启动警示约谈机制，压实区县和部门工作责任。坚持调整产业结构，关闭“四小”企业；严格落实“共抓大保护、不搞大开发”要求，注销关闭金属、非金属矿山；大力降低高危产业安全风险，实施危险化学品生产企业搬迁入园。以交通、危险化学品、建设施工、消防等行业领域为重点，开展全市安全生产执法检查。重点开展洪崖洞等热点景区景点安全检查，整改突出安全问题，以旅游安全助推旅游发展。实施食品药品放心工程。紧紧围绕食品药品生产经营、消费使用全链条全环节，严守每一道防线。持续加大对食品药品违法行为的查处力度。扎实开展地质灾害排查整治。对隐患点全面开展汛前排查、汛中巡查。做好雨前研判会商和雨中预警会商，圈定重点防范区和重要隐患点，全力做好强降雨期间地质灾害灾险情应对防范工作。

（三）防范化解社会矛盾风险

扎实推进重点领域问题攻坚。持续推进“3+N”信访突出问题专项治理，市级层面开展房地产开发建设、涉众型经济案件、环境保护3项专项治理，区县和市级部门层面结合自身实际开展征地拆迁、企业改制、煤矿关闭等区域性行业性专项治理。积极推动矛盾纠纷多元化解机制建设。出台《关于进一步加强矛盾纠纷多元化解工作的通知》《关于推进人民调解员进驻法院开展调解化解矛盾的指导意见》《关于推进人民调解员进驻公安派出所调解矛盾纠纷工作的指导意见》等，推广江北区“社会治理老马工作法”、永川区“乡贤评理堂”“巴渝和事佬智能平台”等一批矛盾纠纷多元化解工作机制。

（四）防范化解网络风险

扎实开展“清朗”“清网”“扫黄打非”等专项行动，营造网上良好舆论生态。严打网络侵犯公民个人信息、黑客攻击破坏、电信网络诈骗、网上“黄赌毒”等突出网络违法犯罪，筑牢网络安全防火墙。

二、打好精准脱贫攻坚战

2018 年以来，全市上下深入学习贯彻习近平总书记关于扶贫的重要论述，全面落实党中央、国务院决策部署，坚持把脱贫攻坚作为头等大事和第一民生工程，作为全面建成小康社会的底线任务，锁定“两个确保”攻坚目标，紧扣“做到六个精准”“实施五个一批”“解决四个问题”攻坚要求，优化脱贫目标、深化精准帮扶、聚焦深度贫困、创新扶贫体制机制、健全大扶贫工作格局，全力推动脱贫攻坚取得重大进展。全年全市实现奉节县、石柱县 2 个贫困县整体摘帽，65 个贫困村、12 万贫困人口稳定脱贫，年末全市贫困发生率降至 0.7%。

（一）以学习贯彻习近平总书记关于扶贫的重要论述为重点，强化思想武装

一是深入学进去。通过市委常委会会议、市委理论学习中心组专题学习会议、扶贫开发领导小组会议等，开展专题学习研究 24 次。举办党政主要负责人学习贯彻《中共中央国务院关于打赢脱贫攻坚战三年行动的指导意见》专题培训班。开展《习近平扶

贫论述摘编》学习研讨。举办市级培训示范班25期，培训5200余人次；组织扶贫干部培训400余期，培训5.4万人次。二是积极讲出来。组织党员干部深入贫困地区开展专题宣讲350余场次；组织驻村工作队、致富带头人、先进典型等开展巡回宣讲190余场次；通过“农民夜校”“讲习所”等方式宣讲1200余场次。制作《挑战贫困》系列纪录片，开通“重庆扶贫”微信公众号，创办《重庆扶贫专报》，编印《聚焦脱贫故事》。三是扎实做起来。召开打赢脱贫攻坚战再动员再部署工作会议，研究出台《重庆市精准脱贫攻坚战实施方案》《关于打赢打好脱贫攻坚战三年行动的实施意见》。

（二）以建立健全“双组长制”“专项述职制度”为重点，强化责任落实

一是市委书记、市长带头落实“双组长制”。市委、市政府领导带头担责、带动履职，常态化亲力亲为盯着抓，靠前指挥、以上率下推动责任落实、工作落实。市人大常委会、市政协高度重视脱贫攻坚，多次开展专题询问、民主评议。二是建立区县党委、政府脱贫攻坚专项述职制度。层层签订年度脱贫攻坚责任书，巩固脱贫成果责任书，建立市委、市政府每年听取一次贫困区县党委、政府脱贫攻坚专项述职制度。三是建立行业扶贫定期联席会议制度。市级各行业部门制定行业扶贫三年行动方案。市扶贫开发领导小组定期召开行业扶贫工作推进会议。

（三）以对标落实“六个精准”“五个一批”为重点，强化精准施策

一是做到扶贫对象精准。出台《重庆市扶贫对象动态管理办法》，全年全市新识别扶贫对象2.5万人。建立贫困动态监测和跟踪管理机制，开展致贫趋势预警和提前干预试点，筑牢返贫防线，

全年全市返贫2263人，返贫率0.15%。有序推进扶贫大数据平台建设和运用。二是做到项目安排精准。出台《建立完善区县级脱贫攻坚项目库的实施意见》，分级建立脱贫攻坚项目库，规划2018—2020年项目4.95万个，预计总投资1020亿元。2018年以来，建设"四好农村路"2.4万千米，实现贫困村公路100%通畅；落实水利扶贫资金33亿元，实施饮水安全巩固提升工程3147处，保障58.6万贫困人口的生产生活用水；完成317个自然村的动力电改造，实现所有贫困村通动力电；投资7000余万元建成4G基站293个；实施农村环境连片整治350个村，建设美丽宜居村庄68个，完成贫困户危房改造5.1万户、农村改厕4.6万户。三是做到资金使用精准。做到资金总量精准到区域、工程项目精准到村、保障性措施精准到户到人。全年落实市级以上财政专项扶贫资金49亿元、区县统筹整合资金134.7亿元用于脱贫攻坚。四是做到措施到户精准。产业扶贫方面，切块下达市级以上农业项目资金32.8亿元，18个贫困区县新发展扶贫特色产业种植面积3.87万公顷，建设乡村旅游扶贫片区55个，新培育农业产业和乡村旅游经营主体1634个，引导2218户龙头企业参与产业扶贫。探索建立土地流转、资金入股、带贫益贫等机制，带动20余万户贫困户增收。14个国家扶贫工作重点县全部建立县级电子商务公共服务中心，建立贫困村电子商务服务站1505个。易地扶贫搬迁方面，启动实施易地扶贫搬迁5.92万人，完成搬迁建房4.05万人、搬迁入住3.7万人。实施搬迁户农房整宗地收益权收储3860户，支付收储资金1.6亿元。生态扶贫方面，落实市级以上生态补偿资金3.7亿元，建设生态经济林22.67万公顷，面向贫困人口新开发生态护林员等公益性岗位4000个。教育扶贫方面，落实教育资助资金12.59亿元，惠及34.87万名建档立卡贫困家庭学生，义务教育阶段无学生因贫失学辍学。"定向式"技能培训24.1万人次，培育致富带头人6358人次，领（创）办企业4686户，带动贫困对象8.9万人，建成扶贫车间

116个。健康扶贫方面，构建基本医保、大病保险、商业补充保险、民政医疗救助、疾病应急救助、扶贫济困医疗基金、健康扶贫医疗基金“七重医疗保障体系”，建立医疗救助“一站式”结算平台，贫困人口住院费用自付比例降至10%以内。低保兜底方面，建立农村低保与经济社会发展、居民收入相适应的增长机制，农村低保标准调整为每人每年4920元，24万名扶贫对象被纳入低保保障。五是做到因村派人精准。出台《贫困村驻村工作队选派管理的实施意见》，向贫困村选派第一书记1838人、驻村工作队员4528人；召回第一书记61人、驻村工作队员153人。六是做到脱贫成效精准。健全区县自查、市级检查、第三方评估、认可度调查“四位一体”评估退出机制。对已摘帽的贫困区县保留一定的政策过渡期，对已脱贫的贫困村、贫困户加强跟踪帮扶，防止出现返贫。

（四）以推进“四个深度发力”为重点，强化深度贫困乡镇脱贫攻坚

一是市领导“定点包干”深度贫困乡镇脱贫攻坚。每个深度贫困乡镇分别成立1个脱贫攻坚工作指挥部，至少1名市领导“定点包干”，1个市级扶贫集团对口帮扶，1个驻乡工作队蹲点指导。选派18名副厅级领导干部担任驻乡工作队队长，选派驻乡工作队员70人、驻村第一书记88人，吃、住、干在基层一线。二是因地制宜编制实施脱贫攻坚规划。精心编制18个深度贫困乡镇精准脱贫攻坚三年规划，调整优化规划项目1898个，预计投入资金90.8亿元。至2018年年末，启动项目1800个，完成投资48.6亿元。三是围绕“四个深度发力”落实攻坚举措。深度改善生产生活生态条件，18个乡镇新建改建公路1225千米、人畜饮水池1141口，实施农村人居环境改善示范片建设20个。深度调整农业产业结构，18个乡镇的粮食作物与经济作物比例从7：3调整为5：5，累计引进、培育龙头企业118户，发展产业基地13个，打造“三品一标”

农产品64个，发展农民专业合作社297个，组建农民电商合作社83个，培育农村电商带头人160余人，新增“森林人家”等乡村旅游接待户1900余户。深度推进农村集体产权制度改革，开展“三变”改革试点，深化农村产权制度改革，盘活闲置土地2533.33公顷，组建新型农村集体经济组织21个，落实财政资金股权化改革1.6亿元，带动贫困群众6000余户。深度落实各项扶贫惠民政策，新增发放扶贫小额信贷资金1.41亿元，惠及贫困群众3076户；实施农村实用技能培训9926人次，实现转移就业2.2万人次，对8053名残疾人进行针对性帮扶。

（五）以“拓展市内外帮扶的内容和方式”为重点，强化社会扶贫

一是深化市内结对帮扶。印发《关于调整市领导联系市级扶贫集团切实加强对口帮扶深度贫困乡镇脱贫攻坚工作的通知》，21名市领导牵头挂帅，18个市级扶贫集团成员单位达337家，落实帮扶资金5.7亿元，协调引进资金15.6亿元。整合38户市属国有企业组建4个帮扶集团，“一对一”帮扶巫溪县、城口县、彭水县、酉阳县4个贫困程度较深的县，为每个县落实年度帮扶资金1亿元。4个国企帮扶集团组织141户企业开展专项招聘活动，解决就业1000余人；建立贫困大学生助学基金3500万元，资助贫困大学生4000余人次。出台《关于优化区县对口帮扶机制的实施意见》，17个结对帮扶区县投入帮扶资金4.4亿元。二是深化中央单位定点扶贫。召开中央单位定点扶贫工作座谈会。中央定点扶贫单位直接投入帮扶资金6300万元，帮助引进资金5.4亿元，选派挂职干部41人。三是深化社会组织扶贫。深入开展“万企帮万村”活动，组织1755户民营企业投入资金17.75亿元，结对帮扶1363个村。出台《关于进一步动员社会组织参与脱贫攻坚工作的通知》，组织30家扶贫公益组织投入资金2.32亿元，帮扶贫困群众97.27

万人次，11家慈善组织公开募捐资金1.84亿元，建设农村社会工作室（站）81个，实施扶贫社工项目12个，解决21.79万名留守儿童的监护问题。积极推广社会扶贫网，注册爱心人士31.6万人、贫困户38.2万户，实现资金捐赠2.5万次，资金对接成功率82.3%。四是深化“志智双扶”。制定《关于深入开展扶志扶智工作激发贫困群众内生动力的实施意见》。改进扶贫政策兑现方式，除低保兜底发放现金外，其他扶贫措施原则上都与贫困群众直接参与挂钩。表彰市级脱贫攻坚先进集体50个、先进个人101人，获全国脱贫攻坚奖4人。大力开展市级优秀扶贫干部杨骅同志先进事迹巡回报告和“榜样面对面”巡回宣讲等活动。

（六）以破难点、建长效为重点，强化探索创新

一是推广使用“脱贫攻坚项目精准管理系统”，解决扶贫资金项目监管难度大的问题。建立区县级行业主管部门扶贫项目资金台账、乡镇扶贫项目资金台账、行政村扶贫项目资金台账和扶贫项目资金台账明细表“三账一表”，推广“脱贫攻坚项目精准管理系统”。出台《重庆市财政扶贫资金项目公告公示实施办法》《重庆市财政扶贫资金项目绩效管理办法》等。实施“国库集中支付”，健全扶贫资金项目“十项监管”和定期联席会议制度，分级对区县、乡镇、村扶贫资金实现全覆盖审计。二是大力实施“本土人才回引工程”，解决贫困乡村人才力量不足的问题。建立4.2万余人的本土人才库，回引本土人才8900余人。三是探索实施财政扶贫资金“五改”机制，解决过去简单发放补助资金而贫困群众参与性低的问题。探索财政扶贫资金“改补为奖、改补为贷、改补为借、改补为股、改补为酬”机制，变“平均分配”为“多干多补”，变“现金补贴”为“风险补偿”，变“无偿补助”为“有借有还”，变“松散带动”为“股权激励”，变“不劳而获”为“按劳取酬”。98万人通过产业带动实现稳定增收，市级以上财政专项扶贫发展资金到户到人比例达70%以上。四是创新设立“精准脱贫保”，

解决因病因灾致贫返贫的问题。整合小额意外保险、大病补充保险、疾病身故保险、贫困学生重大疾病保险、农房保险 5 个险种创设“精准脱贫保”，由市级财政扶贫资金按照每人 100 元的标准为贫困人口提供 5000 亿元的商业保险保障。同时，投入资金 570 万元，设立农村贫困边缘人群致贫险。五是成立扶贫小额信贷助贷员队伍，解决群众知晓度不高、获贷率较低的问题。设立扶贫小额信贷风险补偿金 8.2 亿元，建立“政府 + 银行 + 保险 + 助贷员”风险防控体系。9 家银行和 25 家县级村镇银行在授信额度内由贫困户自主周转使用资金。全年全市新增发放贷款 24.4 亿元，惠及贫困群众 5.9 万户次。至年末，全市累计发放扶贫小额信贷资金 50.6 亿元，惠及贫困群众 11.4 万户次。六是探索实施“集中供养 + 居家康复救助”举措，解决失能弱能贫困家庭负担重的问题。按每名失能人员每月 1500 元的标准探索开展贫困家庭和农村“五保”失能人员集中供养。针对不方便住院或不宜长期住院的 17 种重大疾病患者贫困家庭实施“居家康复治疗救助”，每月为其提供 100 元至 500 元的药品救助，落实结对家庭医生。

（七）以开展脱贫攻坚作风建设年活动为重点，强化党建保障

一是扎实开展扶贫领域腐败和作风问题专项治理。制定《重庆市 2018—2020 年扶贫领域腐败和作风问题专项治理工作方案》《重庆市扶贫领域监督执纪问责七项制度》。市纪委监委设立第八纪检监察室，专司民生监督工作。开通“12317”扶贫监督举报电话。深入开展扶贫领域预防职务犯罪专项行动，坚决查处贪污挪用、截留私分、虚报冒领等腐败问题。组织各级干部用 1 个月时间开展贫困户大走访，共走访农户 50 余万户，7.25 万贫困户户户见干部。二是建立完善常态化督战机制。制定《重庆市脱贫攻坚常态化督查工作方案》，抽调 23 名副厅局级干部带队，向 18

个贫困区县一对一派驻督查指导工作组，对15个非重点区县开展经常性巡查，对督查巡查发现的问题实行定期排名通报、台账管理、限期整改。对9个重点区县开展脱贫攻坚专项巡视“回头看”，五届市委第三轮巡视把脱贫攻坚作为重要内容。建立民主党派监督推动脱贫攻坚机制，全面构建起蹲点督导、动态巡查、专项巡视、民主监督“四位一体”督战体系。三是实行最严格的考核评估制度。坚持较真逗硬，对2017年脱贫攻坚考核结果为一般或发现某些方面有突出问题的7个区县党委、政府主要负责人进行约谈；建立常态化约谈机制，发现问题随时约谈。坚持分级从严专项考核脱贫攻坚，建立年度集中考核和平时工作情况相结合的考核机制，将考核结果纳入领导班子年度考核和干部考察评价。四是深入推进党建促脱贫攻坚行动。选优配强贫困区县、贫困乡村主要负责人，优化提升驻村帮扶。对贫困区县班子全覆盖回访调研2次，充实7名优秀干部，对21名贫困区县干部提拔重用，对4名脱贫攻坚不力的市管干部严肃处理。全市调整不适宜担任现职的乡镇领导干部64人，调整补充村党组织书记320人。建立村级后备力量1.58万人，发展农村年轻党员3162人。村党组织书记、村委会主任补贴标准平均增幅超过40%，稳定农村基层干部队伍。

三、打好污染防治攻坚战

2018年，重庆市按照《中共中央、国务院关于全面加强生态环境保护坚决打好污染防治攻坚战的意见》要求，全面加强生态环境保护，坚决打好污染防治攻坚战。

（一）切实加强组织领导，确保党中央生态环境保护系列决策部署在重庆落地落实

2018年，全市上下以习近平新时代中国特色社会主义思想为

指导，深入贯彻党的十九大和十九届二中、三中全会精神，深学笃用习近平生态文明思想，全面贯彻全国生态环境保护大会和深入推动长江经济带发展座谈会精神，认真落实习近平总书记对重庆提出的“两点”定位、“两地”“两高”目标和“四个扎实”要求，坚持新发展理念，统筹生产、生活、生态空间布局，打好“三大攻坚战”，实施“八项行动计划”，深入推动长江经济带发展，加快建设山清水秀美丽之地，强化对生态文明建设和环境保护的总体设计和组织领导，指导、督促、推动各区县和市级有关部门落实党中央、国务院关于全面加强生态环境保护、坚决打好污染防治攻坚战的系列重大决策部署，使生态优先、绿色发展成为重庆大地的主旋律，确保党的十九大精神和习近平总书记的殷殷嘱托在重庆大地上落地生根见效。

1. 提高站位，统筹部署。全面贯彻党的十九大精神，认真学习贯彻全国生态环境保护大会精神和深入推动长江经济带发展座谈会精神，召开重庆市深入推动长江经济带发展动员大会暨生态环境保护大会，以电视电话会议形式开到乡镇一级，参会干部1万余人，全面部署全市加强生态环境保护、深入推动长江经济带发展、加快建设山清水秀美丽之地各项工作。出台《关于深入推动长江经济带发展加快建设山清水秀美丽之地的意见》《重庆市实施生态优先绿色发展行动计划（2018—2020年）》《重庆市污染防治攻坚战实施方案（2018—2020年）》《重庆市国土绿化提升行动实施方案（2018—2020年）》等文件，对标对表落实党中央、国务院决策部署和习近平总书记重要指示。成立由市委书记陈敏尔、市长唐良智担任双组长的重庆市深入推动长江经济带发展加快建设山清水秀美丽之地领导小组和双总河长的市级河长组织体系，统筹领导全市长江经济带发展、生态文明建设和山清水秀美丽之地建设工作。建立污染防治攻坚战指挥长制和项目责任制，市委书记陈敏尔任总指挥，市长唐良智任副总指挥，各项重点工程的分管副市长任指挥长，牵头单位主要负责人任副指挥长。市委常委会会议、市政府常务会议审议通过《生态损害赔偿制度改革实施方案》等重要环保议题，市委书记陈敏尔、市长唐良智分别就抓好生态文明建设和环境保护工作做出批示50件、106件，带头巡河10余次。同时，将推动生态优先、绿色发展及打好污染防治攻坚战作为各区县政绩考核和市级党政机关目标管理绩效考核的专项目标，并作为领导班子和领导干部综合考核评价的重要依据，对工作不力、履职缺位等严肃追究责任。

2. 形成合力，强化落实。各区县结合实际建立指挥长制，细化量化工作任务，层层落实责任、健全机制、完善措施。市级有关部门和单位按照“定人、定责、定目标、定时间、定任务、定标准”要求和职责制定重点工程细化方案，并加强对区县的工作指导。市生态环境局作为污染防治攻坚战的牵头部门，全力统筹推进，建立“一把手总负责、分管负责人抓落实”的指挥长制，成立水污染防治、大气污染防治等6个分指挥部，建立生态文明体制改革、环保督察等12个保障体系，全面开展中央环保督察整改核查、在线监测数据检查等标志性行动，与区县签订污染防治攻坚战目标责任书，实行每月调度、季度分析、半年评估的效果追踪机制，确保年度各项任务顺利推进。

3. 结合实际，规划目标。按照“全面完成任务，优于现状水平，反映人民需求，体现污染攻坚”的思路，强化“上游意识”，担起“上游责任”，体现“上游水平”，规划具体目标和路径。即到2020年，打赢污染防治攻坚战，初步构建起节约资源和保护环境的空间格局，形成绿色产业结构和生产生活方式，加快构建生态文明体系，走实生态优先、绿色发展新路子，奠定建成山清水秀美丽之地的坚实基础，并提出“生态系统得到全面保护、城乡环境质量持续改善、绿色发展水平显著提升、多方联动格局基本形成、生态文明体系加快形成”5个方面生态优先、绿色发展和“水更清、天更蓝、地更绿、土更洁、声更静、环境更安全”6个方面污染防治攻坚战的主要目标，包括纳入国家考核的42个断面水质的优良比例稳定达到95.2%以上、细颗粒物年均浓度达到每立方米40微克以内、森林覆盖率达到51%以上、区域环境噪声平均值不高于53分贝、不发生重特大突发环境事件等具体目标。到2035年，建成山清水秀美丽之地，全市山水“颜值”更高、大地“气质”更佳，实现生态美、产业兴、百姓富有机统一。到21世纪中叶，物质文明、政治文明、精神文明、社会文明、生态文明全面提升，绿色发展方式和生活方式全面形成，人与自然和谐共生，为建成美丽中国做出重要贡献。

（二）坚持生态优先，着力形成绿色发展方式

贯彻“共抓大保护、不搞大开发”导向，坚定不移走“生态优先、绿色发展”之路，实施生态优先、绿色发展行动计划。至2018年年末，重庆市实施生态优先、绿色发展行动计划28类工程、119项任务均按时序顺利推进。

1. 着力构筑长江上游重要生态屏障。实施主体功能区战略，优化城市总体规划，“多规合一”机制逐步建立，“规划一张图”基本形成。市政府印发《关于发布重庆市生态保护红线的通知》，划定生态保护红线管控面积2.04万平方千米，占国土面积的24.76%。加快编制“三线一单”，加强工业项目投资管理和完善工业园区布局，实现集聚发展，严格执行长江干流及主要支流1千米、5千米产业管控政策。三峡库区消落区生态修复科研试验取得阶段性成果，成功申报国家山水林田湖草生态保护修复工程项目试点，武隆区成功创建第二批“绿水青山就是金山银山”实践创新基地。实施长江两岸大规模国土绿化提升行动，全市湿地保有量保持在20.67万公顷，实施岩溶治理任务438平方千米。全市行政区域内流域面积500平方千米以上且流经2个区县及以

上的19条次级河流全部建立流域横向生态保护补偿机制。

2. 全力推动经济高质量发展。成功举办首届中国国际智能产业博览会，洽谈签约重大项目501个，助力互联网、大数据、物联网、人工智能同实体经济深度融合。2018年，全市战略性新兴产业产值4400亿元，比上年增长20%；全市智能产业销售收入4600亿元。规模以上互联网信息服务、互联网数据服务企业营业收入分别增长35%和88%。开展节能、节水、节地行动，实施重点用能单位“百千万”工程，全市页岩气产量约60亿立方米，累计建成高效节水灌溉面积1.67万公顷、高标准农田2.93万公顷。落实建设项目环评文件审批与规划环评、现有项目环境管理、区域环境质量“三挂钩”，推动西永微电园电子制造等重点项目落地。全年全市审批项目环评3436个，涉及总投资5900亿元；不予审批不满足环境质量改善要求的项目环评44个，涉及总投资153亿元。

3. 加快构建环境全民共治。把生态文明培训纳入各级党校、行政院校及相关行业干部教育培训计划。深入开展生态文明宣传“十进”活动，将生态文明教育落实到全市各级各类教育工作中，确保中小学生态文明教育（环境教育）每学年不少于12课时。加快建立健全以生态价值观念为准则的生态文化体系，深入挖掘绿色文化资源，厚植生态文化底蕴。持续开展生态文明群众创建活动，定期组织开展公众开放活动，突出人民群众参与感、认同感、获得感，推动形成全社会共同参与、全民共建共管共享的格局。

（三）聚焦关键领域，坚决打好污染防治攻坚战

1. 生态环境质量得到持续改善。深入实施“碧水、蓝天、宁静、绿地、田园”五大环保行动。至11月末，全市新建成污水集中处理设施11处，完成4座城市污水处理厂改扩建和武隆污水处理厂提标改造，城市生活污水集中处理率93%，新增城市污水管网300千米、乡镇污水管网1593千米，新建成铜梁等污泥无害化

协同处置设施13处，完成乡镇污水处理设施技改工程100个、农村环境综合整治工程360个，乡镇生活污水集中处理率80%，长江干流重庆段水质总体为优，42个国家地表水考核断面水质的优良比例为90.5%，达到国家要求（88.1%），城市集中式饮用水水源地水质达标率100%，龙溪河流域水环境精准治理被纳入国务院第五次大督查典型经验，被国务院办公厅通报表扬。认真贯彻落实国务院《打赢蓝天保卫战三年行动计划》，全年全市实施工程措施2700余个，淘汰柴油车1.1万辆，完成燃煤电厂超低排放改造7台252万千瓦，治理挥发性有机物企业103户，巩固和建设扬尘控制示范工地399个、示范道路391条，整治餐饮油烟单位2112家，至12月19日全市空气质量优良天数310天，同比增加9天。调查评估177块疑似污染地块，提供净地面积76.9万平方米，开展污染地块风险管控试点示范，土壤环境质量总体稳定。强化噪声监督管理，在全国率先开展声环境功能区划分调整，整治4户工业企业和36个扰民固定设备噪声污染源，开展2018年“宁静行动”噪声污染防治专项执法行动，查处交通噪声突出违法行为13.2万起，功能区声环境质量达标率提高到95%。

2. 突出环境问题得到有效解决。持续抓好中央交办问题整改，《重庆市贯彻落实中央环境保护督察反馈意见整改实施方案》明确的37项整改措施和115个具体问题已完成34项整改措施和95个具体问题，中共中央办公厅二次回访38项整改任务已完成32项，中共中央办公厅督查调研44项整改任务已完成37项，均符合整改进度要求。缙云山国家级自然保护区、长江上游珍稀特有鱼类国家级自然保护区、石柱县水磨溪湿地县级自然保护区违法违规等突出生态环境问题的整改工作取得阶段性成效。

3. 环保支撑能力得到切实提升。推进《长江三峡水库库区及流域水污染防治条例》《重庆市辐射污染防治办法》等修订（制定）。出台《重庆市深化环境监测改革提高环境监测数据质量实施方案》，打击环境监测数据弄虚作假行为。建立水、大气环境管理市区（县）两级大数据监管平台，健全完善生态环境监测网络。依法加强核与辐射安全监管，严防严控核与辐射环境安全风险。扎实开展第二次污染源普查，现场排查各类清查对象23万余个，纳入入户调查对象6.5万余个。持续加强云贵川渝协商合作，推进实施《长江上游四省市生态环境联防联控重点工作方案》，与四川省联合制定《深化川渝合作深入推动长江经济带发展行动计划》，签订《共同推进长江上游生态环境保护合作协议》《危险废物跨省转移协调机制》，强化区域环境联防联控。

4. 生态环境安全得到有力保障。落实“用最严格制度最严密法治保护生态环境”要求，出台《关于加强人民法院生态环境司法保护工作的意见》，深化环境保护联动司法工作，始终保持严厉惩处生态环境违法行为的高压态势，“刑责治污”工作不断强化。1—11月，全市发出行政处罚决定书4906件，罚款金额3.3亿元。开展企业环境风险隐患排查2895户次，督促企业编制整改方案，按计划及时进行整改。严格环境应急值班值守，按照“五个第一时间”要求，稳妥处置易引发环境污染的突发事件32件，连续12年未发生重特大突发环境事件。

第一章　政治建设

第一节　中国共产党重庆市委员会

一、市委全体会议

2018 年，市委召开 2 次全体会议。其中，市委五届四次全会于 2018 年 4 月 9 日至 10 日召开，会议听取和讨论陈敏尔代表市委常委会做的讲话，审议通过《中共重庆市委关于营造良好政治生态的意见》《中共重庆市委关于加强法治和德治工作的实施意见》《中共重庆市委关于坚决肃清孙政才恶劣影响和薄熙来王立军流毒的意见》和全会决议；市委五届五次全会于 2018 年 9 月 7 日召开，会议审议通过《重庆市机构改革方案》（送审稿）和全会决议，同意将《方案》上报党中央审批。

二、市委常委会会议

2018 年，市委常委会紧紧围绕落实习近平总书记对重庆提出的“两点”定位、“两地”“两高”目标和营造良好政治生态、做到“四个扎实”的重要指示要求，召开 49 次市委常委会会议，涉及经济、政治、文化、社会、生态文明和党的建设等方面，谋划做出一系列重要决定和工作部署，坚决把党中央决策部署和习近平总书记殷殷嘱托全面落实在重庆大地上。全市政治生态持续向好，干部群众精神状态积极向上，经济社会发展各项事业稳步向前。

三、重大战略部署

推进经济建设。2018年，中共重庆市委以习近平新时代中国特色社会主义经济思想为指引，坚持稳中求进工作总基调，深入贯彻新发展理念，全面落实中央“六稳”要求，加强对全市经济工作的领导，聚焦高质量、供给侧、智能化深度发力，统筹推进稳增长、促改革、调结构、惠民生、防风险各项工作，扎实推动质量变革、效率变革、动力变革，经济活力、动力和潜力不断释放，呈现出“稳中向好、变中出新、转中有为”的总体态势。全年全市地区生产总值突破2万亿元，比上年增长6%；城乡居民人均可支配收入分别增长8.4%和9%。主动融入“一带一路”建设和长江经济带发展，成立建设内陆开放高地领导小组，加快建设内陆国际物流枢纽和口岸高地，扎实推进内陆开放高地建设，努力在西部内陆地区带头开放、带动开放。全年全市进出口总额约5223亿元，增长15.9%，其中服务贸易进出口额315亿美元，增长20.7%。

推进政治建设。2018年，中共重庆市委坚持把践行“两个维护”作为第一位的政治要求，把深入学习贯彻习近平新时代中国特色社会主义思想和党的十九大精神作为头等大事，扎实开展贯彻落实习近平总书记对重庆所做重要讲话和系列重要指示批示精神“回头看”，持续抓好中央巡视“回头看”整改和配合做好中央脱贫攻坚专项巡视。坚持党的领导、人民当家作主、依法治国有机统一，坚定不移走中国特色社会主义政治发展道路，不断健全人民当家作主制度体系。成立全面依法治市委员会，制定落实《关于加强法治和德治工作的实施意见》《关于加强干部法治素养建设的意见》。召开市委第五次人大工作会议、市委第五次政协工作会议。巩固和发展最广泛的爱国统一战线。

推进社会建设。2018 年，中共重庆市委全面贯彻以人民为中心的发展思想，统筹推进就业、教育、住房、养老、医疗卫生、社会保障等民生工作。全年全市城镇新增就业人员 75 万人；新增公办幼儿园 662 所，在园幼儿普惠覆盖率 86%；建成“四好农村路”2.4 万千米；义务教育发展基本均衡区县占全市区县的 95%；城乡养老、医疗保险参保率巩固在 95% 以上。深入贯彻精准扶贫精准脱贫基本方略，严格落实党政一把手负总责，发挥“双组长制”优势，从严整改落实国家考核组向重庆市指出的问题，改进完善考核评估机制，聚焦 18 个深度贫困乡镇，启动 1800 个项目建设，完成投资 48.6 亿元。全面贯彻总体国家安全观，进一步聚焦重点，扎实有效做好安全稳定各项工作。认真落实习近平总书记“共建共治共享”重要指示精神，大力加强和创新社会治理，切实提高对各类风险隐患的预测预警预防能力，启动“枫桥经验”重庆实践十项行动，促进自治、德治、法治“三治”融合。

推进文化建设。2018 年，中共重庆市委深入学习贯彻全国宣传思想工作会议精神，牢牢把握正确政治方向，把握工作主动权，切实加强党对宣传思想文化和意识形态工作的全面领导，不断坚定文化自觉和文化自信，弘扬主旋律、传递好声音、凝聚正能量，营造积极向上好氛围。坚持把社会主义核心价值观融入经济社会发展各领域，贯穿百姓生活全过程。精心举办庆祝改革开放 40 周年系列宣传活动，开展时代新人培养行动，举办“在希望的田野上”乡村振兴巡回报告会，组织“文明在行动·满意在重庆”“文明在行动·重庆更洁净”活动，启动新时代文明实践中心建设。积极发展文化事业，加快发展文化产业，文化市场主体突破 11 万个。深化文化改革，推动文化体制改革试点从市级向区县延伸。加强对外文化交流，讲好讲新重庆故事，成立重庆国际传播中心，唱响“山水之城·美丽之地，重庆，行千里·致广大”品牌，展示开放包容、自信奋进的城市形象。

推进生态文明建设。2018 年，中共重庆市委坚持深学笃用习近平生态文明思想，增强“上游意识”，担当“上游责任”，全面落实“共抓大保护，不搞大开发”方针，学好用好绿水青山就是金山银山“两山论”，走深走实产业生态化、生态产业化“两化路”，生态优先、绿色发展日益成为重庆大地主旋律。成立建设山清水秀美丽之地领导小组，大力实施生态优先、绿色发展行动计划，召开重庆市深入推动长江经济带发展动员大会暨生态环境保护大会，突出“建”“治”“管”“改”，筑牢长江上游重要生态屏障，加快建设山清水秀美丽之地。划定生态保护红线管控面积 2.04 万平方千米、自然保护区面积 80.6 万公顷，综合治理水土流失面积 1100 平方千米、岩溶面积 438 平方千米，实施三峡库区消落区治理项目 275 个。全面推行河长制，建立“双总河长制”，分级设置河长 1.75 万人，实现全市 5300 余条河流、3000 余座水库“一河一长”全覆盖。加大生态环境监管力度，健全完善生态文明体制机制，环境司法专门机构建设走在全国前列。扎实抓好中央环保督察、中共中央办公厅回访调研等反馈意见和问题整改，缙云山国家级自然保护区等问题整治取得阶段性成效。

加强党的建设。2018 年，中共重庆市委始终把抓好党建作为最大的政绩，认真落实新时代党的建设总要求，召开市纪委五届二次全会、全市组织工作会议、全市宣传思想工作会议等，扎实做好党的建设各项工作，坚决肃清孙政才恶劣影响和薄熙来、王立军流毒，推动全面从严治党向纵深发展。切实履行管党治党主体责任，调整充实市委党建工作领导小组，市委主要负责人担任组长。认真贯彻《中国共产党问责条例》和重庆市实施办法，制定出台《关于深化落实全面从严治党主体责任的意见》。严格执行中央八项规定精神，深入开展违规公款吃喝、违规收送红包礼金、领导干部利用名贵特产类特殊资源谋取私利等专项整治，查处违反中央八项规定精神问题 1621 个，处理 2522 人。扎实开展形式主义和官僚主义集中整治，制定出台《关于集中整治形式主义、官僚主义的实施方案》，查处和纠正形式主义、官僚主义问题910件1696人，处分459人，通报曝光1400人。深入开展兴调研转作风促落实行动，全市形成调研报告470余篇，研究解决实际问题1000余个。保持惩治腐败高压态势，聚焦扶贫领域、涉黑涉恶和惠民政策落实等，大力整治群众身边的腐败和作风问题。健全反腐败体制机制，统筹推进纪律检查体制、国家监察体制、纪委监委内设机构“三项改革”。认真贯彻新时代党的组织路线，深入落实新时期好干部标准，大力发现培养选拔优秀年轻干部，建设高素质专业化干部队伍。全面提升基层党组织组织力，突出政治功能，统筹推进各领域基层党建工作。

四、纪检监察工作（见单列第五节纪检监察）

五、组织工作

2018年年末，全市有党的地方委员会39个，其中直辖市委1个，城市区委、县（自治县）委38个；有党组1699个，党工委482个；有党的基层组织约8.66万个，其中基层党委5580个，党总支4904个，党支部7.61万个。全市有党员175.3万人，其中正式党员172.01万人，女党员49.91万人，少数民族党员10.13万人，农牧渔民党员54.17万人，在岗职工党员69.36万人，35岁及以下党员37.89万人，大专以上文化程度党员80.92万人。全市有公务员13.58万人、参照《公务员法》管理的群团机关工作人员1922人、参照《公务员法》管理的事业单位工作人员3.16万人。

突出抓好党的政治建设。一是扎实开展习近平新时代中国特色社会主义思想和党的十九大精神学习培训。2018年，市委组织部全覆盖轮训市管干部3175人次、基层党组织书记9.1万人次，指导基层培训党员干部249.4万人次，组织1万余名专家人才开展培训研修。二是从严加强政治纪律和政治规矩学习教育。督促党员干部严格遵守《中共中央政治局关于加强和维护党中央集中统一领导的若干规定》和市委具体规定精神，以实际行动兑现市委“三个确保”政治承诺。三是坚决肃清孙政才恶劣影响和薄熙来、王立军流毒。深化落实市委“十破十立”要求，制定《关于加强干部法治素养建设的意见》，组织各级党组织加时加专题召开民主生活会和组织生活会对照反思、全面整改，推动全市政治生态持续向好、整体向好。

全力落实中央和市委重大部署。一是精心抓好市级机构改革班子配备。对涉及改革的34个市级机构开展全覆盖研判，涉及293名市管干部的人事方案一盘端出、一次通过。二是扎实推进抓党建促脱贫攻坚、促乡村振兴。出台落实抓党建促脱贫攻坚行动方案，制定推进乡村组织振兴举措，组建调研组直接对18个深度贫困乡镇及所辖167个村“两委”班子开展重点研判，指导区县优化配备深度贫困乡镇党委书记6人，调整补齐贫困村党组织书记85人；会同有关部门制定发展壮大村级集体经济指导意见，统筹划拨市管党费1800万元扶持革命老区60个空壳村，全市55.7%的村已有集体经营收入。三是认真抓好科教兴市和人才强市行动计划。牵头编制涵盖10大行动、32个专项的实施方案。举办2018重庆国际人才洽谈会，签约引进人才268人，落地项目163个；新增“两院”院士3人，61名院士签订协议进入院士专家工作站。

加强干部队伍建设。一是规范干部选拔任用工作。出台规范市管干部选任程序、领导职数管理等11个文件，对131个市管班子开展回访调研，稳妥调整市管企业领导人员管理体制。二是扎实做好年轻干部工作。制定发现培养选拔优秀年轻干部实施意见和选调生工作办法。三是加大干部教育管理力度。编制《2018—

2022年全市干部教育培训规划》。围绕乡村振兴、大数据智能化等举办市级专题培训班88期，培训干部1.19万人次；举办出国（境）培训5期，与新加坡签订培训合作协议。改进区县政绩考核和市级部门目标绩效考核，强化脱贫攻坚、营商环境、国家级开发开放平台等考核，清理削减考核事项61.5%。制定落实调整不适宜担任现职干部实施细则等措施，提醒函询诫勉一批干部。四是匡正选人用人风气。结合巡视对40家单位开展选人用人专项检查，开展用人突出问题专项整治“回头看”。五是激励干部担当作为。出台激励广大干部新时代新担当新作为的实施意见，研究制定关心关爱基层干部等具体措施，大力选树宣传杨雪峰、杨骅等一批先进典型。

全面加强基层党建工作。一是扎实推进党建强村。出台实施《农村带头人队伍整体优化提升行动方案》，建立落实村党组织书记调整县级备案、全覆盖培训等机制，排查整顿软弱涣散基层党组织1420个，依纪依法妥善处理一批有前科劣迹的村（社区）干部，择优选派贫困村第一书记1918人，培训村党组织书记和村委会主任1.61万人次，点对点动员回引本土人才8953人回村挂职任职。二是提高党员教育管理质量。指导区县制定《2018—2020年农村党员发展规划》，集中开展发展党员、补交党费使用管理等排查整治，经查找取得联系的3.66万名党员全部管理到位，未联系到的党员全部处置到位，积极联系查找退役军人“口袋党员”。三是分类指导提升各领域党建工作。分领域制定加强国有企业、公立医院、民办高校等基层党建文件，召开专门会议部署推动城市、互联网、律师行业基层党建工作，出台抓党建助推民营企业发展10条措施，挂单推进机关、高校等各领域基层党建重点任务。

着力营造人才生态。一是强化人才团结引领。部署开展“弘扬爱国奋斗精神、建功立业新时代”活动，集中开展走访慰问、国情研修、健康体检等活动，激发人才家国情怀。二是深化人才发展体制机制改革。把建立人才“近悦远来”新机制纳入全市重大改革项目，出台职称制度改革、事业单位编制周转等系列改革措施，盘活建立市属高校周转编制近3000个，274人通过“绿色通道”获评高级职称。三是加大人才培养引进力度。设立海外人才工作联络站30余个，组织开展各类引才活动100余场次，新增“千人计划”专家15人、“万人计划”专家37人，引进急需紧缺人才6523人。四是推进人才发展平台建设。引进15所知名高校和科研院所到渝办学或设立研发机构，新增院士专家工作站24个。五是优化人才发展环境。创新推行人才服务证制度，有序开展人才安居工程、青年人才驿站建设，建成一批高层次人才“一站式”服务平台。

六、宣传工作

坚持加强理论武装，深学笃用习近平新时代中国特色社会主义思想。举办市委中心组学习10次，指导区县中心组学习700余次。以“市委理论学习中心组名义”在《求是》《中国纪检监察》发表理论文章2篇，编辑出版《重庆学习论坛》12期，向各级中心组赠阅3.6万册。持续抓好党的十九大精神“六进”宣讲，集中开展习近平总书记在全国“两会”期间系列重要讲话、在民营企业座谈会重要讲话精神宣讲，累计宣讲1.2万场次，受众219.8万人次。开展习近平新时代中国特色社会主义思想“微宣讲”比赛，2430余名宣讲骨干宣讲5100余场次，受众47.6万余人次。被评为2018年度全国基层理论宣讲先进集体1个、先进个人1人、优秀理论宣讲报告1篇。组织召开全国、全市性理论研讨会10余场次，在《重庆日报》推出理论文章39篇。修改完善《重庆市社会科学规划项目管理办法》，国家社科规划项目立项219项，重庆市社科规划项目立项642项。中宣部马克思主义理论研究和建设工程重大项目“西部地区精准扶贫模式创新与实践路径研究”通过审核结项，承担重大实践经验总结课题“重庆坚持生态优先绿色发展实践研究”。制定市级智库评选和资助办法，推动国家级智库建设。重庆市中国特色社会主义理论体系研究中心在《人民日报》《求是》等上发表理论文章20篇，其中获中宣部理论局资助6篇。西南大学马克思主义学院获一级博士学位授权点。牢牢掌握意识形态工作领导权。持续深化整改中央巡视“回头看”反馈意见。全面肃清孙政才恶劣影响和薄熙来、王立军流毒。组织市属媒体连续刊发系列辨析引导文章。

坚持正确舆论导向，主流思想舆论持续壮大。开设“把党的十九大精神全面落实在重庆大地上”等专栏。做好扫黑除恶、机构改革、脱贫攻坚等重点领域宣传报道和“第一书记”严克美、“时代楷模”杨雪峰、优秀扶贫干部杨骅等先进典型宣传。《人民日报》刊发涉渝正面报道258篇，其中头版25篇；新华社文字报道2615条；中央电视台报道近600条（含央视新媒体），其中《新闻联播》播发22条。持续做好154种报刊出版物的审读工作。9件作品获中国新闻奖。修订《重庆市突发公共事件新闻发布应急预案》。编发中央媒体涉渝报道汇编。撰写《关于推进媒体融合和区县融媒体中心建设提高正面舆论覆盖面影响力的调研报告》。下发《重庆市区县融媒体中心建设试点工作指导意见》，召开专题现场会部署推进，启动建设首批县级融媒体中心14个。

坚持培育时代新人，社会主流价值昂扬向上。市委印发《重庆市推动社会主义核心价值观融入法治建设立法修法规划》，开展“德法相伴”系列活动400余场次，参与人数120余万人次。组织开展庆祝改革开放40周年宣讲报告、主题教育、新闻宣传、文化活动等4000余场次，放映主题电影2.6万场次。建立全市203个区县级以上爱国主义教育基地台账。广泛组织开展千万市民升国旗活动。持续推广“老马工作法”，建成小马工作室1080个。

举行“拥抱新时代 践行新思想 实现新作为”人生规划大赛。围绕重大主题发布户外公益广告面积超过90万平方米。建成“家在社区”“美丽乡村”基层宣传思想文化市级示范阵地23个。举办“在希望的田野上”乡村振兴巡回报告会35场。举办“时代楷模”杨雪峰同志先进事迹巡回报告会37场，直接受众8.13万人次，在线观众950万余人次，《人民日报》、新华社等累计推出报道、评论等5500余篇。在全市举办扶贫先进典型杨骅同志事迹系列报告会。印发建设新时代文明实践中心试点工作方案，有序推进5个试点区县。制定实施新一轮全国文明城区（县城）创建行动计划，开展新一轮市级文明创建评选表彰。推进19个经济社会领域失信突出问题集中治理。开展移风易俗“十抵制十提倡”工作。开展“山水之城 美丽之地”主题志愿服务活动1300余场次，参与志愿者160万人次。乡村振兴志愿服务试点建设全面推进。完成乡村学校少年宫国家级项目37个、市级项目40个。红樱桃“冬日针爱”活动为1.75万名留守儿童和孤寡老人送去爱心织物。

坚持满足群众新期待，文化事业、文化产业高质量发展。推出长篇小说《最后的58天》《西域花》，舞台剧《江姐》《红岩魂》，影视剧《重庆谈判》，等；《海棠依旧》《绝命后卫师》《热血军旗》等获第二十九届中国电视金鹰奖，李永毅翻译作品《贺拉斯诗全集》获第七届鲁迅文学奖，《归程》获全国“夏衍杯”优秀电影剧本一等奖，原创魔术《幻影飞鸽》获第十届中国杂技金菊奖。策划推出《马克思画传——马克思诞辰200周年纪念版》《中国特色社会主义道路研究》等重点主题出版物，《薄薄的故乡》《昆仑植物志》《设计新动力丛书》获第四届中国出版政府奖。《巴渝文库》规划出版图书300种。举办2018重庆网络文学大会暨“全国知名网络作家重庆行”活动。赴英国、白俄罗斯等参加电影节。“重庆群众文化云”配送服务6.3万余次，惠及1707.5万人次；“巴渝文化云”上线，推出文化惠民活动200余项。举办

"欢跃四季·舞动巴渝"广场舞展演等文化活动1000余场次、"放歌新时代"送演出进基层1000余场次，组织41部优秀剧目展演100余场次。出台《重庆市推动乡村文化振兴工作方案》，召开现场会。编制地方戏曲普及读本、光盘，送戏曲进校园1000场次。放映城市影片319.16万场次，观众4500.77万人次，票房15.46亿元，分别增长9.87%、3.02%、7.54%；放映公益电影12.18万场次，观众1692.4万人次。出台《关于推动文化产业高质量发展的意见》。签约文化产业项目72个。举办第七届重庆文博会、第十届西部动漫节、第二届文化惠民消费季。登记作品8.63万件，增长14.2%。出台《关于支持和发展志愿服务组织的实施意见》，推进区县文化馆图书馆总分馆制、文化市场综合执法等59项市级文化体制改革重点任务。市属文化企业全面完成公司制改制，新增工商登记文化市场主体7414个。

坚持讲好重庆故事，塑造"山水之城美丽之地"新形象。开展新闻外宣90余场次，接待市外境外媒体记者2000余人次。策划实施"感知重庆·德国企业家重庆行"等主题外宣活动。成立重庆国际传播中心，iChongqing官方英文网站在美国上线、账号在Twitter、Facebook、Instagram等海外主要社交媒体平台同步开设。举行全市新闻发布会70余场。"重庆发布"微信公众号新版上线，订阅用户由13.5万人增至72万人，微博粉丝超166万人，微博、微信发布信息1.1万条。建成iChonqing户外数字发布平台。推出《大美重庆》画册、重庆概览、"重庆与世界嘉年华"等活动。开展2018"感知重庆"美国日本友城行、哈萨克斯坦俄罗斯行、"第三届硅谷创业节·重庆周"等活动。

七、统战工作

2018年，重庆市统一战线围绕"贯穿一条工作主线、开展两个教育活动、推进一项主题实践、实现一大奋斗目标”的“1211”总体工作思路，大力倡导“三个一流”“四个当天”“四个作为”。全年全市统一战线工作获全国统战理论政策研究创新成果一等奖1项、二等奖2项，全国统战工作实践创新成果奖3项；获全国统战信息工作一等奖，并在全国统战部部长会上交流经验。

至年末，38个区县（自治县）统战部部长全部由同级党委常委担任；1018个乡镇（街道）配备专兼职统战干部1748人，其中专兼职统战委员1009人。全市有6所高等学校党委单独设置统战部，24所高等学校党委设置统战工作机构，8所科研院所党委均明确机构和人员负责统一战线工作，37户市属国有重点企业党委均明确统战工作机构和人员。全面落实统战工作第一责任人责任和主体责任，在全国率先实现对区县（自治县）、市级部门、高等学校、国有企业等统战工作责任主体考核全覆盖。

深入学习贯彻习近平新时代中国特色社会主义思想和党的十九大精神。全年全市统一战线组织集中学习500余场次；举办专题培训班187期，培训1.1万人次；举办宣讲宣传2000余场次，听众8万余人次。组织开展“重庆历史名人法治与德治思想”研究，实施统战文化建设“九个一”工程，打造以中国民主党派历史陈列馆为代表的旧址集群，接待参观106万人次，网上点击参观553万人次。

积极服务经济社会发展。主动争取民主党派中央支持重庆建设，8个民主党派中央领导率队到渝调研45人次。组织引导市级各民主党派、市工商联等16家大统战系统单位开展精准扶贫，8个民主党派市委会对口帮扶武隆区8个贫困村。深入推进“万企帮万村”行动。引导1755户民营企业和商协会组织帮扶1363个贫困村，累计投入资金30余亿元。组织新的社会阶层人士、留学人员和民营企业家代表等参加智博会，对接项目100余个，涉及资金1000余亿元。承办中国（重庆）“民参军”产品与技术信息对接会，办好“重庆·台湾周”“海外侨领重庆行”“世界侨商重庆行”活动，赴中国香港地区参加“一带一路”高峰论坛和第十一届亚洲金融论坛，促成一批项目签约落地。

加强民主党派工作。市委统战部积极协助市委制定落实年度政党协商计划，开展政党协商活动12次。协助市委召开各民主党派市委会、市工商联领导人和无党派代表人士暑期谈心会，协助市长主持召开重点调研课题协商会。支持民主党派积极参政议政，8个民主党派向全国、全市“两会”提交议案、提案1280件，开展重点课题调研项目92个，转化为政策举措175项。全年全市党外人士建言被中央统战部采用80篇，其中获党和国家领导人批示4篇。支持民主党派开展民主监督，组织8个民主党派市委会对接有深度贫困乡镇的8个区县开展脱贫攻坚民主监督。支持民主党派加强自身建设，帮助建成履职实践基地100个，完善领导班子运行、内部监督、组织发展等机制15项，市级各民主党派获民主党派中央表彰奖励65项，在全国统战部长会议上交流加强参政党建设的做法。

加强非公有制经济统战工作。市委统战部召开学习贯彻习近平总书记在民营企业座谈会上的重要讲话精神专题培训会、座谈会和宣读报告会200余场次，受众3万余人次。协助市委召开全市民营经济发展大会，表彰各类优秀民营经济市场主体536个。开展“兴调研转作风促落实”行动，形成全市民营经济“1+5”系列调研报告，提出促进民营经济高质量发展体制机制改革建议12项，推动出台《中共重庆市委重庆市人民政府关于全面优化营商环境促进民营经济发展的意见》等民营经济“2+N”扶持政策。制定实施《重庆市非公有制经济工作联席会议议事规则（试行）》，召开非公有制经济工作联席会议5次，建立非公有制经济人士接待日制度。推动开展集中走访精准服务民营企业活动，39名市领导带队走访市场主体478个，解决问题800余个。走访规模以上、限额以上民营企业2万余户，解决问题1.4万个。举办“重庆民营企业家法治大讲坛”3 期，开展青年企业家“领航成长”活动，牵头成立长江经济带十一省市青年企业家联盟，开展非公有制经济人士综合评价。

加强无党派人士和党外知识分子工作。启动新一轮无党派人士调整充实和集中认定工作，制定无党派人士认定标准、资格条件、工作程序，建立无党派人士数据库。印发《重庆市党外知识分子深入开展“弘扬爱国奋斗精神、建功立业新时代”活动实施方案》，开展“同行千里·智汇广大”系列活动和高等学校统战工作 22 项任务清单贯彻落实情况专项调研，指导重庆党外知识分子联谊会召开第三次会员大会，完成换届。支持重庆欧美同学会推进引领引导、创新创业等“七大行动”。

加强新的社会阶层人士统战工作。制定新的社会阶层人士统战工作五年规划，建立完善工作联席会议制度，吸纳 27 个市级部门、14 个行业协会共同做好新的社会阶层人士物色、培养、管理等工作。打造“巴渝新锋”工作品牌，指导区县、市级部门、重点行业协会建立微信公众号，联系、组织新媒体从业人员和“网络大 V”等重点群体 3000 余人。推进建设“1+4+6+X”实践创新基地，建设实践创新示范点 120 个，相关做法在全国新的社会阶层人士统战工作经验交流座谈会上做发言交流并获全国实践创新成果奖。成立区县新的社会阶层专业人士联合会 13 个。

加强党外代表人士队伍建设。出台《中共重庆市委组织部中共重庆市委统战部党外干部工作联席会议制度》。实施《重庆市党外优秀年轻干部发现培养计划》，开展第十批市级党外代表人士实践锻炼，选派优秀党外干部赴全国党外代表人士实践锻炼上海基地挂职锻炼。加大党外干部推荐使用力度，9 个市政府工作部门配备党外领导干部，35 所市属高等学校配备党外领导干部 19 人，司法机关配备党外领导干部 34 人。制定《2018—2022 年全市统一战线教育培训规划》，聘请客座教授 39 人，打造精品课程 60 门。

八、政法工作

2018年，重庆市群众安全感、政法队伍满意度和司法公信力分别为98.43%、96.31分、96.45分，分别比上年提高1.51个百分点、1.57分、1.45分，实现连续5年上升。

打好防范化解重大风险攻坚战。出台《重庆市坚决打好防范化解重大风险攻坚战实施方案》及配套制度，建立指挥部和专项工作组。领导干部接访下访群众1.8万次，化解信访矛盾2.1万件，矛盾纠纷排查化解率98%，人民调解组织调解成功率99.3%。全年全市公安机关破获刑事案件8.23万件，现行命案破案率100%，刑事案件立案数量、八类暴力案件分别下降4.9%、17.9%。组织开展安全稳定工作大排查大整治大督查大执法行动，制定《贯彻落实公共交通安全稳定工作重要举措分工方案》。全年全市发生生产安全事故起数和死亡人数分别下降9.1%、7.7%。深入开展“净网”“清朗”“清网”“扫黄打非”等专项行动。扎实开展全市关键信息基础设施网络安全大检查。

开展扫黑除恶专项斗争。侦办涉黑犯罪组织10个、涉恶犯罪团伙236个，破获涉黑恶刑事案件2257件，刑事拘留犯罪嫌疑人2571人。“渝警行动2018”等专项行动破获案件9.92万件，上升10.03%。在侦涉嫌“套路贷”的黑恶团伙案件51件，查封、扣押、冻结资金1.8亿元。对176个社会治安重点地区进行挂牌整治，重点地区刑事案件发案数量下降47.74%。

推进改革和法治建设。制定《关于加强法官检察官正规化专业化职业化建设全面落实司法责任制的实施意见》，全面落实司法责任制、加强司法权运行监督管理的做法得到中央司法体制改革领导小组办公室的充分肯定。重庆市建立会商机制破解涉法涉诉信访难题的做法得到中央处理信访突出问题及群体事性事件联席会议办公室充分肯定。认罪认罚适用率居全国法院第一。“重庆智慧法院”建设获“全国政法系统‘智慧法院’十大创新案例”等称号。市检察机关完成内设机构改革的做法获最高人民检察院的充分肯定并向全国推广。推动《重庆市公安改革攻坚行动方案》《关于健全统一司法鉴定管理体制实施方案》出台。开展 2917 件案件质量评查。培训领导干部 10 万余人次。参加“千万市民学宪法”网络知识竞赛活动 200 余万人次。

服务经济发展。组建自由贸易试验区、中新示范项目等 5 个法律服务团，签署服务内陆开放高地建设框架协议 4 宗。设立重庆两江新区（自贸区）法院、中国（重庆）自由贸易试验区商事调解中心和仲裁中心、内陆开放法律研究中心。市委政法委牵头制定出台政法机关服务民营经济发展 15 条举措，各政法单位均结合职能出台服务发展系列政策措施。打造“民生警务”体系，延伸拓展个性化配套措施 1069 条。建成便民诉讼站 245 个、便民诉讼联系点 1710 个，聘请便民诉讼联络员 5415 人。全年全市律师行业办理案件 11.7 万件；公证行业办理业务 26.1 万件；司法鉴定行业办理业务 5.8 万件；仲裁机构受理各类民商事案件 4796 件，受理案件标的金额 160.7 亿元，受理案件数量和标的金额稳居西部地区第一。

加强政法队伍建设。全市政法干警学习培训实现全覆盖。出台《深入贯彻落实市委五届四次全会精神重点任务》。组织开展“时代楷模”杨雪峰同志先进事迹巡回报告会 31 场次。制定《2018—2022 全市政法系统干部教育培训规划》及年度《指导意见》。开展岗位练兵活动。组织开展纪律作风督查巡查，查纠涉及司法公开、执法规范、执行中央八项规定等方面的问题 201 个。

九、外事工作

至 2018 年年末，加拿大、日本、英国、柬埔寨、丹麦、菲律宾、匈牙利、埃塞俄比亚、荷兰和意大利等10个国家在渝设立总领事馆，外国驻渝总领事馆数量仅次于外国驻上海市、广州市、成都市总领事馆；与45个国际城市正式缔结友好城市关系（其中2018年新增3个）；全市有新加坡《联合早报》和《日本经济新闻》等6家境外常驻媒体，是继北京市、上海市、广州市、深圳市后第五个允许境外新闻机构常驻的城市，是中西部地区唯一允许境外媒体常驻的城市；有英国、爱尔兰、加拿大、瑞典、奥地利、比利时、冰岛、克罗地亚、捷克、丹麦、芬兰、希腊、拉脱维亚、斯洛文尼亚、爱沙尼亚、意大利、德国、法国、瑞士、西班牙等20个国家在渝设立签证中心。

服务国家总体外交。一是高质量做好高层互访。2018年，完成市领导出访任务22批23人次。市委书记陈敏尔率中共代表团出访乍得、埃及、突尼斯。接待几内亚比绍总统瓦斯、乍得总统代比等外国政要9人。市领导在渝参加外事活动近200场次。二是深度融入"一带一路"建设。全年全市重大外事活动涉及"一带一路"国家和地区34批次，占活动总数的35%；因公出访"一带一路"国家和地区525批次2089人次，分别占全市出访任务的34.5%和40.7%。三是积极参与国家多双边合作机制建设。组团出席第四次中国—中东欧国家地方领导人会议、第五届中俄博览会、首届中俄地方合作论坛等活动，促成经贸、人文合作项目近100个。

助推内陆开放高地建设。一是扩大涉外活动国际影响。邀请5个国家政要以及来自近30个国家和地区的52个代表团313名外宾参加首届中国国际智能产业博览会。邀请外宾参与中国西部国际投资贸易洽谈会、首届中新金融峰会、重庆市市长国际经济顾问团会议第十三届年会。二是推动"引进来""走出去"。促进重庆市与全球224个国家和地区开展经贸交流。持续梳理全市"走出去"人员和企业、机构项目情况。三是用好领馆渠道扩大交往。协同外国驻渝蓉总领馆在渝举办意大利美食周等活动近60场次，邀请外国领事官员赴区县参加三峡国际旅游节等活动，推动区县扩大开放。四是巩固发展国际友好城市。新促成重庆市与乌拉圭圣何塞省、江北区与意大利皮亚琴察市、万州区与白俄罗斯明斯克州科佩尔区正式建立友好城市关系。举办2018中国·重庆国际友好城市市长圆桌会。重庆市获国际友好城市交流合作奖。

加强涉外服务管理。一是做好海外领事保护和涉外案（事）件处置。综合运用外事门户网站、微信公众号、互联网工作群及时发布海外安全预警信息。成功处置海外领事保护事件41件、涉外案（事）件26件。二是严格因公出国（境）管理。全年全市厅局级以下国家工作人员因公出国1522批次5138人次，教学科研人员赴外开展学术交流333批次658人次。三是加强境外记者服务管理。接待境外媒体记者到渝采访53批次256人次，组织常驻渝境外媒体赴奉节县、秀山县采访，安排6个国家电视台记者拍摄《智能产业》《城市巨变》等9部专题片。

表1　2018年重庆市外国政要来访

时 间	姓 名	职 务
7月4日	张志贤	新加坡副总理
8月21日	宋迪·隆迪	老挝副总理兼财政部部长
8月22日	吴作栋	新加坡荣誉国务资政
8月22日	恩赫图布辛	蒙古国副总理
8月23日	皮娅·卡亚塔诺	菲律宾众议院副议长
8月24日	鲁道夫·尼恩·诺沃亚	乌拉圭外长
9月1日	瓦斯	几内亚比绍总统
9月5日	代比·伊特诺	乍得总统
10月26日	洛塔尔·德梅齐埃	前德意志民主共和国总理

表2　重庆市与外国建立友好城市关系

结好城市名称	结好日期
法国图卢兹市	1982年12月10日
美国西雅图市	1983年8月3日
加拿大多伦多市	1986年3月27日
日本广岛市	1986年10月23日
英国莱斯特郡	1992年10月11日
俄罗斯沃罗涅日市	1993年10月20日
乌克兰扎波罗热州	2002年4月25日
南非姆普马兰加省	2002年10月18日
德国杜塞尔多夫市	2004年7月22日
伊朗设拉子市	2005年10月11日
埃及阿斯旺省	2005年10月11日
澳大利亚布里斯班市	2005年10月11日
韩国仁川广域市	2007年6月1日
挪威南特伦德拉格郡	2007年6月14日
泰国清迈府	2008年9月10日
阿根廷科尔多瓦省	2010年5月18日
匈牙利佩斯州	2010年10月22日
泰国曼谷市	2011年9月26日
比利时安特卫普省	2011年10月26日
巴西巴伊亚州	2011年12月15日
瑞士苏黎世州	2012年4月26日
墨西哥新莱昂州	2013年11月12日
柬埔寨金边市	2014年1月20日
印度金奈市	2015年5月15日

结好城市名称	结好日期
白俄罗斯明斯克州	2017年3月24日
印度尼西亚西爪哇省	2017年5月8日
斯洛文尼亚马里博尔市	2017年6月21日
乌拉圭圣何塞省	2018年1月8日

表3　重庆市区县与外国建立友好城市关系

区县名称	结好城市名称	结好时间
万州区	法国热尔省	1988年
江津区	日本都城市	1999年
万州区	乌克兰切尔卡塞市	2003年
渝中区	俄罗斯弗拉基米尔市	2004年
沙坪坝区	奥地利维也纳一区	2004年
万州区	美国韦恩斯伯勒市	2008年
南川区	圭亚那林登市	2011年
九龙坡区	韩国釜山中区	2012年
永川区	保加利亚普列文市	2012年
渝中区	美国圣迭戈郡	2014年
北碚区	阿根廷圣达菲市	2014年
合川区	美国圣莫妮卡市	2015年
江北区	美国北拉斯维加斯市	2015年
渝北区	加拿大本拿比市	2017年
江津区	芬兰塞纳约基市	2017年
江北区	意大利皮亚琴察市	2018年
万州区	白俄罗斯明斯克州科佩尔区	2018年

十、群团工作（见单列第八节群众团体）

第二节　重庆市人民代表大会

2018年年末，重庆市有市人民代表大会及其常务委员会、38个区县（自治县）人民代表大会及其常务委员会、804个乡镇人民代表大会三级人大组织，此外设立街道人大工作委员会226个；全市有四级（全国、市、区县、乡镇）人大代表约5.86万人，其中全国人大代表59人，市人大代表854人，区县人大代表1.1万人，乡镇人大代表4.67万人。

一、立法工作

2018年，市人大常委会制定《重庆市公共汽车客运条例》《重庆市民用航空条例》《重庆市历史文化名城名镇名村保护条例》《重庆市全民健身条例》4件法规，修订《重庆市人民代表大会常务委员会讨论决定重大事项的规定》《重庆市宪法宣誓实施办法》《重庆市植物检疫条例》《重庆市燃放烟花爆竹管理条例》4件法规，通过法规性决定4件，审查批准自治县单行条例3件。至年末，全市现行有效地方性法规212件。

二、监督工作

2018年，市人大常委会听取审议专项工作报告13项，开展工作评议2项、专题询问1项、执法检查4项，委托部分区县人大常委会执法检查5项，依法审查规范性文件190件，受理群众信访3733件次。

三、任免工作

2018年，市人大常委会任免国家机关工作人员232人次，组织参加任前法律知识考试112人次。坚持任前表态发言制度，拟任人员均获高票通过。实施宪法宣誓制度，有130人在市人大常委会会议上宣誓。加强市人大代表资格审查工作，依法确认并公告市人大代表资格变动54人次。

四、代表工作

加强代表履职服务保障。举办代表初任培训、综合培训和专题培训，累计培训1300余人次，基本实现新一届市人大代表培训全覆盖。规范闭会期间人大代表活动内容方式，拓展人大代表参与人大工作途径，基层市人大代表列席市人大常委会会议92人次，参加市人大常委会调研视察等活动128人次。

密切与代表和人民群众的联系。深入推进“两联一述”制度落地落实，明确市人大常委会组成人员每年至少2次走访联系基层市人大代表，市人大代表每年至少3次走访联系人民群众、届内至少1次向所在选举单位述职。开展“主任接待日”活动7次，89名代表提出的178条建议得到及时交办和跟踪落实。195名市人大代表向选举单位述职。组织市人大代表参加工作调研、监督视察、走访群众等活动。

加强议案建议办理和督办。市人大代表提出的22件议案、1084件建议全部审议办理完毕。其中，798件建议所提问题已解决，占73.6%；132件建议承诺逐步解决，占12.2%。网上公开代表建议及答复函918件。重点督办建议40件。

第三节　重庆市人民政府

一、市政府全体会议

市政府四届五次全体会议于2018年1月3日召开。会议审议并原则通过《重庆市人民政府工作报告》（审议稿）、《关于重庆市2017年国民经济和社会发展计划执行情况及2018年计划草案的报告》（审议稿）、《关于重庆市2017年财政预算执行情况和2018年财政预算草案的报告》（审议稿），总结2017年全市经济社会发展，部署2018年重点工作。要求按照市委决策部署，坚决打好“三大攻坚战”，谋划实施“八项行动计划”。强调要重点抓好加快产业升级、激发创新动力、改善社会民生、优化政务服务4项工作。

市政府五届一次全体会议于2018年2月9日召开。会议对2018年《重庆市人民政府工作报告》确定的主要目标任务进行责任分解，强调重点做好落细目标责任、善抓关键环节、提升执行能力、强化督查问效、确保一季度“开门红”等工作。

市政府五届二次全体会议于2018年7月6日召开。会议专题研究市委、市政府重要工作部署及2018年《重庆市人民政府工作报告》目标任务落实情况，分析研判上半年经济形势，安排部署下半年主要工作。强调要全力以赴抓好推动经济稳增长、推动产业转型升级、推动城乡融合发展、推动深化改革、推动内陆开放高地建设、推动山清水秀美丽之地建设、保障和改善民生7项重点工作。

二、市政府常务会议

2018年，市政府召开39次常务会议，其中市第四届人民政府召开4次，市第五届人民政府召开35次；审议并原则通过行政规章、政策性文件及有关决议事项241件。主要涉及8个方面：一是经济发展方面审议通过《重庆市以大数据智能化为引领的创新驱动发展战略行动计划（2018—2020年）》（送审稿）等；二是改革开放创新方面审议通过《重庆市市与区县财政事权和支出责任划分改革总体方案》（送审稿）等；三是城乡融合和区域协调发展方面审议通过《重庆市乡村振兴战略规划（2018—2022年）》（送审稿）等；四是城市规划建设管理方面审议通过《重庆市高铁建设五年行动工作方案（2018—2022年）》等；五是生态文明和环境保护方面审议通过《重庆市污染防治攻坚战实施方案（2018—2020年）》等；六是社会事业和民生保障方面审议通过《重庆市精准脱贫攻坚战实施方案》（送审稿）等；七是社会治理和安全生产方面审议通过《重庆市坚决打好防范化解重大风险攻坚战实施方案》（送审稿）等；八是政府自身建设方面审议通过《重庆市人民政府工作规则》（修订稿）等。

三、重大决策部署

坚决打好“三大攻坚战”。2018年，重庆市编制实施“三大攻坚战”三年行动方案，狠抓各项任务落地。坚决打好防范化解重大风险攻坚战。强化源头治理、动态管理、应急处理，有效防控各类风险隐患。发挥债委会和联合授信机制作用，缓解企业流动性短缺。P2P网贷、非法集资等重点金融风险整治取得成效。加强政府债务管理，建立风险定期排查和台账式管理机制，政府债务风险总体可控。坚决打好精准脱贫攻坚战。坚决纠正过去赶进度、图虚名的错误做法，深入推进精准扶贫、精准脱贫，编制实施18个深度贫困乡镇脱贫攻坚三年规划，深化鲁渝扶贫协作，石柱县、奉节县达到摘帽标准，12万贫困人口脱贫。坚决打好污染防治攻坚战。全面推行河长制，加强大气污染联防联控，实施土壤污染管控和修复，主要污染物排放总量持续下降，一批突出环境问题得到解决。

实施“八项行动计划”。2018年，重庆市认真编制“八项行动计划”，动态调整工作专项，形成项目化、清单化、政策化推进机制。谋划实施以大数据智能化为引领的创新驱动发展战略行动计划，协同发展智能产业、智能制造、智慧城市，举办首届智博会并成为永久会址。谋划实施乡村振兴战略行动计划，启动11个区县、102个乡镇、220个村分层分类试验示范，基本构建起政策措施框架体系。谋划实施城市提升行动计划，高起点规划、高标准建设、高效能管理，推进21个专项和79个子项。谋划实施军民融合发展战略行动计划，强化“六个统筹”，加快创建国家军民融合创新示范区。谋划实施科教兴市和人才强市行动计划，加快科技与经济融合、教育与产业对接、人才与发展匹配，推进10个专项和32项重点任务。谋划实施内陆开放高地建设行动计划，拓展通道、提升平台、完善口岸、培育主体、优化环境，努力在西部内陆地区带头开放、带动开放。谋划实施保障和改善民生行动计划，在“七有”上持续用力，不断增强人民群众获得感。谋划实施生态优先、绿色发展行动计划，推进28类工程和119项任务，加快建设山清水秀美丽之地。“八项行动计划”务实推进，取得阶段性成果。

推进产业转型升级。加快发展智能产业。制定集成电路等产业专项政策，签约联合微电子中心、比亚迪汽车电池等大数据智能化项目金额3919亿元，京东方第6代柔性面板、SK海力士二期等重大项目开工，阿里巴巴、腾讯等企业西南地区总部落户重庆市，集成电路、智能机器人、智能网联汽车产业产值增长均超过20%。大力推进智能制造。推动203户企业实施智能化改造，工业互联网标识解析国家顶级节点启动运行，飞象工业互联网、中移物联网等综合性平台建成投用。加快建设智慧城市。智慧政务、智慧交通、智慧教育、智慧医疗等取得积极进展，以应用促产业、以产业带应用的态势初步形成。巩固提升支柱产业。出台实施汽车产业“1+2”等专项政策，汽车产业加速转型，电子、能源、装备产业稳步增长，消费品产业逐步回升，医药、材料产业产值分别增长 11.9% 和 20.2%。促进军民融合发展。落实与军工央企集团一揽子战略合作协议，全球低轨卫星移动通信、中国兵器科学研究院西南分院等重大项目落户。积极发展现代服务业。金融业增加值增长 6.9%，服务外包离岸执行额增长 13.1%。重点物流基地集聚辐射能力日益显现。智博会、西洽会、军博会、中新金融峰会等展会成效明显。召开旅游发展大会，举办第九届中国长江三峡国际旅游节和全球旅行商大会，旅游总收入增长 31%。

推动改革开放创新。强化改革推动。市级机构改革顺利实施。围绕“破、立、降”深化供给侧结构性改革，为企业减负超过 600 亿元。商事制度改革实现“三十一证合一”，企业开办审批时间压缩至 5 个工作日以内。出台实施“银行业支持实体经济发展 20 条”“涉企减负 30 条”“制造业降本 36 条”等政策措施，制定落实民营经济“2+N”扶持政策。强化开放带动。中新互联互通项目“陆海新通道”形成铁海联运、跨境公路运输、国际铁路联运 3 种方式，渝黔桂新铁海联运班列累计开行 657 班，中欧班列（重庆）开行超过 1000 班，“一带一路”和长江经济带在重庆市无缝衔接。江北国际机场国际航线增至 82 条，旅客吞吐量 4160 万人次。两江新区获批深化服务贸易创新发展试点，中新互联互通项目累计签约金额 219 亿美元，自贸试验区形成 11 项全国首创制度成果。江津综合保税区封关运行，涪陵综合保税区、果园港保税物流中心（B 型）被批准建设。国际贸易“单一窗口”和智慧口岸建设扎实推进，整体通关时间压缩 1/2 以上。强化创新驱动。出台“双一流”建设专项支持政策，启动建设中国科学院大学重庆学院，

24所国内外知名高校院所到渝设立分院分所。引进“两院”院士等高层次人才255人，新增科技型企业4301户。重庆医科大学附属儿童医院被批准为国家临床医学研究中心。荣昌高新区、永川高新区被批准为国家高新区。

加快城乡融合发展。加快城乡一体化建设。坚持把实施乡村振兴战略摆在优先位置，扎实推进“五个振兴”。新发展农林特色产业面积11.07万公顷，“巴味渝珍”品牌首批授权产品438个，乡村旅游和农村电商网络零售额分别比上年增长32%、21.3%。农村“三变”改革、“三社”融合发展试点稳步推进，减少村级集体经济“空壳村”1224个。启动农村人居环境整治三年行动，行政村生活垃圾有效治理率超过90%、污水处理率63%。实施三峡后续规划项目321个。系统谋划推进城市提升。启动编制国土空间规划，“多规合一”平台上线运行。实施交通建设三年行动计划，渝贵铁路开通运营，成渝高铁枢纽段、重庆西站一期和沙坪坝站建成投用，渝湘高铁主城至黔江段、重庆东站开工。开工建设高速公路7条，江津至贵州习水段建成投用，通车总里程3096千米。城市轨道交通新通车49千米，通车总里程313千米。启动实施水源工程建设三年行动，渝西水资源配置工程开工。启动“两江四岸”示范段建设，完成广阳岛长江生态文明创新实验区规划编制。制定城市综合管理提升行动方案，推进大城细管、大城智管、大城众管，“马路办公”成为常态。

坚持生态优先、绿色发展。把修复长江生态环境摆在压倒性位置，划定生态保护红线2.04万平方千米，营造林42.67万公顷，岩溶石漠化、水土流失和消落区治理取得新成效，2018年年末全市森林覆盖率提高到48%。深入开展自然保护区大排查大整治，扎实推进“四山”综合整治，缙云山、水磨溪、长江上游珍稀特有鱼类等自然保护区专项治理初见成效。加快生态文明制度建设，启动生态环境损害赔偿、流域横向生态保护补偿等改革，建成大气、水大数据监管平台，环境治理能力进一步提升。

大力发展社会民生事业。全面完成 15 件重点民生实事年度任务。新增普惠性幼儿园 691 所，义务教育发展基本均衡区县覆盖率 95%。城镇职工和城乡居民养老保险待遇稳步调增，城乡居民最低生活保障标准和最低工资标准进一步提高。医药卫生体制改革持续深化，启动县域医共体医通、人通、财通试点，实施 83 个进口药品降价政策。利用城市边角地新建社区体育文化公园 30 个。食品药品放心工程有序推进。扫黑除恶专项斗争扎实开展。矛盾纠纷多元化解机制进一步完善。安全生产突出问题得到整治。

四、政府自身建设

2018 年，市政府坚持把政治建设摆在首位，不折不扣落实中央大政方针和市委决策部署。严格落实向市委请示报告制度，定期向人大报告工作、向政协通报情况。主动接受人大和政协监督，认真办理人大代表建议和政协委员提案，提请市人大常委会审议地方性法规草案 7 件，制定政府规章 5 件。深化“放管服”改革，推进行政审批制度改革，2018 年年末市级行政许可事项减至 453 项，精简 60% 以上，市级行政审批中介服务事项精简为 93 项；开展工程建设项目审批制度改革试点，一般社会投资项目审批时间压减至 50 个工作日以内，政府投资项目审批时间压减至 80 个工作日以内；建立“双随机一公开”综合监管平台，健全监管制度，确保抽查事项全覆盖、抽查结果全公开；全面推行“互联网 + 政务服务”，90% 以上行政审批和公共事项实现“全渝通办”，“渝快办”移动政务服务平台上线便民服务事项超过 500 项。

第四节　中国人民政治协商会议重庆市委员会

2018年年末，全市各级政协组织包括政协重庆市委员会及26个区政协、12个县（自治县）政协，有市政协委员838人、区县（自治县）政协委员1.03万人。2018年，市政协紧扣打好“三大攻坚战”、实施“八项行动计划”，组织重点协商10次、重大调研12项、重要通报14次、重点视察20余次，交办提案938件。

一、市政协常委会议

2018年，市政协召开5次常委会会议。主要内容有以下几个方面。一是组织学习。传达学习习近平总书记重要讲话精神及全国“两会”精神、习近平生态文明思想等，书面传达学习全国政协常委会会议精神、市委第五次政协工作会议精神等，专题学习《中华人民共和国宪法》、实施乡村振兴战略等。二是通报情况。通报政协重庆市第五届委员会主席、副主席、秘书长工作分工初步方案等。三是听取情况通报。听取市环保局深入实施“五大环保行动”、推动建设山清水秀美丽之地情况通报等。四是审议通过事项。审议通过政协重庆市第五届委员会常务委员会工作报告（草案）、政协重庆市第五届委员会关于专门委员会变动的决定、有关人事事项等。五是开展重点协商。围绕“以大数据智能化为引领，加快产业转型升级创新发展”等开展重点协商。

二、提案工作

2018年，市政协收到提案1389件，其中立案1051件，并案后交办938件。交办提案中，委员提案785件，集体提案153件。

从内容上看，经济建设方面466件，占49.7%；政治建设方面46件，占4.9%；文化建设方面67件，占7.2%；社会建设方面247件，占26.3%；生态文明建设方面112件，占11.9%。遴选督办重点提案82件，梳理形成《提案专报》5期。提案者对办理表示满意提案894件，占95.4%；基本满意提案34件，占3.6%；理解提案6件，占0.6%；因特殊原因未反馈意见提案4件，占0.4%。

三、反映社情民意工作

2018年，市政协收到社情民意信息3331条，其中被采用666条，采用率20%；编发《社情民意》241期（普刊72期、专刊19期、转送150期）、《重庆政协信息》273期，其中被全国政协采用26期，国家部委回复1期，市领导批示16期，市级部门回复34期。在全国31个省级政协中列第六位。市政协办公厅社情民意和信息处获“2016—2017年度全国政协反映社情民意先进单位”称号。

四、专题调研工作

2018年，市政协主席班子成员分别领题带队，就“加快建设山清水秀美丽之地”课题深入调研，调研成果得到市委领导肯定并被市委、市政府有关文件采纳。组织政协常委视察内陆开放高地建设情况，提出20余条意见建议。聚焦发挥重庆承东启西、沟通南北、通江达海的独特优势，开展“交通建设三年行动计划”常委视察、“中新互联互通陆海新通道建设情况”对口协商，就物流降本增效、促进贸易和投资便利化等议政建言。围绕“以大数据智能化为引领，加快产业转型升级创新发展”组织重点调研，形成38份调研材料。落实市委实施乡村振兴战略行动计划要求，组织开展“实施乡村振兴战略”常委会协商，提交47份资政材料。

组织委员听取农村集体产权制度改革情况通报，持续关注农村“三变”改革，专题调研农民合作社发展情况。实地调研重庆市14个国家级、4个市级历史文化名镇，形成《关于我市历史文化名镇保护传承利用发展的调研报告》。（王　韵）

第五节　纪检监察

2018年，市纪委全面贯彻落实党的十九大全面从严治党战略部署。市纪委常委会建立集体学习制度，开展习近平新时代中国特色社会主义思想和党的十九大精神专题学习56次。在重庆市纪检监察内网、风正巴渝网站及微信公众号开设专题专栏。制定2018年重点任务分工方案和贯彻落实市委五届四次全会精神方案。开展“兴调研转作风促落实”行动，分3批组织开展专题调研活动32个。

坚决肃清孙政才恶劣影响和薄熙来、王立军流毒。问责政治生态环境损害案件123件345人，处分108人；查处存在违反政治纪律行为199人。加强对市委关于营造良好政治生态，加强法治和德治工作，坚决肃清孙政才恶劣影响和薄熙来、王立军流毒“三个意见”贯彻执行情况监督检查。全覆盖列席监督市管领导班子加时加专题召开的民主生活会，持续推进中央巡视“回头看”整改落实，市纪委回复党风廉政意见1992人次。

深化纪检监察体制改革。一是稳步推进国家监察体制改革。全面完成市、区县监委组建和人员转隶，划转编制1037个，转隶干部854人。实行监督检查和审查调查职能分离、部门分设。采取归口方式向乡镇（街道）派出监察室，在村（居）聘请监察监督员。二是全面深化派驻机构改革。制定市纪委监委派驻机构管理机制改革实施方案。调整设立34个派驻纪检监察组，监督市级党和国家机关101个。

巩固深化巡视巡察工作。市委纪委监委组织开展3轮巡视，巡视市管党组织76个。市委巡视组发现问题988个，提交巡视专题报告152份。区县纪委监委对区县党委管理的1457个基层党组织开展巡察，延伸巡察村（居）4816个。

坚定不移纠“四风”。开展违规公款吃喝、违规收送红包礼金、违规发放津补贴或福利等专项整治，纠正和查处违规违纪问题1106个1936人，党员干部主动上交礼金597万元，清退收缴违规发放的津补贴或福利2.5亿元。全年全市查处违反中央八项规定精神问题1621个2522人，处分1045人，通报曝光1610件；查处和纠正形式主义、官僚主义问题910个1696人，处分459人，通报曝光718个1400人。

切实履行监督第一职责。实施党内问责1434件，问责党组织73个、党员领导干部2286人，党纪处分306人，通报曝光1310件2074人。谈话函询2455件。全年全市纪检监察机关接受信访举报4.38万件次，处置问题线索2.4万条。深化运用监督执纪“四种形态”，监督执纪由“惩治极少数”向“管住大多数”拓展。

不断深化标本兼治。全年全市各级纪检监察机关立案4726件，处分5281人。追回“天网”在逃人员23人。开展“以案说纪、以案说法、以案说德、以案说责”警示教育，制定实施意见。各级党组织开展警示教育5100余场次，运用典型案例3200余个次，受教育对象43万人次。

坚决整治群众身边腐败和作风问题。一是深入开展扶贫领域专项治理。全力配合中央脱贫攻坚专项巡视，优先办理移交的1551件问题线索，至年末已办结1120件。建立扶贫民生领域问题线索智能筛查系统，对23个区县的35件典型问题线索挂牌督办。全年全市各级纪检监察机关查处扶贫领域腐败和作风问题3638件5723人。二是集中整治群众反映强烈问题。选取过度诊疗、救灾救济等74个突出问题开展集中专项整治，清理项目1474个，涉及资金3.2亿元。查处群众身边腐败和作风问题6282件9652人。全面推行基层党员干部亲属涉权事项公开制度，7151人主动找组织说清问题，管住管好“小微权力”。查处涉黑涉恶腐败和“保护伞”问题149件182人。

第六节　法治

一、立法工作

2018年，市人大常委会制定《重庆市公共汽车客运条例》《重庆市民用航空条例》《重庆市历史文化名城名镇名村保护条例》《重庆市全民健身条例》4件法规，修订《重庆市人民代表大会常务委员会讨论决定重大事项的规定》《重庆市宪法宣誓实施办法》《重庆市植物检疫条例》《重庆市燃放烟花爆竹管理条例》4件法规，通过法规性决定4件，审查批准自治县单行条例3件。至年末，全市现行有效地方性法规212件，涵盖经济、政治、文化、社会和生态文明等各个领域。

二、公安

2018年年末，重庆市公安局下设22个内设机构、3个直属派出机构及重庆警察学院共26个直属单位，辖12个区（高新区、经开区）公安分局、17个区公安局、12个县（自治县）公安局，另有重庆市公安局特勤局列入市公安局机构序列；全市有派出所936个、警务室2959个。全市公安机关实有民警4万余人，其中派出所民警、社区民警分别占区县警力的42.5%和派出所警力的29.91%。

严厉打击刑事犯罪。全年全市公安机关破获刑事案件9.92万件，比上年上升10%，移送起诉犯罪嫌疑人3.6万人，首次实现年内命案100%告破；破获侵财案件8.09万件，上升15.3%，其中破获电信网络诈骗案件4.37万件，抓获嫌疑人2866人，止付冻结资金7.5亿元，破案数量居全国第一；破获拐卖案件14件，帮助找回失踪失联妇女儿童1059人。查处治安案件18.2万件，常态、动态挂牌整治治安乱点地区227个，整治地区刑事案件发案数量下降47.5%。公安部挂牌督办涉枪涉爆在逃人员缉捕率100%。

开展扫黑除恶专项斗争。全年全市公安机关侦办涉黑犯罪组织10个、恶势力犯罪集团和团伙236个，抓获犯罪嫌疑人6137人，深挖涉嫌“保护伞”问题线索人员252人，打掉重庆市首个农村宗族恶势力犯罪集团，建立“背靠背分别核查、结果汇总比对”三级滚动线索核查机制。

加强禁毒工作。全年全市公安机关破毒品刑事案件4687件，打击处理毒品犯罪嫌疑人5415人，缴获各类毒品606千克，全市一类易制毒化学品企业入网率保持100%，市内易制毒化学品保持“零流失”，禁种铲毒连续14年“零产量”，社区戒毒、康复执行率99.8%，未成年人涉毒违法犯罪人数下降至0.75%，18岁以下吸毒人员占比下降至0.75%。

打击经济犯罪。全年全市公安机关破获经济犯罪案件1756件，上升44%。年末全市P2P平台数量和剩余借款额比年初分别下降16.7%、83.6%，办结非法集资积案55件，“天网行动”抓获外逃犯罪嫌疑人8人。建成重庆违法犯罪资金查控平台，实现与2000余家银行全国涉案账户在线查控，银行覆盖率在95%以上。

打击食品药品安全犯罪。全年全市公安机关破获涉假案件1119件，上升281.9%，发起全国集群战役27起，侦办公安部督办案件45件，首次赴美就“8·30”跨境电商平台销售假冒奢侈品案开展执法协作交流，组织侦破的2件案件分别获公安部、国家版权局打击侵权盗版“剑网行动”一、二等奖。

打击污染环境违法犯罪。全年全市公安机关破获破坏环境资源保护类案件112件，上升29.2%；侦破公安部督办案件11件，其中公安部、环保部、最高检联合挂牌督办案件3件；依法整治取缔非法餐饮船舶92艘。创建河库警长制，配备区县级河库警长130人、乡镇（街道）级河库警长952人，实现全市全流域覆盖。开展运渣车通行专项整治，查处机动车载物行驶遗洒、飘散等违法行为4.1万起，查处货车闯禁交通违法行为26.3万起。

完善立体化治安防控体系。深入推进“雪亮工程”建设。至年末，全市公安图像平台接入视频镜头13.8万个，交通、治安卡口2000余路，主城区城市公交车载视频安装率100%，远郊区县城市公交车载视频安装率95.5%。启动全警大巡防，组建社区（村社）专职巡逻队4106支3.44万人、摩托车巡逻队364支1799人，4536名社区民警融入7.84万个综治网格。全市刑事案件、八类暴力案件、年内命案立案数量分别下降4.9%、17.9%、26.8%，其中八类暴力案件、年内命案立案数量创重庆直辖以来新低。

加强公安交通管理。全年全市公安机关区域联网改造交通信号灯1315处，完善主城区379条道路交通设施，限速调整城市道路372条。组建“渝警骁骑”摩托车队，挂牌治理交通堵点130处，完成14条100千米公交优先道建设，主城区高峰延时指数下降8.6%。组建3.4万人的新型农村交通安全力量，全市农村道路连续13年未发生一次死亡10人以上交通事故。全年全市新登记入户汽车60.7万辆，年末全市汽车保有量419.7万辆；新办理机动车驾驶员55万人，年末全市机动车驾驶员872.7万人。

加强出入境管理。全年全市公安机关签发出国（境）证件264.1万证次，上升16.4%。办理境外人员出入境证件申请、外国人签证及居留许可、72小时过境免签，成为全国首个实现各区县均有外国人签证、停居留证件受理、审批权限的省市。

三、检察

2018年，重庆市人民检察院下辖5个检察分院、38个区县（自治县）检察院和重庆铁路运输检察院。至年末，全市三级检察院共有政法专项编制4087个，实有3853人，其中市检察院262人，检察分院642人，区县（自治县）检察院2911人，重庆铁路运输检察院38人。其中，检察官1167人，占30.29%；检察辅助人员1847人，占47.94%；司法行政人员758人，占19.67%。具有本科以上学历3567人，占92.58%。其中，具有博士学位11人，占0.29%；具有硕士学位753人，占19.54%。

打击刑事犯罪。全年全市检察机关批捕各类犯罪嫌疑人1.86万人，起诉3.37万人。会同市公安局挂牌督办涉黑涉恶重大案件12件，批捕1149人，起诉1155人，配合扫除黑恶势力团伙146个，向纪检监察机关移送"保护伞"线索79人。批捕故意杀人、强奸、抢劫等严重暴力犯罪952人，起诉1071人；起诉利用电信网络诈骗老百姓"血汗钱""救命钱""养老钱"等犯罪2666人；起诉黄赌毒犯罪7380人；起诉性侵、暴力伤害未成年人等犯罪1141人；起诉暴力伤医、职业医闹、诈骗医保基金等犯罪64人；起诉偷排偷放污染物、盗伐滥伐林木、非法采矿等破坏环境资源犯罪1117人，比上年上升16%。

服务经济发展。制定保障和促进民营企业健康发展"15条意见"。起诉涉民营企业职务侵占、挪用资金、侵犯民营企业知识产权等犯罪325人，监督立案侵犯民营企业合法权益犯罪18件，办理涉民营企业产权申诉案件147件。起诉非法吸收公众存款、集资诈骗、组织领导传销活动、信用卡诈骗、内幕交易等犯罪862人。

全面推进公益诉讼。市检察院制定服务保障长江经济带发展、加快建设山清水秀美丽之地"14条意见"。全年全市检察机关公益诉讼立案1962件，提出诉前检察建议和发布公告1860件，有关行政机关在规定时限内整改回复1530件，向法院提起公益诉讼36件。开展“保护长江母亲河”公益诉讼专项行动。在生态环境和资源保护领域公益诉讼立案1172件，提出诉前检察建议1101件，督促治理被污染的饮用水水源地1866余公顷、河道48.9千米，清除违法堆放的垃圾和固体废物3万余吨，恢复被破坏的耕地、林地166.67公顷。开展“保障千家万户舌尖上的安全”专项监督活动。在食品药品安全领域公益诉讼立案477件，提出诉前检察建议443件，促请有关行政机关查处伪劣食品15.8吨、假药95种。

加强诉讼监督。加强刑事诉讼监督。全年全市检察机关监督侦查机关立案198件、撤案139件，追捕、追诉694人，排除非法证据85件，对不构成犯罪和事实不清、证据不足的不批捕2811人、不起诉781人；对认为确有错误的刑事裁判提出抗诉59件，法院审结52件，其中改判26件，发回重审5件；监督纠正减刑、假释、暂予监外执行不当507人次，监督纠正社区矫正人员脱漏管72人次。加强民事行政诉讼监督。对认为确有错误的民事行政生效裁判，提出抗诉175件，法院审结76件，其中改判31件，发回重审5件，启动抗诉程序后，调解结案、和解撤诉27件；对裁判正确的1220件案件的申诉人，主动做好释法说理、息诉罢访工作；对恶意串通侵占他人财产、虚构事实逃避债务等虚假诉讼案件，提出纠正意见54件。加强职务犯罪检察工作。监察机关调查后，向检察机关移送涉嫌职务犯罪225人，检察机关对监察机关留置的17人取保候审，退回补充调查5人，起诉188人，不起诉3人。

四、法院

2018年，重庆市法院系统由市高级人民法院、5个中级人民法院、38个基层人民法院和两江新区（自贸区）法院、重庆铁路运输法院组成。全市法院有中央政法专项编制 7641 个，年末有法官及其他工作人员 7176 人。其中，员额法官 2703 人，占中央政法专项编制总数的 35.4%；司法辅助人员 3460 人，占 45.3%；司法行政人员 1013 人，占 13.3%。全市法官和其他工作人员中具有本科及以上学历者 6900 人，占 96.2%。其中，具有博士学位 34 人，具有硕士学位 1817 人，二者共占法官及其他工作人员总数的 25.8%。全年全市法院受理各类案件 91.87 万件，审执结案件 83.22 万件，分别比上年上升 12.13% 和 11.17%，其中市高级人民法院审执结案件 8388 件，5 个中级人民法院审执结案件 7.42 万件。全年全市法官人均新收案 312.69 件、结案 306.84 件，均居全国法院前列。

开展刑事审判。全年全市法院审结一审刑事案件 2.42 万件，判处罪犯 3.3 万人，其中判处 10 年以上有期徒刑直至死刑罪犯 765 人。审结杀人、绑架等严重暴力犯罪案件 852 件 1069 人。依法审结涉黑涉恶案件 97 件 645 人，合力扫除恶势力犯罪集团和团伙 59 个。依法审结黄赌毒、盗抢骗、传销和电信网络等犯罪案件 1.46 万件，审结危害食品药品和公共安全犯罪案件 4615 件。审结涉 P2P 平台、非法集资、金融诈骗等犯罪案件 403 件。审结贪污贿赂等案件 277 件 399 人。启动非法证据排除程序 40 次，对 2 名公诉案件被告人和 12 名自诉案件被告人依法宣告无罪。

开展民事审判。全年全市法院审结涉婚姻家庭、教育、医疗等一审民事案件 14.88 万件。妥善审理劳动争议案件 3.03 万件。深入推进家事审判改革，发出人身安全保护令 65 份。审结征地拆迁、工程建设等案件 1.03 万件。审结土地流转、征收补偿等涉农民事案件 7193 件，依法为农民工追回工资 1.3 亿元。巡回审理案件 9693 件。审结涉军案件 155 件。审执结涉军停止有偿服务案件 128 件，标的金额 3.4 亿元。诉前诉中委托调解案件 7.1 万件。

开展商事审判。全年全市法院审结一审民商事案件 30.44 万件，标的金额 1273 亿元。审结投资、买卖、物流等合同案件 3.87 万件。

审结涉证券、保险、金融借款、民间借贷等案件11.66万件，标的金额641亿元。审结涉民营企业案件12.86万件，挽回经济损失近500亿元。市高级人民法院在全国首次印发《民营企业法律风险防控提示书》。开展审务进园区、进企业等活动432次，院长走访民营企业377次。审结破产案件142件，盘活企业资产71.82亿元。审结房地产案件2.57万件。

开展行政审判。全年全市法院审结一审行政案件8361件，其中行政机关败诉724件。行政机关负责人出庭应诉1849人次。开展法治讲座424次，到院旁听庭审1.77万人次。

开展环境资源审判。全年全市法院审结一审环境资源案件2209件，其中行政非诉审查案件941件。受理检察机关和社会组织提起的公益诉讼案件24件，审结20件。

开展知识产权审判。全年全市法院审结一审知识产权案件9830件。

开展涉外、港澳台审判。全年全市法院审结涉外、涉港澳台地区案件584件，办理司法协助案件325件，深入实施内陆开放高地建设司法保障16条。

开展执行工作。全年全市法院受理执行案件28.17万件，执结23.75万件，执行到位金额325.47亿元。

五、司法行政

2018年，全市司法行政系统由司法行政机关，监狱、戒毒系统和法律服务机构3个部分组成。司法行政机关包括市司法局、38个区县（自治县）司法局、万盛经开区司法局，1031个司法所，在编人员2360人。监狱系统包括市监狱局机关、16所监狱和1个廉政教育基地，有民警6000余人；戒毒系统包括市教育矫治（戒毒）局机关、10个教育矫治（戒毒）所，有民警2000余人。法律服务机构包括律师事务所881个，律师1.03万人；公证处40个，公证员213人；法律援助中心41个，法律援助工作人员268人；司法鉴定机构296个，司法鉴定人员2767人；基层法律服务所305个，基层法律服务工作者1662人；人民调解组织1.24万个，人民调解员6.69万人。

加强法治建设。2018年，提请市人大常委会审议通过《重庆市民用航空条例》《重庆市全民健身条例》《重庆市公共汽车客运条例》《重庆市燃放烟花爆竹管理条例（修订）》等地方性法规7部，制定《重庆市政务信息资源共享开放管理办法》《中国（重庆）自由贸易试验区管理试行办法》《重庆市城市生活垃圾分类管理办法》《重庆市城乡养老机构服务管理办法》《重庆市铁路安全管理规定》政府规章5件；审查区县（自治县）政府、市政府各部门提请备案的规范性文件1526件，现行有效规范性文件全部入库并公开；清理处置涉及产权保护、生态环保等领域的规范性文件479件。网上公示30余个市级执法部门和1136个区县级执法单位（部门）“双随机、一公开”抽查结果3.5万条。全年全市办理行政复议案件4362件，综合纠错率30%；对14个区县（自治县）、4个市级部门行政应诉工作开展实地抽查，约谈行政机关“零出庭”单位负责人，负责人出庭应诉率35.8%，比上年上升3个百分点。对69个市级部门、38个区县年度普法计划进行专家评审；对38个区县、7个市级部门实地进行“七五”普法中期检查，委托第三方机构开展评估；举办“宪法宣传周”等系列宣传活动8000余场次，参与创新开展的“千万市民学宪法”知识竞赛活动411万余人次；3095名新提任领导干部参加法治理论考试，1.3万名处级以上领导干部参加旁听庭审。

推进法律服务。一是服务高质量发展精准精细。出台《进一步深化民营企业法治服务保障十五项措施》《关于为中国（重庆）自由贸易试验区建设提供优质高效法律服务的意见》《关于发展涉外法律服务业的实施意见》等系列政策措施；组建“三大攻坚战”、民营经济、内陆开放高地建设、长江大保护等5个法律服务团。全年全市律师办理案件30万件，向8400余户民营企业提供专项法律服务；基层法律服务工作者办理案件6.8万件；公证员办理公证业务27.2万件；司法鉴定人员办理司法鉴定业务5.8万件。完成涉及经济发展的186件市领导批示件和796件涉法事务办理。仲裁机构受理民商事案件4837件，涉及争议标的金额162.8亿元，受案数量和标的金额稳居西部地区第一。二是服务高品质生活精准精细。区县服务中心、镇（街道）工作站、村（社区）工作室100%建成投用，“三大平台”日均提供法律服务事项4000余人次；办理法律援助案件3.5万件，为受援人挽回经济损失4.8亿元；市法律援助基金会筹措265万元，实施法律援助项目9个。

推进基层治理。新建行业性专业性、“三调对接”调解组织883个；新聘调解员2604人，解聘调解员2271人，新增专职调解员387人，专职调解员累计1729人。成立新一届重庆司法鉴定专家委员会，聘任专家487人，设立物证技术类等4个专家组。全年全市调解纠纷40.5万件，调解成功率99.3%；首批选取主城区12个矛盾纠纷多发、社会治理任务较重的社区（小区），综合开展人民调解、法治宣传、社区矫正、法律服务、社区戒毒等工作。打造社区服刑人员警示教育基地35个、社区服务基地136个、就业培训基地159个，1.2万名社区服刑人员重新犯罪率处于0.2%的低位。重点帮教对象接送率100%，13万余名安置帮教对象安置率97.6%，帮教率98.8%，重新犯罪率处于0.2%的低位。

加强监所管理。钝化尖锐利器1.1万把，退出安全高危企业1户；排查出危顽犯等特殊犯群近800人并管控到位。全年全市监所有效避免11次较大事故发生。成立全国首家戒毒康复场所内的戒毒专科医院、西部地区首个运动戒毒研究中心。投入资金1.5亿元开展监所规范化建设，2所监狱、3个戒毒所基本实现规范化目标。

第七节　民主党派　工商联

一、民主党派

（一）民革市委会

2018 年，民革市委会新发展党员 221 人，年末全市有民革党员 4729 人，其中女党员 1843 人，具有大专以上学历者 4325 人，具有高级技术职称者 1098 人。全市民革党员担任民革各级职务 1012 人，其中民革中央常委 2 人，民革中央委员 5 人，民革市委委员 66 人；担任各级人大代表 133 人，其中全国人大代表 1 人，市人大代表 25 人，区县人大代表 107 人；担任各级政协委员 511 人，其中全国政协委员 2 人，市政协委员 47 人，区县政协委员 462 人；担任各级政府及部门实职 75 人；担任各级政府及部门特邀特约人员 92 人。在全国“两会”期间，全市民革党员中的全国人大代表提交建议 9 件，全国政协委员提交的提案被全国政协立案 10 件。在全市“两会”期间，民革市委会集体提案立案 16 件，全市民革党员中的市人大代表提交建议 45 件，市政协委员提交的个人提案立案 67 件。报送的社情民意信息被全国政协采用 4 篇，被中共中央办公厅采用 1 篇，被中央统战部《零讯》采用 3 篇，被民革中央采用 7 篇，被市政协采用 70 篇。

（二）民盟市委会

至 2018 年年末，民盟市委会有区级地方组织 15 个；市委直属工委 1 个，市委直属区县总支 4 个，市委直属区县支部 5 个；有基层组织 217 个；设专委会 20 个。2018 年，民盟市委会新发展盟员 425 人，年末全市有盟员 8110 人，其中具有本科以上学历者占 80.8%，具有中高级职称者占 78.7%，主界别占 75.6%。全市民盟盟员中有全国人大代表 1 人，全国政协委员 5 人（其中常委 1 人）；民盟中央委员 7 人（其中常委 3 人）；市人大代表 27 人（其中常委 4 人），市政协委员 57 人（其中市政协副主席 1 人，常委 13 人）；区人大常委会副主任 3 人，区政府副区长 4 人，区政协副主席 15 人；副县长 2 人，县处级领导干部 68 人；区县人大代表和政协委员 608 人。市政府参事 6 人，市文史馆馆员 10 人，市级特邀特约人员 27 人。“长江学者”2 人，国家级高层次人才 11 人。

在全国 “两会”期间，全市民盟盟员中的全国政协委员提交提案 26 件，全国人大代表提交建议 9 件；民盟市委会报送的《加强教育信息化建设，促进教育城乡一体化发展》转化为民盟中央集体提案。在全市“两会”期间，民盟市委会向市政协提交集体提案 15 件、大会发言材料 5 件；盟员中的市政协委员提交提案 159 件，盟员中的市人大代表提交议案和建议 70 件，其中被市政协评为优秀集体提案 2 件、优秀个人提案 4 件。完成课题调研项目 52 个，全部结题并转化为提案、建议。盟员中的全国政协委员在全国政协常委会上书面发言 2 次。被民盟中央评为优秀论文 5 篇。向市政协报送社情民意 358 条，其中被采用 47 条（被全国政协采用 1 条）；向民盟中央报送社情民意 217 条，其中被采用 26 条。被民盟中央评为民盟反映社情民意信息工作先进个人 2 人。

（三）民建市委会

至 2018 年年末，民建市委会有直属工委 1 个，区委 16 个，地区直属工委、支部 7 个，总支部 6 个，支部 185 个。2018 年，民建市委会新发展会员 329 人，年末全市有民建会员 6536 人，其中具有大专以上学历者 5571 人，具有中级以上职称者 2881 人，经济界会员 5062 人。全市民建会员中有全国人大代表 3 人，市人大代表 29 人，区县人大代表 144 人；有全国政协委员 2 人，市政协委员 62 人，区县政协委员 590 人。担任各级政府、政府组成部门及司法机关处级以上职务者127人。

在全国“两会”期间，全市民建会员中的全国政协委员提交个人提案13件、大会书面发言6件，全市民建会员中的全国人大代表提交议案、建议14件。在全市“两会”期间，民建市委会向市政协提交集体提案13件、民建界别提案2件、委员个人提案137件，全市民建会员中的市人大代表提交议案、建议37件。向民建中央报送调研报告40余篇，组织区县完成一般课题调研任务168个。向市政府直通车递交《关于加快我市民营经济高质量新发展的建议》。编发社情民意信息380篇，其中被全国政协采用7篇，被中央统战部《零讯》采用9篇，被民建中央采用22篇，被市政协采用58篇；被评为全国政协2016—2017年度优秀社情民意信息1篇，被民建中央评为优秀社情民意信息4篇。获2018年度民建中央参政议政工作先进单位一等奖、反映社情民意信息工作先进单位一等奖。

（四）民进市委会

2018年，民进市委会新成立直属武隆区支部，年末有12个区委、2个工委、6个直属支部、196个基层组织，有8个专门委员会；新发展会员197人，年末全市有民进会员4604人，其中具有本科以上学历者3262人，具有高、中级职称者3450人，教育、文化、出版界别会员3374人。全市民进会员中有全国人大代表1人，市人大代表14人（其中常委2人），区人大代表89人（其中区人大常委会副主任5人，常委19人）；有全国政协委员3人，市政协委员37人（其中市政协副主席1人，常委6人），区政协委员314人（其中区政协副主席9人，常委56人）。担任民进中央委员4人（其中常委1人）；担任市、区两级政府部门和司法机关副处级以上职务49人。

在全国“两会”期间，全市民进会员中的全国人大代表、全国政协委员提交建议、提案 11 件。在全市“两会”期间，全市民进会员中的市人大代表、市政协委员提交建议、提案 79 件，其中向市政协提交集体提案 14 件，界别提案 1 件，大会发言 2 件。完成参政议政立项课题 28 个；被全国政协、中央统战部和民进中央采用成果 33 个，获民进中央参政议政优秀成果奖 5 个。报送社情民意信息 278 篇，其中被全国政协采用 5 篇，被中央统战部《零讯》采用 2 篇，被市政协采用 25 篇，被市委统战部采用 33 篇，获市政府领导批示 7 篇。被民进中央评为参政议政和社会服务工作先进单位。

（五）农工党市委会

2018 年年末，农工党市委会有 15 个区委、2 个区工委、8 个直属支部、206 个基层组织（其中 2 个基层委员会，6 个总支委员会，197 个支部委员会，1 个小组）。2018 年，农工党市委会新发展党员 293 人，年末全市有农工党党员 4746 人，其中具有本科以上学历者 3430 人，具有中、高级职称者 3987 人，医药卫生界 2211 人。全市农工党党员担任各级人大代表和政协委员 600 人，其中各级人大代表 117 人（全国人大常委会委员 1 人；市人大常委会副主任 1 人，市人大代表 20 人；区县人大常委会副主任 2 人，常委 26 人，代表 67 人），各级政协委员 483 人（全国政协委员 2 人；市政协常委 11 人，委员 39 人；区县政协副主席 16 人，常委 75 人，委员 340 人）。担任各级领导职务者 165 人，其中担任市政府及组成部门厅局级干部 10 人、处级干部 94 人；担任高等院校院系领导以上职务 24 人、科研院所领导 13 人、各级医院领导职务 24 人。

在全国“两会”期间，全市农工党党员中的 1 名全国人大代表提交建议 5 件、社情民意信息 2 篇，2 名全国政协委员提交提案 4 件。在全市“两会”期间，农工党市委会提交集体提案 19 件、大会发言材料 5 件；全市农工党党员中的市政协委员提交个人提案101件、个人社情民意信息15篇，市人大代表提交建议29件。农工党市委会向农工党中央报送5个调研成果，其中1个调研成果被农工党中央转化为农工党中央集体提案并报送全国政协会议。向农工党中央报送的10篇调研报告全部获奖。报送的社情民意信息被全国政协采用6篇，被中央统战部《零讯》采用1篇，被农工党中央采用22篇，获中央部委回复1篇，被市政协采用34篇，被市委统战部《党外人士建言》采用43篇。2014—2018年，被农工党中央评为反映社情民意信息工作先进集体。

（六）致公党市委会

2018年，致公党市委会新成立大渡口区支部，年末在13个区县建有组织，有区委6个、工委2个、总支部3个、支部51个；新发展党员70人，年末全市有致公党党员1380人，其中具有本科及其以上学历者1192人，具有高级职称者551人，具有侨海关系者920人。全市致公党党员担任致公党各级职务447人次，其中致公党中央常委1人，致公党中央委员1人，致公党市委委员31人；担任各级人大代表29人，其中全国人大代表1人，市人大代表10人，区县人大代表18人；担任各级政协委员150人次，其中全国政协委员2人，市政协委员28人，区县政协委员120人；担任各级政府及部门实职15人；担任各级政府及部门特邀特约人员32人。

在全国“两会”期间，全市致公党党员中的全国人大代表和全国政协委员提交建议3件、发言材料3篇、个人提案8件，其中被列为全国“两会”重点督办提案2件。在全市“两会”期间，致公党市委会向市政协提交集体提案15件、个人提案53件，向市人大提交建议17件，其中被评为市政协优秀集体提案1件。完成4次政党协商、2次政协协商、5项调研课题，课题成果全部转化。报送的社情民意信息被全国政协采用2篇，被中央统战部采用 11 篇，被致公党中央采用 15 篇，被市政协采用 10 篇，被市委统战部采用 21 篇，获市领导批示 4 次，被致公党中央评为参政议政优秀成果提案、社情民意信息 3 篇。被致公党中央评为参政议政工作先进集体。

（七）九三学社市委会

2018 年，九三学社市委会新建基层组织 5 个，年末有各级组织 181 个，其中区委 13 个，区工委 4 个，基层委员会 6 个，支社 155 个，小组 3 个；新发展社员 250 人，年末全市有九三学社社员 4454 人，其中具有本科以上学历者 3930 人，具有高级职称者 2694 人。全市九三学社社员中担任市政府副市长 1 人，厅局级干部 26 人；全国人大代表 1 人，全国政协委员 3 人；市人大代表 19 人（常委 2 人），市政协委员 53 人（常委 8 人）；区县人大代表 78 人（常委 29 人），区县政协委员 323 人（常委 83 人）；市级以上各类特邀特约人员 15 人；市政府参事室参事 4 人；市政府文史馆馆员 10 人；市青联委员 8 人，全国青联委员 1 人。

在全国“两会”期间，全市九三学社社员中的全国政协委员提交提案 18 件；全国人大代表参与议案 7 件，提交建议 9 件。在全市“两会”期间，九三学社市委会向市政协提交大会口头发言材料 1 篇、书面发言材料 5 篇、集体提案 13 件、界别提案 2 件，全市九三学社社员中的市政协委员提交提案 69 件；全市九三学社社员中的市人大代表参与议案 2 件，提交建议 41 件。完成课题 83 项，其中九三学社中央子课题 3 项。参与政党协商 3 次。作为九三学社中央集体提案或界别提案被全国政协立案提案素材 3 篇。报送社情民意信息 171 篇，其中被中央统战部采用 4 篇，被九三学社中央采用 29 篇，被市政协采用 12 篇，被市委统战部采用 17 篇。

（八）台盟市委会

2018年，台盟市委会下设巴南区工委、重庆大学支部；减少盟员1人，年末全市有台盟盟员71人，其中具有本科以上学历者39人。全市台盟盟员中有全国人大代表2人；市人大代表2人，市政协委员9人；区县人大代表1人，区县政协委员8人；台盟中央常务副主席1人，台盟中央委员1人，全国台联副会长1人，全国台联理事1人；市台联会长1人，台盟市委会秘书长1人；特约监督员1人。

在全国“两会”期间，提交的7篇提案素材被台盟中央采用，其中入选全国政协重点督办提案1件。在全市“两会”期间，提交市政协会议党派集体提案13件、委员提案17件，提交大会口头发言材料1篇、书面发言材料2篇；全市台盟盟员中的市人大代表提交议案和建议3件。政党协商发言4次。完成国家和省市级调研报告30余篇。向台盟中央报送调研报告14篇，其中得到中共中央领导重要批示3篇；向市委统战部、市台办报送调研报告12篇，其中被中央统战部采用3篇。向台盟中央、市政协、市委统战部报送信息120余篇，其中被全国政协采用1篇，被台盟中央采用8篇，被市政协采用22篇。被全国政协评为2016—2017年度优秀社情民意信息1篇。获台盟中央参政议政表彰3项。

二、市工商联

2018年，市工商联主要开展以下工作。一是抓调研。组成5个联合调研组对全市民营经济发展和营商环境总体情况，以及各类市场主体分别展开调研，形成“1+5”系列调研报告。市委、市政府随后出台的一系列促进“两个健康”的政策措施都充分吸收调研报告相关内容和建议。二是抓落实。配合相关部门推动民营经济发展大会精神落到实处。认真实施“集中走访精准服务民营企业”活动，参与的10名市领导走访服务民营企业工作组，帮助民营企业纾困解难。配合市考核办和市级有关部门建立完善营商环境考核机制，加大营商环境在区县党政领导班子年度考核中的权重。三是抓创新。市工商联联合主办中国（重庆）“民参军”产品与技术信息对接会，促成中国电科、研祥高科、泰豪科技、江苏新宁物流等公司的一批项目与相关区县合作。依托市非公经济联席会议平台，定期研究分析、督促检查民营经济发展情况和政策措施贯彻落实，建立民营企业反映问题办理制度，协助市政府办公厅出台各部门办理回复及督办考核、定期通报等制度。在全市工商联系统创新开展“学讲做”活动，通过市工商联干部与企业家同台宣讲、市工商联领导点评新老两代企业家的对话交流方式，宣讲140余场次，受众6000余人次。开办民营企业家法治大讲坛2期。建立非公经济人士接待日制度。2018年，市委统战部和市工商联开展接待日活动20次，接待民营企业家50余人次，受理并协调处理问题73个。四是抓服务。协调解决民营企业权益维护、涉法纠纷、政策落实等方面的问题400余个。市工商联法律部获第二届重庆市十大法治人物特别奖。结合“不忘创业初心、接力改革伟业”主题理想信念教育，开展系列活动20余次。开展“渝商名家”成长行动，开展培训14期，培训700人次。发起成立长江经济带青年企业家组织联盟。支持北碚区开展民营经济发展先行先试工作。组织民营企业和直属商会“区县行”“城市工商资本下乡”15次，在酉阳县、武隆区等区县签约项目10个，协议资金60余亿元。全市有1789户民营企业对1505个村实施帮扶，其中贫困村1040个，投入资金18.67亿元。金科集团、和信农业公司、谭妹子公司被全国工商联表彰为2018年“万企帮万村”先进民营企业。与45个国家的60余个工商社团建立联系，签订友好商会协议28宗。新设立重庆市总商会海外联络处4个，累计6个。组织4批50余户民营企业分别赴8个国家开展经贸交流。组织300余户民营企业参加10余个国家和地区在渝开展的合作论坛、产品对接会等活动。五是抓保障。2018年年末，全市工商联系统会员14.09万个；全市工商联系统所属商会1572个，其中市工商联所属商会90个。启动首批30家市工商联商会和3个区县工商联商会党建试点工作，年末试点工商联商（协）会党组织组建率90%。

第八节　群众团体

一、重庆市总工会

2018年年末，全市有区县总工会38个，两江新区、万盛经济技术开发区总工会，市直机关工会联合会1个，乡镇、街道工会1026个；有职工650.2万人，其中工会会员624.2万人（农民工会员314.9万人）；有专职工会工作人员2.2万人。

图1　2018年6月28日至29日，市总工会举办“中国梦·劳动美——学习贯彻习近平新时代中国特色社会主义思想和党的十九大精神”重庆职工演讲比赛　（市总工会　供稿）

强化职工思想政治引领。开辟“学习贯彻十九大精神”专栏，组织党的十九大劳模代表进企业、进机关、进校园、进社区开展宣讲，举办专题报告会、学习征文、知识竞赛等活动。开展“中国梦　劳动美”职工演讲比赛6000余场次，5900家单位的12万名选手参赛，观众100万人次。开展寻找宣传发布2018“巴渝工匠年度人物”活动，加强以职业道德为重点的“四德”建设。推荐全国五一劳动奖状 2 个、奖章 13 人、工人先锋号 19 个；重庆市五一劳动奖状 99 个、奖章 180 人，重庆市工人先锋号 200 个；组织劳模、工匠人才、职业道德标兵进基层宣讲 200 余场次。

组织职工建功立业。开展“当好主人翁、建功新时代”主题劳动和技能竞赛，探索开展“比、学、赶、帮、超”网上劳动和技能竞赛，深化劳模和工匠人才创新工作室建设。联合开展“巴渝工匠”杯系列职业技能竞赛活动 10 余场次；联合开展警务技能、工程质量检测、环境执法、交通建设等劳动和技能竞赛；联合举办市级技能大赛 4 次；开展第六届全国职工职业技能大赛选拔赛，组织 18 名选手参加 6 个工种决赛；围绕助推长江经济带发展开展劳动和技能竞赛 20 余场次。探索开展网上劳动和技能竞赛，全市参赛单位 296 家，参赛职工 40 余万人次。开展“渝工创新”职工创新能力建设培训，培训职工 2000 余人次，新创建市级劳模和工匠人才示范工作室 20 个，组织 4 个全国和市级示范劳模创新工作室参加国际创新创业博览会。牵头起草市委、市政府《关于推进新时代重庆产业工人队伍建设改革的实施意见》。

维护职工合法权益。全年全市工会累计开展法治宣传活动 2020 次，发放法治宣传资料 53.5 万册，为 10 万余名农民工提供法律咨询服务，为职工提供法律援助（协调处理劳动争议）2478 件，追回劳动经济权益 2.92 亿元。以非公企业为重点，推动企事业单位建立健全以职代会为基本形式的民主管理制度。至年末，全市已建立职代会制度的企事业单位 18.1 万家，覆盖职工 590.6 万人，建制率 92.4%；推行厂务公开制度的企事业单位 17.8 万家，覆盖职工 580.7 万人，建制率 90.9 %；建立职工董事制度的企业 3390 户，职工董事 3494 个；签订集体合同 3.5 万份，覆盖企业 13 万户，覆盖职工 469 万人。

竭诚服务职工。做好“四季帮扶”、互助保障、法律援助、心理疏导等服务职工工作。筹措资金 2.7 亿元开展元旦、春节送温暖及就业创业服务“春风行动”“炎夏送清凉”“金秋助学”等活动，聚焦生活救助、子女升学、医疗救助精准帮扶建档困难职工 1.4 万户。至年末，全市职工互助保障参保单位累计 1.1 万家，参保会员 261 万人次，筹集互助金 1.16 亿元；申领互助金会员 3.2 万人次，发放互助金 6504 万元。

深化工会改革建设。成立重庆职工之家实业有限公司，建成市和区县职工服务（帮扶）中心 41 个、帮扶站点 6353 个，基层群团服务站点 1697 个，户外劳动者“爱心驿站”605 个，爱心妈咪小屋 400 余家，新建全国职工书屋示范点 25 个。出台《重庆市工会社会化工作者实施细则》《非公组织工会主席工作补贴试行办法》等配套措施，完善基层工会会员代表大会、会员评家、会务公开等制度。至年末，全市建非公经济组织和社会组织工会 3.3 万个，工会会员 218.7 万人；完成 2.5 万个基层工会、175.7 万名工会会员、199.1 万名职工、34.8 万名农民工的实名制信息登记入库。推荐评选全国工会系统先进集体 1 个、劳动模范 2 人、先进工作者 1 人，全国“双爱双评”先进企业工会 1 个，全国模范职工之家 21 个，以及全国模范职工小家 21 个、全国优秀工会工作者 19 人、全国优秀工会积极分子 19 人、全国优秀工会之友 3 人。指导区县工会选聘社会化工作者 347 人、工资集体协商指导员 107 人，编发《基层工会工作指南》9 万余册。培训工会干部 6.76 万人次。贯彻落实《市总工会关于深入推进产业工会工作创新发展的实施意见》。

二、共青团重庆市委

2018 年年末，全市有基层团委 2812 个、团工委 457 个、团总支 1590 个、团支部 6.43 万个，其中共青团重庆市委直属及重点联系团组织 181 个；共青团员 148.31 万人；专兼职团干部 6.7 万人。

推进共青团改革再出发。明确28项改革任务清单并进行定期督查。坚持“强三性、去四化”，一体推进青联、学联、少先队改革，修订《重庆市青年联合会专项改革方案》，制定《重庆市青联委员履职积分细则（试行）》，团市委联合市教委、市人力社保局出台《重庆市学生联合会驻会执行主席管理办法》，联合市教委出台《少工委主任议事规则》，与市教委联合成立学校共青团（少先队）工作指导委员会，完成市青联、市学联换届工作，召开市第五次少代会；统筹推动高校、中学共青团改革，推进全市62所高校和243所中学、中职学校出台共青团改革实施方案，召开全市中小学团队改革再出发工作会，联合市教委持续加强区县教育团工委建设，深化团教、队教协作；稳步推进直属单位改革，推动《深化重庆市团校改革发展方案》出台，推进市青少年活动中心建设，按照“一企一策”原则推动直属单位所属企业集中统一监管。“点对点”向180个直属、重点联系团组织反馈改革问题，其中完成整改工作171个。

推进全面从严治团。一是依靠党建带团建。联合市委组织部、市委党校举办全市党建带团建专题培训班，推动111个直属、重点联系团组织参照开展党建带团建培训班，实现区县系统全覆盖，高校系统开展率95.38%；联合市委非公工委出台《关于加强新时代非公有制经济组织党建带团建工作的意见》。二是从严管理团组织。将各直属、重点联系团组织的特色工作纳入目标考核范畴；理顺组织隶属关系，通过“智慧团建”累计录入基层团组织6.8万个；新建非公团组织2081个。三是从严管理团干部队伍。市团校分层分类培训、集中宣讲覆盖团干部、青年干部4.1万人次，举办团干部岗位实践能力大比武，14名团支部书记在2017年度“背靠背”满意度测评中被按程序免职。四是从严管理团员队伍。出台《重庆市共青团员发展实施办法》，举办标准化“离队入团”“超龄离团”仪式2600余场次。

发挥育人功能。一是加强理想信念教育。深化“我的中国梦”“与信仰对话”等活动；深入实施“青年马克思主义者培养工程”，培训青年教师和大学生骨干160人；围绕“五四”“七一”等节点广泛开展主题团日、座谈交流等活动，教育引导广大青年听党话跟党走。二是弘扬社会主义核心价值观。举办“社会主义核心价值观主题宣传月”“争做向上向善好青年”等活动，开展“重庆青年五四奖章”“最美中学中职学生”等选树活动和大中专学生志愿者暑期“三下乡”社会实践活动。获第二十二届中国青年五四奖章3人。三是加强“网上共青团”建设。实施“支部上网行动”，重庆共青团微信、微博平台粉丝量突破150万，平台WCI指数排名全团前8位，官方微博被《人民日报》评为全国10个“2018年度影响力团委微博”之一；举办的“青年好声音”大赛等活动的网络点击观看量累计5100万余人次，创作网络文化产品200余个。

服务青年全面发展。一是牵头起草《重庆市中长期青年发展规划（2018—2025年）》并以市委、市政府联合发文，常态化开展“青春有约”“青年之声·幸福大讲堂”等活动。二是维护青少年合法权益。壮大“12355”“莎姐”“法帮义工”“青春红丝带”等社会化维权队伍力量，深化“青少年维权岗”创建工作；开展青年普法志愿者“法治文化基层行”“青少年普法·校园行”“反毒大篷车”等青少年法治宣传教育活动，举办首届大学生禁毒辩论赛；持续实施“为了明天·彩虹帮教”项目，累计推荐资助800余名问题青少年入读重庆行知职业技术学校。三是引导青年社会组织健康发展。完善市、区县两级青年社会组织联席会联动机制；落实“两个承接”购买服务制度，发布130余个重点项目，涉及金额突破1100万元；建立青年社会组织公信力评估体系，连续2年发布青年社会组织公信力评估结果。四是服务人才强市战略。配合市委组织部，联合西南大学建立“中博重庆智库”，承办2018重庆国际人才创新创业洽谈会经济金融与创新创业座谈会、

2018 海峡两岸（重庆）青年创业研讨会，试点打造青年人才驿站。

动员青年建功新时代。一是助力脱贫攻坚。统筹实施共青团助力深化脱贫攻坚四大行动，招募 220 名“山茶花”脱贫攻坚青年志愿者到村工作；开展希望工程“精准扶贫·圆梦行动”“聚焦扶贫·徒步三峡”“冬日阳光·温暖你我”等活动，筹集款物 1190 万余元，资助贫困学生 1594 人次，帮助农村留守儿童实现个性化心愿 5 万余个，实施“流动少年宫”项目，培训深度贫困乡镇留守儿童 4500 余人次；开展涉农创业青年培训 50 余场次，培训农村创业青年 1400 余人次。二是促进青年创新创业。深入实施“未来企业家培养青锋计划”，为 160 名创业青年提供“资金 + 导师”帮扶，发放创业资金 1550 万元；举办各类“青创”培训 120 余期次，培训创业青年 1.4 万人次；整合社会资源搭建“青创”平台，开展各类创业辅导、项目对接等活动；

图 2　2018 年，团市委招募 220 名“山茶花”脱贫攻坚青年志愿者到村工作，常态化开设“共青团周末课堂”　（团市委　供稿）

承办 2018 年全国大学生创新创业峰会，举办首届重庆“青创嘉年华”等赛事；组队参加全国大学生创业大赛决赛，参赛高校代表团获金、银、铜奖 30 个；组队参加全国青年职业技能大赛决赛，获汽车装调工个人赛第二名、第三名、第八名；开展“聚精会神办企业·坚定信心谋发展”走访青年民营企业家活动。三是助推生态文明建设。组织 1 万余名青年志愿河长常态化参与巡河护河、义务植树等“河小青”活动。四是深化青年志愿服务。发动“山城雪豹”抢险救灾青年突击队参与防汛救灾工作；招募 1000 名志愿者服务首届智博会、1300余名志愿者服务重庆国际马拉松赛、2796名志愿者参与春运服务“暖冬行动”。五是实施立功竞赛行动。组织动员青年突击队投身全市“四好农村路”、高速铁路、城市道路等交通基础设施建设，开展“最美青年突击队”线上展播、“青春路上好故事”青年突击队故事分享等系列活动，助力实施城市提升行动计划。

三、重庆市妇女联合会

2018年年末，全市有市、区县（自治县）、乡镇（街道）、村（社区）4级妇联组织1.2万个，各级机关妇委会、妇工委、妇女小组4138个，新领域新业态新阶层新群体妇女组织716个，各级团体会员148个，其中有市级机关、民主党派、工商联、商会妇女组织102个，市级团体会员22个；有各级妇联执委16.4万人。

强化思想引领。组织发动各级妇联开展“百千万巾帼大宣讲”1.3万场次，听众225万余人。全市有10个宣讲视频入选全国妇联“百千万巾帼大宣讲”优秀视频，网络投票380万票。在新媒体平台开设“巾帼心向党·聚焦十九大”“喜迎妇女十二大·巾帼建功新时代”等专栏，在公交车、社区电梯屏等密集播放《巾帼心向党　建功新时代》动漫宣传视频15天，每天影响市民超百万人次。推出“十九大女代表接力宣讲网上行”“点赞改革开放　她记忆”区县接力传播等系列网络主题活动，浏览点击量超过420万人次。举办纪念“三八”妇女节活动，在线参与妇女群众45余万人次。

推进三大行动。精准推进“脱贫攻坚巴渝巾帼行动”。致力志智双扶，实施“巴渝巾帼培训进乡村”和“巧手脱贫培训进乡村”项目，争取@她创业培训项目，为5000余名贫困妇女“送教上门”。全面完成市委交办的2项重点扶贫任务。举办手工作品展示展演

图 3　2018 年 12 月 12 日，举行重庆市首届最美巾帼农家乐展示展演活动　　　（市妇联　供稿）

展销活动，引导贫困妇女发展手工产品。举办农村妇女“双学双比”活动 1000 余场次。强化慰问帮扶，争取“两癌”救助金 1016 万元，对全市建档立卡贫困患病妇女，18 个深度贫困乡镇和 4 个未脱贫县患者全覆盖。资助“母亲水窖”工程资金 370 万元，发放母亲健康快车 21 辆，重大节日送温暖慰问贫困妇女 5.5 万人次。扎实推进“乡村振兴巴渝巾帼行动”。培训农村妇女 15.2 万人次，评选重庆市首届“最美巾帼农家乐”50 家。培育产业示范基地累计 1600 余个。推动发放担保贷款、循环金等 13.2 亿元。开展“巾帼护河·共建生态家园”主题活动，推行巾帼河长制，实施“绿色生活”主题巾帼志愿服务项目，动员近 26 万人次植树 32 万余株。深入推进“创业创新巴渝巾帼行动”。举办全市首届“巴渝巧姐”手工作品展，推进妇女创业种子基金，开展服务民营女企业家各类活动，联合举办行业技能竞赛，承办发展中国家妇女儿童发展专题培训。打造巴渝“巧姐”“网姐”“大姐”三大产业品牌，“巴渝网姐”育苗计划培育巾帼网店 160 家，帮助销售贫困家庭农特产品近 1000 万元。帮助 7.7 万名女性就业；组织 130 家单位提供女大学生就业岗位 4500 个；在“重庆农民工日”现场服务女农民工 3000 余人次。创建巾帼文明岗 240 个，命名巾帼建功标兵 127 人，动员各级巾帼文明岗开展“巾帼心向党　建功新时代”主题活动 3200 余场次。

维护合法权益。开拓创新，源头维权取得新突破。完成“重庆市‘全面两孩’政策下女性平等就业状况”课题研究项目，向市政协提交《关于全面两孩政策下促进女性平等就业的建议》提案；牵头撰写《关于妇女创业创新情况的调研报告》；联合市公安局、市民政局出台《关于建立解决无户口人员落户工作协作机制的通知》；推动市人大将《重庆市预防和制止家庭暴力条例》列入5年立法计划。整合资源，社会化维权取得新进展。联合市有关部门举办和开展“建设法治中国　巾帼在行动”“不让毒品进我家”等主题活动。印发维权普法宣传资料44万余册、宣传品2.8万余份。全面推广创新开展“平安家庭”建设。连续7年在中央综治办“平安家庭”创建考评中获满分。联合市高级人民法院编发《重庆市婚姻家庭典型案例评析》第二辑1.5万册。举办2018年重庆市婚姻家庭矛盾纠纷多元化解能力提升培训班。指导推动区县妇联建立妇女儿童维权站7516个。强化服务，实事化维权取得新成效。全年全市接听“12338”妇女维权服务热线电话1877个，其中市妇联接听440个。接待来访人员178人次，解答妇女群众网上维权法律咨询15件，处理来信26件，办结率100%。完成“回家之路——困境儿童及其服刑母亲家庭社会工作服务”项目；启动第二批困境儿童个案心理辅导项目，关爱和帮扶困境儿童100人；持续实施“中国妇女法律援助行动”项目，完成法律援助案件87件，帮助87名受援人挽回经济损失537万余元。

纵深推进改革。巩固村妇代会改建妇联、镇（街道）建区域性妇联改革成果，纵向推广在楼栋、村（居）民小组建妇女小组，横向推动在机关、事业单位、高校、商会、社会组织探索建妇联组织。分层对16.4万名基层妇联执委全覆盖培训。推进“妇女之家”“儿童之家”规范化建设。开展“兴调研转作风促落实”行动，形成7篇调研报告，拟定“4+2”工作实施方案。规范团体会员建设，举办女性社会组织创新驱动培训班，开展妇女社会组织服务中心公众开放周活动，举办社会化项目发布会，整合资金900万元，将50余个项目交由社会组织承接。

推进妇女参政。市妇联协商推选政协妇联界别委员 26 人。承办政协提案 13 件，其中主办 2 件，协办 11 件，回复率 100%，主办提案政协委员回复满意率 100%。

第九节　军事

一、重庆警备区

2018 年，重庆警备区深入学习贯彻党的十九大精神和习近平强军思想，坚决贯彻西部战区、军委国防动员部党委决策部署，强化政治引领，聚焦练兵备战，突出“两个从严”，保持安全稳定，部队全面建设立起新标准、塑造新态势、迈出新步伐。

铸魂固本深入扎实。深入学习贯彻习近平新时代中国特色社会主义思想和习近平强军思想，举办理论读书班专题学习，开展国防动员现实问题研讨。全面深入贯彻军委主席负责制，推进军委专项巡视反馈问题整改落实。扎实开展“传承红色基因，担当强军重任”主题教育，重庆警备区党委常委人人为部队上党课，广泛组织主题展览、红色电影展播、大讨论大辨析，开展重大节日庆祝和纪念活动，强力推进人武部荣誉室和基层荣誉墙、荣誉柜建设。

备战打仗中心突出。深入聚力纠治和平积弊，广泛开展“和平积弊大起底大扫除”活动。大抓实战化军事训练，组织首长机关战备拉练，首次组织驻渝部队开展应对非战争军事行动联合演练。广泛开展“三长”比武竞赛，组织 13 个区县民兵应急力量军地联考联评。狠抓应急值班和应急指挥能力建设，下大力规范军地联合应急机构备勤、响应、处置机制。

国防动员创新发展。军地联合出台军民融合发展纲要实施意见和战略行动计划，创设“军民融合大讲堂”，创刊《重庆国防动员通讯》，创建“智慧动员”系统。着眼破解“军转民”“民参军”难题，深入政府部门、企事业单位、科研院所考察调研，协调推进军地协同创新和重大项目落地落实。深化动员潜力建设，制定全市国防动员潜力调查考核办法，组织开展重点潜力专项调查和检查考评，补充更新潜力数据。军地联合出台征兵配套政策，兵役登记率、直招士官任务完成率首次达100%，大学生征集比例达65%。

建设基础不断夯实。稳步推进改革后续任务落地，完成7个干休所整编、7个人武部升格和民兵装备仓库转隶交接任务，推进民兵调整改革，完成普通民兵压减、基干民兵队伍编组任务，新建空中侦察及救援、网络防护等新质民兵分队40余支。对机关职能分工和工作运转机制、物资采购和营房经费管理等6个方面进行制度规范。广泛开展“百日安全”和“治松、治散、治虚、治软”活动，逐级开展安全隐患排查、经常性督导巡查和量化考评，完成调运报废弹药销毁任务。

协调军地作用明显。协调召开市委新班子首次议军会议，首次开展人武部主官参加同级地方党委常委业务培训，及时宣布15个区县人武部党委第一书记任职命令。持续运维“山城军号”微信公众号、发布“巴渝子弟兵八一光荣榜”、举办“爱我国防”大学生主题演讲比赛，组织部队人大代表专题视察。牵头驻渝部队召开脱贫攻坚联席会和形势分析会，实施设立扶贫基金、包村包户帮扶、医疗对口援建等6项工程。至年末，重庆警备区精准帮扶的143户涉军贫困家庭已有88户实现稳定脱贫，“像打仗一样打赢脱贫攻坚战”的做法被《解放军报》头版头条刊载。积极推进驻渝部队全面停止有偿服务工作，2920个项目应停尽停，关停率名列全国前茅。

二、重庆市人民防空办公室

2018年，重庆市人民防空办公室加快推进人防指挥和管理信息系统建设和改造升级，完成短波通信系统网络化升级改造（一期）、车载无线短波电台天调系统升级改造项目、战备数据工程（一期）建设，优化调整市级及主城区警报控制系统控制方式，新建防空警报数十台，组织开展“6·5”防空警报试鸣放活动。组织各区县人民防空办开展人防指挥通信日常训练、分片区综合组网运用训练，参训人员累计1万余人次。至年末，全市建成疏散基地安置点32个，新增安置能力24万人。

加强人防工程建设与管理。一是坚持规划引领，推进公共人防工程建设。全年全市启动建设公共人防工程项目10余个，完成江津区“五馆三中心”、沙坪坝区曾家、渝北区绿梦广场公共人防工程建设并投入使用，加快推进大渡口区、万州区、南岸区、北碚区等区县的公共人防工程项目建设。推进轨道交通兼顾人防工程建设，轨道交通环线一期北半环、二期部分站点通过人防验收。二是推进军民融合，提高人防工程平战结合水平。结合城市提升行动计划，实施人防工程服务民生专项，以渝中半岛和“两江四岸”为重点，策划“一线四点”重点人防工程提档升级项目。全年全市开放人防工程纳凉点86个，接待纳凉市民143万人次。

加强群众防空组织建设。一是加强人防专业队伍建设。拟定《重庆市人民防空专业队伍建设管理暂行办法》，印发《2018年重庆市人民防空专业队伍训练计划》，组织江北区、北碚区、巴南区、璧山区、忠县、奉节县、彭水县、铜梁区等11个区县的人防专业队伍骨干开展综合演练。二是加强人防志愿者队伍建设。市人防办与团市委联合组织市人防志愿者总队开展“为英雄赋能　为公益添彩”志愿者培训暨演练活动，在沙坪坝区成立市人防志愿者总队水上救援基地并开展演练。

加强人防知识教育。推进人防知识教育“五进”活动，做到报刊上有文、电视上有影、广播上有音、网络上有言。邀请军事科学院、宁夏大学专家教授到全市各级党校做国家安全与人民防空讲座10余次。在沙坪坝区组织11所高校的4.5万名新生开展2018年大学生人民防空网络知识竞答及演讲比赛，参与网络答题的新生2.8万人次。在“5·12”“6·5”“12·4”等重要节点开展人防知识和法律法规宣传活动，组建人防宣讲队，开展“新时代红岩讲习所”纳凉宣讲活动10次，参与群众3000余人次。

图4　2018年，市人防办组织开展“新时代红岩讲习所”纳凉宣讲活动　（市人防办　供稿）

加强安全生产工作。下发《2018年度全市人民防空系统安全生产工作要点》，签订安全生产目标责任书。定期召开全市人防系统安全生产工作视频会议；聘请安全专家对市人防设施管理站及主城区重点开发利用人防工程开展安全排查，分4批对25个区县人防办开展安全工作督查，制定《全市人防工程安全检查参考明细》。在重要时间节点突出隐患排查，重点对全市早期人防工程安全、开发利用人防工程消防安全、人防纳凉点开展专项治理，关闭存在安全隐患的人防工程纳凉点10个。全年全市人防系统没有发生安全责任事故。

第二章　经济建设

第一节　农业农村

一、农业

2018年，重庆市农林牧渔业总产值2052.4亿元，比上年增长4.8%。其中，农业产值1292.68亿元，增长5.3%，占63%；林业产值101.14亿元，增长14.2%，占4.9%；畜牧业产值520.05亿元，增长1.6%，占25.3%；渔业产值100.39亿元，增长6.3%，占4.9%；农林牧渔服务业产值38.14亿元，增长9%，占1.9%。全年全市农林牧渔业增加值1405.04亿元，增长4.5%。其中，种植业增加值963.81亿元，增长4.8%；畜牧业增加值263.65亿元，增长0.8%；林业增加值73.33亿元，增长13.5%；渔业增加值77.49亿元，增长5.5%；农林牧渔服务业增加值26.76亿元，增长8.3%。

图5　2018年5月，黔江区稻渔综合中央示范基地
（市农业农村委　供稿）

2018年，全市粮食播种面积201.78万公顷，减少0.6%；粮食综合单产每公顷5.35吨，增长0.6%。粮食总产量1079.3万吨，减少0.1%。其中，夏粮产量122.1万吨，减少0.6%；秋粮产量957.2万吨，与上年持平。粮食总产量中，谷物产量753.59万吨，减少0.4%。其中，稻谷产量486.9万吨，与上年持平；小麦产量8.15万吨，减少16.6%；玉米产量251.33万吨，减少0.5%。蔬菜播种面积73.92万公顷，增长1.7%；产量1932.73万吨，增长3.8%。水果（含瓜果）种植面积45.33万公顷，增长6.9%；产量565万吨，增长7.8%。其中，柑橘种植面积22.67万公顷，增长6.3%；产量315万吨，增长4%。中药材种植面积14万公顷，增长10.52%；产量66万吨，增长20%。茶叶种植面积5.72万公顷；产量4万吨，增长8%。出栏生猪1758.22万头，增长0.4%；出栏牛54.49万头，减少2.2%；出栏羊447.04万只，减少0.4%；出栏家禽约2.13亿只，增长0.2%。肉类总产量182.22万吨，增长0.9%。水产品产量52.96万吨，增长2.8%。

表4　2018年重庆市主要农产品产量与上年比较

产品名称	产量	2018年比上年增长（%）
粮食（万吨）	1079.30	–0.1
油料（万吨）	63.70	2.1
蔬菜（万吨）	1932.73	3.8
出栏生猪（万头）	1758.22	0.4
出栏牛（万头）	54.49	–2.2
出栏羊（万只）	447.04	–0.4
出栏家禽（万只）	21349.17	0.2
肉类总产量（万吨）	182.22	0.9
猪肉（万吨）	132.16	1.7

续表

产品名称	产量	2018 年比上年增长（%）
禽蛋（万吨）	41.46	2.9
水果（不含瓜果）（万吨）	431.27	6.9
水产品（万吨）	52.96	2.8

二、农村

2018 年年末，全市有乡 177 个，镇 627 个，行政村 8031 个，村集体经济组织 2250 个，村民小组 7.7 万个；农村常住人口 1070.2 万人。

2018 年，全市家庭承包经营农户 646.02 万户，家庭承包经营耕地 230.79 万公顷，其中流转 102.52 万公顷，流转比例 44.42%；适度规模经营 86.14 万公顷，规模经营集中度 37.32%。35 个区县（自治县）建立乡级农村土地流转中心 852 个，开展农业保险区县（自治县）31 个。

2018 年年末，全市农村公路总里程约 13.9 万千米，其中县道 7053 千米，乡道 1.31 万千米，村道 11.88 万千米；农村公路路网密度每百平方千米 168.7 千米。2018 年，全市普通公路建设投资 273.97 亿元，其中通组公路建设投资 102.54 亿元。开工建设通组公路 2.8 万千米，完工 2.5 万千米，新增公路通达村民小组 4132 个，新增通组公路 8498 千米；新增公路通畅村民小组 8130 个，新增通畅公路 1.65 万千米。村民小组公路通达率、公路通畅率分别为 91.3%、61.3%。新改建村级招呼站 1800 个，新增通客车行政村 121 个，行政村客车通达率 99.1%。

2018 年，全市乡村社会消费品零售额增长 11.2%，农村网络零售额 184 亿元，农产品网络零售额近 57 亿元。持续开展公益性农产品市场体系建设。新培育示范试点区县 5 个，累计 7 个；市级示范市场 13 个，累计 18 个；全国示范市场 3 个，累计 5 个。新改建农产品批发市场、乡镇农贸市场（城区菜市场）202 个，累计 714 个；创建乡镇商贸综合服务中心 50 个，累计 143 个。累计建成区县级公共服务中心和仓配中心 27 个、乡镇村服务站点 6179 个。推动打造区域公共品牌 16 个，培育主打电商产品 115 个，22 个农产品电商品牌入选商务部首批优秀农特产品、重点扶持农特产品。

2018 年年末，全市银行业金融机构涉农贷款余额 5380.19 亿元，增加 350.32 亿元，增长 6.96%。全年累计向金融机构发放再贷款 77.4 亿元，办理再贴现 204 亿元。全年全市发放创业担保贷款 32.8 亿元，支持 3.2 万人创业就业。发起设立农业专项基金 3 支，总规模 16.15 亿元，其中引导基金认缴出资 7.94 亿元，占 49.16%。涉农融资担保在保余额 179.8 亿元。农村产权抵押融资累计 1333.18 亿元，增长 11.97%。试点区县“两权”抵押融资余额 38.71 亿元，发放贷款 29.28 亿元。交易地票 2473.33 公顷，成交价款 69.01 亿元；交易农村实物产权 1.26 万公顷，成交金额 12.58 亿元。金融精准扶贫贷款余额 1095 亿元，增长 12.7%。累计为贫困区县提供融资担保超过 300 亿元，为 5000 余户建档立卡贫困户提供担保服务。全市行政村基础金融服务覆盖率 100%。

2018 年，全市有农村特困人员 9.7 万人（其中扶贫对象 1.11 万人），特困人员救助标准由每人每月 650 元提高到每人每月 710 元，发放农村特困人员救助资金 8.52 亿元；全市有农村留守老年人 16.08 万人，18 个深度贫困乡镇建设农村养老服务站 44 个；全市有农村留守儿童 21.3 万人，减少 6.67%，其中无人监护减少 100%。

2018 年，全市有 58.09 万人享受农村居民最低生活保障（其中扶贫对象 23.18 万人），占全市农村常住人口的 5.43%。农村居民最低生活保障标准由每人每月350元提高到每人每月410元，居全国第九位、西部地区第二位。全年全市发放农村居民最低生活保障金26.12亿元，增长21.4%。

2018年，全市有农村学校5995所，在校学生244.31万人，教职工17.77万人，分别占全市各级各类学校的62.05%、51.83%、50.22%。其中，普通高中113所，占全市普通高中总数的44.14%，在校学生25.64万人，占全市普通高中学生总数的42.19%；中职学校（不含技工学校）15所；农村初中658所，占全市初中总数的75.98%，在校学生58.97万人，占全市初中学生总数的56.40%；农村小学2223所，占全市小学总数的76.84%，在校学生114.6万人，占全市小学学生总数的54.69%；农村幼儿园2986所，占全市幼儿园总数的53.25%，在园幼儿45.1万人，占全市在园幼儿总数的46.83%。投入资金129.6亿元，新改扩建校舍353.1万平方米，改造室外运动场地402.1万平方米，全市义务教育学校校舍标准化率86%。

2018年，全市改造提升95个乡镇、30个街道、2213个村、628个社区综合文化服务中心，累计改造提升775个乡镇、204个街道、6840个村、2562个社区综合文化服务中心，覆盖率分别为95.67%、91.47%、84.03%、86.43%。建成24小时自助图书馆44个。完成418个村综合文化服务中心示范工程和4个民族自治县669个村综合文化服务中心覆盖工程，完成14个贫困区县584个村综合文化服务中心设备配备，为6个贫困区县文化馆配置流动文化车。为全市18个深度贫困乡镇建卡贫困户免费配送直播卫星设备1.33万套，全市直播卫星用户91.33万户。通达光缆行政村5700余个，农网“光纤入户”覆盖108万余户，行政村光缆全通达区县16个。实施14座无线发射台基础设施改造，完成2座。全市立足乡村文化资源挖掘整理非物质文化遗产资源4000余项，其中被市政府命名的脱胎于农耕文明、主要传习于乡村的市级非物质文化遗产项目 488 项。石柱黄连生产系统被认定为第四批中国重要农业文化遗产。

2018 年，全市有农村医疗卫生机构约 1.17 万个，其中乡镇卫生院 872 所，村卫生室 1.08 万个，分别减少 1.02%、1.28%；全市乡镇卫生院编制床位 3.55 万张，实有床位 4.2 万张，增长 2.32%，病床使用率 76.29%；全市有农村卫生人员 5.39 万人（卫生技术人员 3.15 万人），其中乡镇卫生院 3.43 万人，村卫生室 1.85 万人，分别增长 3.52%、－ 7.65%。全市农村卫生技术人员中，执业（助理）医师 1.39 万人，注册护士 9337 人，药师（士）1570 人。全年全市农村医疗卫生机构总诊疗人数 4747.73 万人次，占全市医疗卫生机构总诊疗人数的 29.73%。其中，乡镇卫生院 1988.43 万人次，减少 2.4%；村卫生室 2759.3 万人次，减少 4.77%。全年全市乡镇卫生院出院人数 1942.41 万人，增长 5.26%，占全市医疗卫生机构出院人数的 31.03%。乡镇卫生院住院病人人均医药费用 1942.41 元、日均医药费用 289.11 元。

2018 年，出台《重庆市农村人居环境整治三年行动实施方案（2018—2020 年）》。新增改建农村卫生厕所 42.9 万户，累计改厕 452.5 万户，农村卫生厕所普及率 73%；新增农村公厕 1245 座，累计 7281 座；新建农村旅游厕所 1298 座，累计 3856 座。在全市 1000 个行政村中分阶段开展农村生活垃圾分类示范，建成再生资源回收站（点）3025 个，500 余个行政村开展生活垃圾分类示范，300 余个行政村修建沤肥池、阳光堆肥房。7916 个行政村生活垃圾得到有效治理，有效治理比例在 90% 以上。累计建成乡镇和农村污水处理设施 2400 余处，日处理污水能力 118 万吨，受益村民 700 万人。建成乡镇污水管网 2380 千米，完成 100 处农村生活污水处理设施技术改造。新建“四好农村路”2.4 万千米、村民小组通畅路 1.6 万千米、入户道路 8923 千米，实施危旧房改造 4.68 万户，安装公共照明路灯或庭院灯 15 万盏，新增村庄绿化 500 公顷，建设村级体育活动场所728个、村级文化活动场所7642个。创建绿色示范村庄585个，评比美丽庭院2.9万个，建成美丽宜居村庄100个，累计600个。实施36个市级特色小城镇环境综合整治、27个少数民族特色村镇建设、4个中国传统村落保护发展市级示范点项目。

2018年，全市乡村旅游接待游客2.05亿人次，乡村旅游综合收入677亿元，分别增长20.6%和32.7%。全市有乡村旅游和休闲农业景区景点3000多个，乡村民宿和农家乐2万多家，休闲果园及农庄7500多个。全市239家国家A级旅游景区有70%以上景区与乡村旅游紧密相关。全市有全国休闲农业与乡村旅游示范县12个、示范点23个；全国特色景观旅游名镇14个、名村7个，市级特色景观旅游名镇56个、名村25个。全国首批绿色村庄158个、全国首批改善农村人居环境示范村8个、美丽宜居村庄473个、最美休闲乡村和中国美丽田园23个、中国传统村落74个、全国少数民族特色村寨22个。全市乡村旅游从业人员130万人，其中带动农民就业100万人，带动33万贫困人口脱贫增收。

2018年，全市农村常住居民人均可支配收入约1.38万元，增长9%，增幅列全国第十三位。其中，工资性收入4848元，增长10.3%，占35.18%，提高0.41个百分点；经营净收入4813元，增长7.2%，占34.92%，下降0.62个百分点；财产净收入335元，增长8.7%，占2.43%，下降0.01个百分点；转移净收入3786元，增长9.9%，占27.47%，提高0.22个百分点。城乡居民收入倍差由上年的2.55下降到2.53。农村常住居民人均消费支出1.2万元，增长9.5%。农村居民恩格尔系数34.9%，下降1.6个百分点。

表 5　2018 年重庆市农村常住居民人均可支配收入与上年比较

指标	金额（元）	2018 年比上年增长（%）
人均可支配收入	13782	9.0
工资性收入	4848	10.3
经营净收入	4813	7.2
财产净收入	335	8.7
转移净收入	3786	9.9

表 6　2018 年重庆市农村常住居民五等份分组人均可支配收入

单位：元

低收入户	中低收入户	中等收入户	中高收入户	高收入户	高低组比值
6008	10119	13167	16480	26724	4.45 倍

第二节　工业和建筑业

一、工业

2018 年，重庆市工业增加值 5997.7 亿元，比上年增长 1.1%。分经济类型看，国有控股企业工业增加值减少 7.7%，股份制企业工业增加值增长 3.3%，外商及港澳台商投资企业工业增加值减少 10.7%，私营企业工业增加值增长 2.8%。分门类看，采矿业工业增加值减少 13.1%，制造业工业增加值增长 0.4%，电力、热力、燃气及水生产和供应业工业增加值增长 8%。

规模以上企业工业增加值增长 0.5%。分产业看，汽车产业增加值减少 17.3%，摩托车产业增加值减少 0.3%，电子产业增加值增长 13.6%，装备产业增加值增长 4.8%，化工产业增加值增长 1.5%，医药产业增加值增长 9.3%，材料产业增加值增长 11%，消费品产业增加值增长 1.9%，能源工业增加值增长 1.7%。分行业看，农副食品加工业增加值减少 0.8%，化学原料和化学制品制造业增加值增长 2%，非金属矿物制品业增加值增长 9.3%，黑色金属冶炼和压延加工业增加值增长 43%，有色金属冶炼和压延加工业增加值增长 6.8%，通用设备制造业增加值增长 5%，铁路、船舶、航空航天和其他运输设备制造业增加值增长 1.4%，电气机械和器材制造业增加值增长 0.5%，计算机、通信和其他电子设备制造业增加值增长 15.6%，电力、热力生产和供应业增加值增长 7.5%。

表 7　2018 年重庆市规模以上工业企业主要产品产量

产品名称	产量	同比增长（%）
汽车（万辆）	205.04	–27.5
其中：新能源汽车（万辆）	2.43	33.0
工业机器人（套）	2917	68.8
笔记本计算机（万台）	5730.23	–3.8
打印机（台）	1589.48	9.5
集成电路（万块）	54062.26	16.7
液晶显示屏（万片）	14261.06	56.2

规模以上工业企业利润总额减少 7.7%。分经济类型看，国有控股企业利润减少 54.1%，集体企业利润减少 21.3%，股份制企业利润增长 9.1%，外商及港澳台商投资企业利润减少 58.7%，私营企业利润增长 16.7%。分门类看，采矿业利润增长 6.9%，制造业利润减少 9.2%，电力、热力、燃气及水生产和供应业利润增长 17.2%。

至 2018 年年末，全市有汽车生产企业 41 户，其中整车生产企业 21 户，改装车生产企业 20 户，已形成年产 400 万辆汽车的综合生产能力。规模以上汽车制造业企业 961 户，其中汽车零部件生产企业873户，已具备发动机、变速器、制动系统、转向系统、车桥、内饰系统、空调等各大总成较完整的供应体系，具有70%的汽车零部件本地配套化率。2018年，全市规模以上汽车制造业产值3671亿元，减少17.6%。其中，汽车整车制造业产值1755亿元，减少32.1%；改装车制造业产值144亿元，增长2.6%；汽车零部件制造业产值1772亿元，减少1.8%。全年全市分别产销汽车2781万辆和2808万辆，分别减少4%和3%。汽车制造业增加值减少17.3%。

至2018年年末，全市有摩托车整车生产企业36户，规模以上摩托车零部件生产企业450余户，形成年产1000万辆整车和2000万台发动机的综合生产能力，具备发动机、离合器、车架、减震器、转向、轮毂、轮胎、仪表等各大总成完备的配套能力。2018年，全市生产摩托车389.1万辆，增长5.5%，占全国摩托车总产量的25%；产值846.46亿元，与上年持平，占全市工业总产值的4.2%；主营业务收入791.7亿元，减少0.7%，占全市工业主营业务收入的4%；利税总额87.8亿元，增长4%，占全市工业利税总额的4.3%，其中利润57.3亿元，增长6.5%，占全市工业利润的4.7%。

至2018年年末，全市有规模以上化学工业企业301户，其中基础化学原料制造业71户，化学肥料制造业31户，化学农药制造业9户，涂料颜料染料制造业37户，合成材料制造业25户，专用化学用品制造业55户，炸药火工及焰火产品制造业4户，橡胶制品业38户，其他31户。产品涉及化学矿山、化学肥料等17个大类。资产总额1399.3亿元，从业人员6.1万人。规模以上化学工业企业工业总产值1095.9亿元，增长7.9%；销售产值1053.1亿元，增长5.4%；出口交货值50.6亿元，增长19.9%；产销率96.1%，下降2.3个百分点；主营业务收入1020.6亿元，增长5.7%；利税总额161.3亿元，增长26.9%，其中利润总额

114.9 亿元，增长 38%。

至 2018 年年末，全市有规模以上医药工业企业 176 户，其中年产值亿元以上企业 97 户，年产值 10 亿元级企业 12 户，年产值 50 亿元级企业 1 户；上市医药企业 11 户。2018 年，全市规模以上生物医药工业企业工业总产值 615.07 亿元，增长 11.9%；医药工业投资 73.1 亿元，增长 18.8%。

至 2018 年年末，全市有规模以上食品工业企业 783 户，工业产值占全市规模以上工业总产值的 7%，增长 1.1%，其中农副食品加工业产值减少 1.3%，食品制造业产值减少 0.7%，酒、饮料和精制茶制造业产值增长 7%；烟草制造业产值增长 11.5%。规模以上食品工业企业主营业务收入增长 2%，利润增长 2.7%，主营业务利润率 7.2%。农副食品加工业，食品制造业，酒、饮料和精制茶，烟草制造业增加值分别增长 - 0.7%、1.7%、5.7%、11.1%。

2018 年年末，全市有规模以上材料工业企业 1076 户；总产值 2663.6 亿元，增长 20.2%；增加值增长 11%；利润 219.6 亿元，增长 78.1%。规模以上冶金工业企业 237 户，资产总额 930 亿元，从业人员 4.9 万人；产值 1271.5 亿元，增长 25.3%，占全市规模以上材料工业企业总产值的 47.7%；利润 54.7 亿元，增长 178.2%；应交增值税、营业税及附加 37.9 亿元，增长 23.9%；营业收入 1238.3 亿元，增长 19.8%；出口交货值 20.6 亿元，减少 3%。规模以上建材工业企业 839 户，资产总额 1258.5 亿元，从业人员 11.5 万人；产值 1392.1 亿元，增长 16%，占全市规模以上材料工业企业总产值的 52.3%；利润 164.9 亿元，增长 59.1%；应交增值税、营业税及附加 69.8 亿元，增长 23.4%；营业收入 1348.8 亿元，增长 15.7%；出口交货值 13.4 亿元，减少 14%。新材料产业（含化工、电子新材料）产值 546.2 亿元，增长 23%。其中，先进基础材料产业产值 316.1 亿元，增长 33%；关键战略材料产业产值 45.1 亿元，增长 26.2%；前沿新材料产业产值 1 亿元，增长 42%；化工新材料产值180.3亿元，增长8%。

表8　2018年重庆市材料工业主要产品产量

类别	产品名称	产量	比上年增长（%）
冶金产品	生铁（万吨）	577.95	50.5
	其中：重钢股份（万吨）	577.95	58.7
	粗钢（万吨）	638.16	55.1
	其中：重钢股份（万吨）	638.15	55.1
	钢材（万吨）	1183.93	36.2
	重钢股份（万吨）	611.07	56.5
	万达薄板（万吨）	470.02	32.8
	外购钢材再加工生产钢材（万吨）	333.66	11.3
	铝材（万吨）	189.39	7.8
	其中：西南铝（万吨）	110.59	6.5
	铜材（万吨）	13.13	–4.2
	铁合金（万吨）	63.04	100.1
	十种有色金属（万吨）	57.67	3.8
	氧化铝（万吨）	73.60	7.5
	电解铝（万吨）	51.49	2.2
	铝合金（万吨）	61.03	–8.1
	其中：剑涛铝业（万吨）	10.41	17.5
	顺博铝合金（万吨）	13.61	–22.6
	新格有色（万吨）	4.57	–20.1

续表

类别	产品名称	产量	比上年增长（%）
建材产品	水泥（万吨）	6577.54	6.9
	商品混凝土（万立方米）	7047.44	0.7
	石灰石（万吨）	5373.70	1.1
	平板玻璃（万重量箱）	1589.15	10.0
	玻璃纤维纱（万吨）	64.52	37.1
	玻璃纤维布（万米）	7975.00	4.0
	陶瓷砖（万平方米）	4310.57	–33.8
	其中：瓷质砖（万平方米）	1267.83	–13.1
	陶质砖（万平方米）	3042.75	–39.8

表 9　2018 年重庆市材料工业子行业增量对材料工业增长贡献率

行业类别	子行业名称	增量（亿元）	增长贡献率（%）
冶金工业	钢铁行业	143.79	32.12
	有色加工业	54.14	12.1
	有色冶炼业	2.61	0.58
	铁合金行业	49.71	11.11
建材工业	水泥及制品行业	161.51	36.08
	陶瓷行业	7.80	1.74
	玻璃纤维及复合材料业	8.81	1.97
	非金属矿采选业	–26.33	–5.88
	砖瓦、石材制造业	12.69	2.84
	玻璃行业	0.32	0.07

至 2018 年年末，全市有规模以上纺织服装工业企业 224 户，其中纺织工业企业 77 户，服装工业企业 75 户，制鞋工业企业 72 户；

工业总产值 314.97 亿元，减少 7.9%，其中纺织工业产值 63.9 亿元，服装工业产值 69.85 亿元，制鞋工业产值 181.22 亿元；出口交货值 26.74 亿元，减少 25.4%；主营业务收入 306.23 亿元，减少 6%；利税 29 亿元，减少 2.7%。

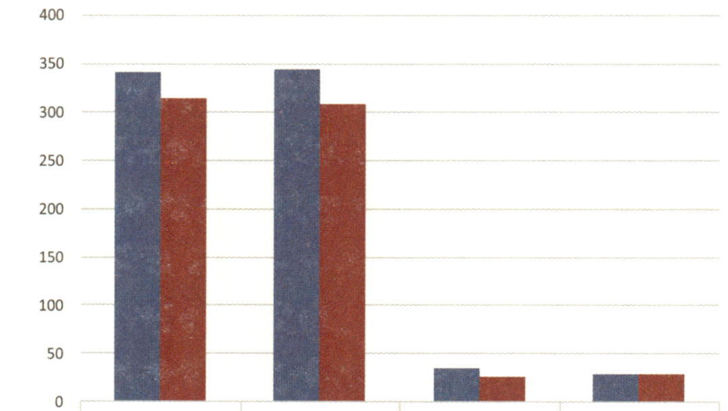

	工业总产值（亿元）	工业销售产值（亿元）	出口交货值（亿元）	利税总额（亿元）
2017年	3423	45	36	30
2018年	3153	09	27	29

图 6　2018 年重庆市纺织工业主要经济指标与上年比较
注：数值保留至个位。

至 2018 年年末，全市有规模以上轻工业企业 742 户；工业总产值 1301.81 亿元，增长 3.6%；出口交货值 41.69 亿元，增长 3%；利税总额 107.36 亿元，减少 1.8%。规模以上造纸及纸制品企业 112 户；主营业务收入 316.17 亿元，增长 17%；利税总额 23.64 亿元，减少 16.3%。规模以上塑料制品企业 256 户，主营业务收入 318.55 亿元，减少 0.3%；利税总额 35.75 亿元，减少 1.8%。规模以上家居行业企业 85 户；主营业务收入 84.66 亿元，增长 2.9%；利税总额 12.14 亿元，增长 21.7%。规模以上印刷和记录媒介复制业企业 109 户；主营业务收入 129.22 亿元，增长 4.3%；利税总额 15.43 亿元，减少 0.8%。规模以上文工体用品制造业企业 42 户；主营业务收入 93.24 亿元，减少 0.5%；利税总额 11.6 亿元，增长 13.9%。规模以上照明器具及燃气具制造业企业 26 户；主营业务收入 49.3 亿元，减少 16.3%；利税总额 8.8 亿元，减少 21.8%。

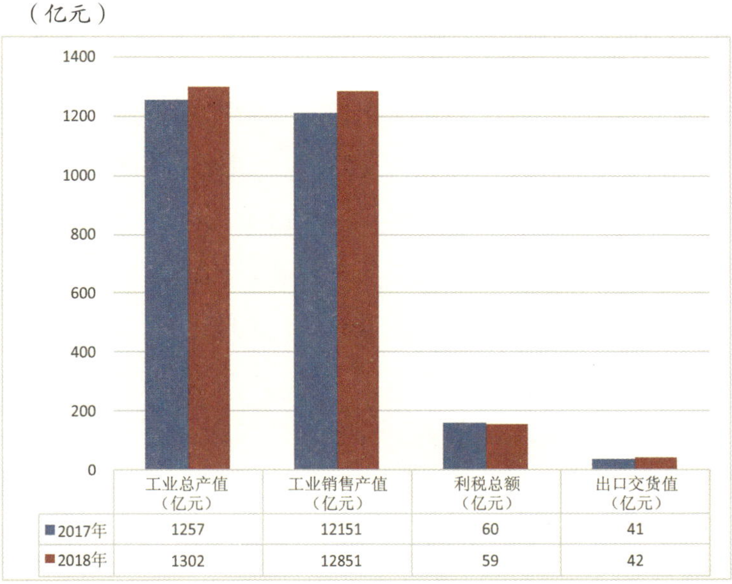

图 7　2018 年重庆市轻工业主要经济指标与上年比较

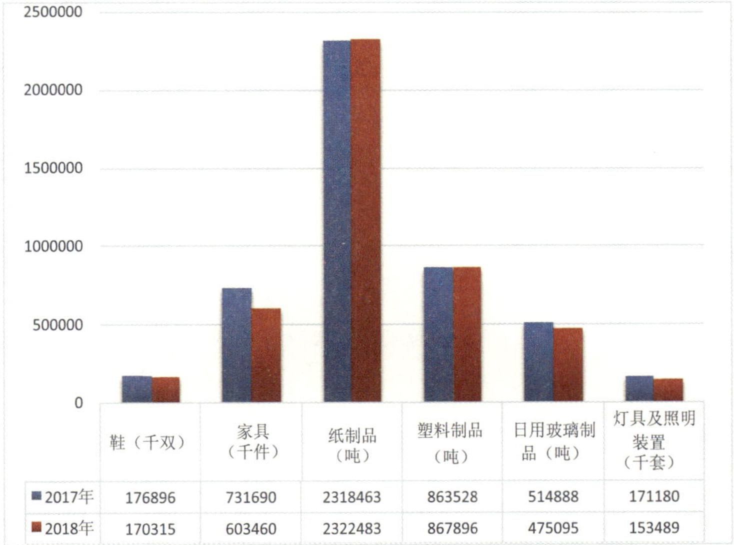

图 8　2018 年重庆市轻工业主要产品产量与上年比较

2018 年，全市有规模以上装备工业企业 1080 户；增加值增长 4.8%，比全市规模以上工业增加值增幅高 4.3 个百分点；总产值 1827 亿元，增长 5%，下降 7.3 个百分点；销售产值 1793 亿元，增长 5%，下降 7.4 个百分点；出口交货值 104 亿元，增长 15.9%，提高 6.1 个百分点；利润 147 亿元，增长 2.3%。

至 2018 年年末，重庆市建成全球最大的笔记本电脑生产基地、2 亿台级手机生产基地。2018 年，全市电子制造业产值 5285 亿元（其中，计算机整机及配套产业产值占 49.8%，手机及配套产业产值占 17.9%，电子核心部件、家电、机电、智能仪表等其他电子产业产值占 32.3%），产值增幅比全市工业总产值增幅高 9.6 个百分点，占全市工业总产值的 26.1%，对全市工业增长贡献率 103%，拉动全市工业增长 3 个百分点。2010—2018 年，全市电子制造业产值年均增幅超过 30%，远远高于全国电子制造业产值年均增幅（13%）；重庆市电子制造业主营业务收入从全国第十七位跃升至第八位。全年全市有 29 个电子制造行业项目被列入市级重点项目，总投资 826 亿元，计划产值 1150 亿元。全年全市智能终端产量 3.46 亿台，增长 27.8%。手机产量 1.89 亿台，增长 19.5%，其中智能机首次突破 1 亿台，占 55%，提高 7 个百分点。计算机类产品产量 9812.6 万台，增长 28.4%。其中，笔记本电脑 5730.2 万台，减少 3.8%，约占全球笔记本电脑总产量的 35.6%，连续 5 年居全球第一；显示器 2529 万台，增长 6.8%；打印机 1581 万台，增长 9%。集成电路 5.4 亿块，增长 16.7%；液晶显示屏 14261 万片，增长 56.2%；印制电路板 740.4 万平方米，增长 19%。移动智能终端企业投入资金 8 亿元实施生产线智能化改造工程，年降低人力成本约 3.4 亿元。8 户企业被评为全市数字化车间或智能工厂。智能终端出口额 2477.6 亿元，增长 14.7%，占全市出口额的 72.2%，拉动全市出口额增长 10.4 个百分点，对全市出口增长贡献率 86.8%。智能终端货运量约占中欧班列货运量的 40%，占国际航空出项的 90%。

至 2018 年年末，全市有城镇燃气经营企业 147 户，压缩天然气（CNG）加气站149个，各类用户840万户，城市门站内各类管线里程2.71万千米，输配站场317座，储气装置98套，主城区“两环线八连线”主干骨架基本建成，全市38个区县城区供气100%实现管道运输化，65%的乡镇集镇供气实现管道运输化。建设乡镇供气设施43处，35个特色小镇管道天然气设施覆盖率97%。全年全市供气总量99.5亿立方米，增长4.7%。

2018年，全市建立研发准备金制度工业企业1294户，增长63%；实施重点产品研发及产业化项目近1500余个；共有196户企业的356个产品被评为市级重大新产品，分别增长123%、112%，销售收入累计859亿元，增长96%；支持119户企业技术创新活动后补助项目137个，资助金额6266万元。新认定国家级企业技术中心2个；新认定市级企业技术中心123个，累计652个；新认定市级工业和信息化重点实验室16个，累计37个；新认定独立法人新型企业研发机构19个，累计40个。首次评选重庆市优秀创新型企业100户；新认定市级示范产业技术创新联盟5家、市级试点产业技术创新联盟5家；被评为国家级技术创新示范企业2户、市级技术创新示范企业41户。

2018年，全市园区规模以上企业工业总产值1.68万亿元，占全市规模以上工业企业工业总产值的83%，投产规模以上工业企业每平方千米用地产出83亿元以上，对全市工业增长贡献率超过80%。两江新区、西永综合保税区、江津园区进入千亿级园区行列。新增国家新型工业化产业示范基地1个，累计11个；新增市级特色产业基地9个，累计57个。特色产业基地所在园区产值占全市园区总产值的50%以上。入驻园区世界500强工业企业193户，占入渝世界500强工业企业的86%；实际利用外资占全市工业利用外资总额的40%以上；进出口额占全市工业进出口总额的70%以上；引进工业项目1000个以上，协议引资3000亿余元。新增园区建成区面积50平方千米，累计700平方千米；新建标准厂房面积220万平方米，累计2500万平方米。印发《重庆市智慧园区建设总体方案》，开展专题培训5期，指导27个园区完成智慧园区建设方案编制，完成2018年度智慧园区试点征集和评审工作。

二、建筑业

2018年，重庆市建筑业新增民营特级企业3户，实现全市民营建筑企业特级资质零的突破；新增一级企业76户。至年末，全市有建筑业企业9302户，比上年末增长13.87%。其中，特级企业8户，增长60%，占全市建筑业企业总数的0.1%；一级企业474户，增长6.75%，占5.1%；其他等级企业8820户，增长14.25%，占94.8%。全年全市新开工房屋建筑面积1.52亿平方米，增长8.8%；施工面积3.51亿平方米，增长5.8%；竣工房屋建筑面积1.39亿平方米，增长2.5%。全年全市建筑业总产值7819.42亿元，增长2.8%；建筑业增加值2331.09亿元，增长9.8%，占全市地区生产总值的11.4%，对地区生产总值贡献率16%，拉动经济增长1个百分点。

至年末，全市有5147户外地建筑施工企业（其中特级企业375户，一级企业2872户）、435户外地监理企业、378户外地造价咨询企业，入渝外地企业数量增长40.86%，其中外地建筑施工特级企业、一级企业分别是重庆市本地建筑施工企业的47倍、6倍。全年全市建筑市场有建筑施工企业1.44万户、监理企业558户、造价咨询企业652户。

全年全市建筑施工企业在外省完成产值1483.99亿元，增长19.1%，提高1.1个百分点，占全市建筑业总产值的19%。7户优质建筑施工企业加快融入“一带一路”建设，在亚洲、非洲国家和地区承建大、中型国际工程项目近60个，实现境外产值近50亿元。

全年全市从事建筑业活动平均人数238.81万人，期末从业人员 226.47 万人，增长 0.81%；建筑业吸纳本市农村劳动力 117.13 万人，占全市农村富余劳动力总数的 41.29%，吸纳本市非农村劳动力 55.2 万人。全年全市培训鉴定建筑工人约 6.85 万人，其中初级工 636 人，中级工 64663 人，高级工 3149 人，技师 61 人，高级技师 38 人。至年末，全市有注册建造师 5.89 万人、注册监理工程师 4634 人、注册造价工程师 4192 人。

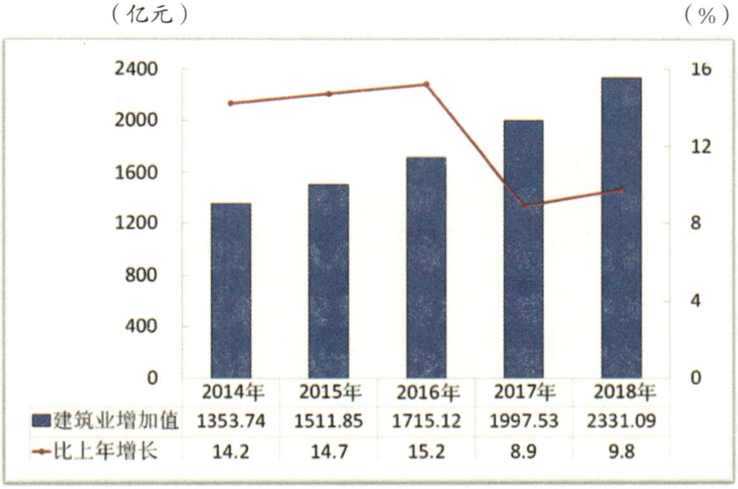

图 9　2014—2018 年重庆市建筑业增加值

第三节　服务业

2018 年，重庆市批发零售业增加值 1710 亿元，比上年增长 5.9%；交通运输、仓储和邮政业增加值 995.48 亿元，增长 6.5%；住宿餐饮业增加值 457.17 亿元，增长 5.3%；金融业增加值 1942.33 亿元，增长 6.9%；房地产业增加值 1134.72 亿元，增长 0.6%；其他服务业增加值 4416.43 亿元，增长 14.8%。规模以上服务业企业营业收入 3514.15 亿元，增长 14.7%。

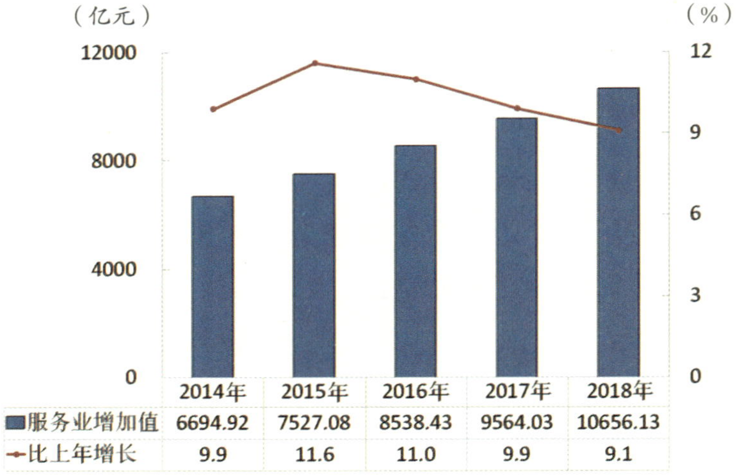

图 10　2014—2018 年重庆市服务业增加值

2018 年，重庆市社会消费品零售总额增长 8.7%，列全国第十六位。其中，餐饮业收入增长 11.6%，商品零售额增长 8.1%；城镇消费品零售额增长 8.5%，乡村消费品零售额增长 11.2%。批发零售业商品销售总额增长 12.7%，住宿餐饮业营业额增长 12.8%。部分消费升级类商品增长明显。通信器材类零售额增长 25.2%，提高 12.7 个百分点；石油及制品类零售额增长 18.4%。新兴消费模式增长较快，限额以上企业网上零售额增长 28.6%。百强零售企业中负增长企业 26 户，其中汽车零售企业 9 户。汽车零售额增长 2.2%，下降 9.2 个百分点；家电、家具、建材等商品零售额增长放缓，分别下降 6~26 个百分点。

表 10　2018 年重庆市零售企业 10 强

序号	单位名称	零售额（万元）	比上年增长（%）
1	重庆百货大楼股份有限公司	29662253	1.01
2	重庆永辉超市有限公司	13859581	–0.85
3	重庆京东创盟信息技术有限公司	8945326	22.23

续表

序号	单位名称	零售额（万元）	比上年增长（%）
4	重庆苏宁云商销售有限公司	6997389	13.26
5	重庆佳杰创越营销结算有限公司	4086303	44.58
6	中国石油化工股份有限公司重庆石油分公司	3448593	22.35
7	中国石油天然气股份有限公司重庆销售分公司	3385214	15.48
8	重庆市新大兴实业（集团）有限公司	3052170	19.96
9	重庆东银壳牌石化有限公司	2480855	17.25
10	中国石油重庆销售涪陵分公司	2480176	30.83

注：因统计口径发生改变，重庆永辉超市有限公司实际增长 5.3%。

2018 年年末，全市高速公路通车总里程 3096 千米，公路路网密度每百平方千米 191 千米，铁路营运里程 2371 千米，轨道交通营运里程 313 千米。全年全市交通运输客运量 6.36 亿人次，增长 0.5%；客运周转量 905.5 亿人千米，增长 4.1%。轨道交通日均客运量 234 万乘次，日最高客运量 298 万余乘次。空港旅客吞吐量 4287.58 万人次，增长 8.1%。全年全市交通运输货运量 12.82 亿吨，增长 11.2%；货运周转量 3593.64 亿吨千米，增长 6.6%。内河港口货物吞吐量 2.04 亿吨，增长 3.3%；空港货物吞吐量 38.44 万吨，增长 4.2%。国际标准集装箱吞吐量 138.02 万标箱，其中铁路吞吐量 20.99 万标准箱，增长 62.6%。

表 11　2018 年重庆市各种运输方式货物运输量

指标	绝对量	比上年增长（%）
货物运输量（万吨）	128234.42	11.2
铁路	1705.26	–5.7
公路	107064.00	12.7
水运	19451.95	5.1
航空	13.21	–0.3
货物周转量（亿吨千米）	3593.63	6.6
铁路	201.08	15.5
公路	1152.75	7.8
水运	2237.85	5.3
航空	1.95	0.1

表 12　2018 年重庆市各种运输方式旅客运输量

指标	绝对量	比上年增长（%）
旅客运输量（万人）	63634.48	0.5
铁路	7706.79	21.4
公路	52150.00	–2.2
水运	730.64	–15.6
航空	3047.05	9.8
旅客周转量（亿人千米）	905.50	4.1
铁路	223.79	13.6
公路	260.43	–10.1
水运	5.59	–1.7
航空	415.69	10.7

2018年，全市邮政业完成函件业务量1492.18万件，包裹业务量25.55万件，快递业务量4.57亿件，快递业务收入58.04亿元；电信业务总量1541.31亿元，增长152.18%。年末全市电信业移动电话交换机容量4099万户；电话用户4239.69万户，其中移动电话用户3650.73万户；移动电话普及率为每百人118.7部；互联网用户4317.82万户，其中移动互联网用户（不含WiFi用户）3043.98万户，固定互联网宽带接入用户1273.84万户；手机上网用户2851.55万户，增长7.9%。

图11 重庆万盛梦幻奥陶纪景区天空悬廊、悬崖秋千（曹永龙 摄）

2018年，全市新增旅行社27家，其中出境旅行社新增6家。至年末，全市有旅行社581家，其中出境旅行社97家（含赴中国台湾地区旅行社9家），一般旅行社484家；全市有星级旅游饭店198家，其中五星级29家，四星级52家，三星级89家，二星级28家；星级旅游饭店有客房2.64万间，床位4.32万张，员工3.9万人；有绿色旅游饭店62家，其中金叶级41家，银叶级21家。全市有国家全域旅游示范区创建单位8家；市级全域旅游示范区县（自治县）创建单位8家，市级全域旅游示范乡镇（街道）创建单位50家，市级全域旅游示范村（社区）创建单位68家。全市新评定A级旅游景区27个，撤销A级景区资格9个，1个景区升级，实际增加17个。至年末，全市有国家A级旅游景区239个，其中5A级景区8个，4A级景区92个，3A级景区81个，2A级景区57个，1A级景区1个，减少1个。全市旅游从业人员291.6万人，其中直接从业人员48.6万人。全市持有电子导游证导游1.11万人，其中特级1人，高级40人。全市旅游专业的院校、旅游职高及旅游职业培训机构118个，涉旅院校旅游专业在校学生4.3万人。2018年，重庆市接待境内外游客约5.97亿人次，旅游总收入4344.15亿元，分别增长10.1%和31.3%。其中，接待入境游客388.02万人次，增长8.3%；旅游外汇收入21.9亿美元，增长12.4%。通过出境旅行社组织的出境游客201.66万人次，减少2.3%。全市假日接待游客1.37亿人次，占全年全市接待游客总数的23%；旅游收入623.71亿元，占全年全市旅游总收入的14.4%。全市乡村旅游接待游客2.05亿人次，增长20.6%；综合收入677亿元，增长32.8%。全市乡村旅游从业人员130万人，其中带动农民就业100万人，带动33万贫困人口脱贫增收。“大三峡”区域接待游客1.46亿人次，增长16.1%，其中接待入境游客131.54万人次，增长12.83%；旅游收入1111.6亿元，增长33.4%。三峡游轮接待游客62.9万人次。

表13　2018年重庆市旅游接待及收入情况

指标	数量	比上年增长（%）
接待境内外游客总数（万人次）	59723.71	10.1
其中：入境游客（万人次）	388.02	8.3
国内游客（万人次）	59335.69	10.1
旅游总收入（亿元）	4344.15	31.3
其中：旅游外汇收入（亿美元）	21.90	12.4
国内旅游收入（亿元）	4199.24	32.2
出境旅行社组织的出境旅游人数（万人次）	201.66	–2.3

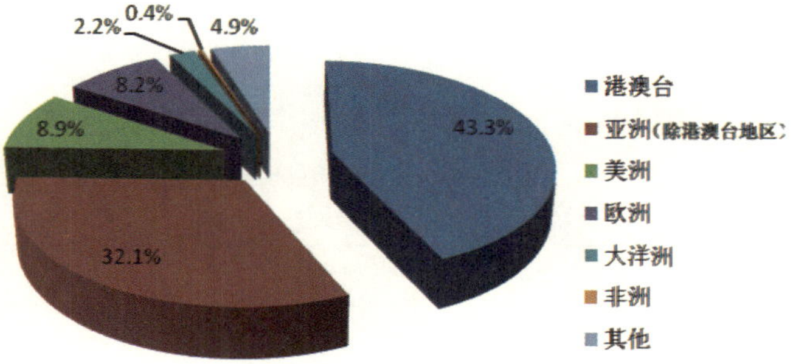

图 12　2018 年重庆市接待入境游客分区域情况

单位：万人次

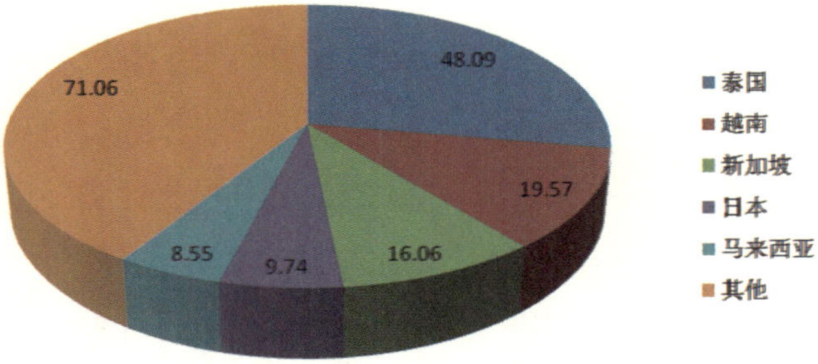

图 13　2018 年重庆市出国旅游目的地主要国家人数情况

表 14　2018 年节假日重庆市旅游接待及收入情况

项目	接待人数		旅游收入	
	数量（万人次）	比上年增长（%）	金额（亿元）	比上年增长（%）
合计	13728.69	14.4	623.71	29.0
长假	7775.90	13.2	275.00	29.0
春节	4286.21	12.7	133.73	29.6
国庆	3489.69	13.8	141.27	28.4
小长假	5952.79	17.7	348.71	28.7

续表

项目	接待人数		旅游收入	
	数量（万人次）	比上年增长（%）	金额(亿元)	比上年增长（%）
元旦	1013.92	21.0	60.73	32.5
清明	1207.19	13.7	74.62	24.3
五一	1735.75	21.6	112.48	30.5
端午	944.57	12.6	48.35	26.7
中秋	1051.36	—	52.53	—

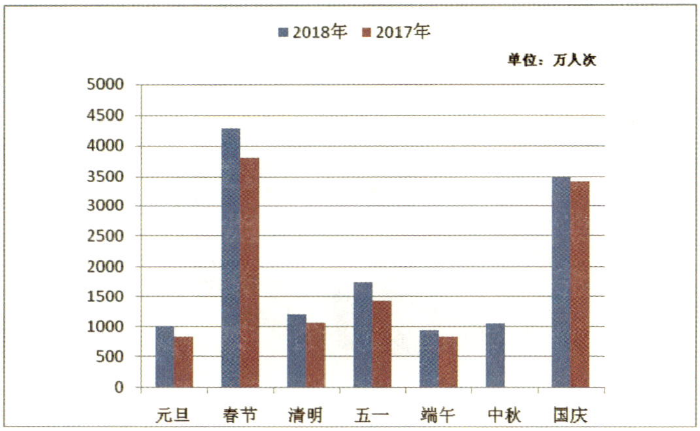

图 14　2018 年长假和小长假重庆市旅游接待情况

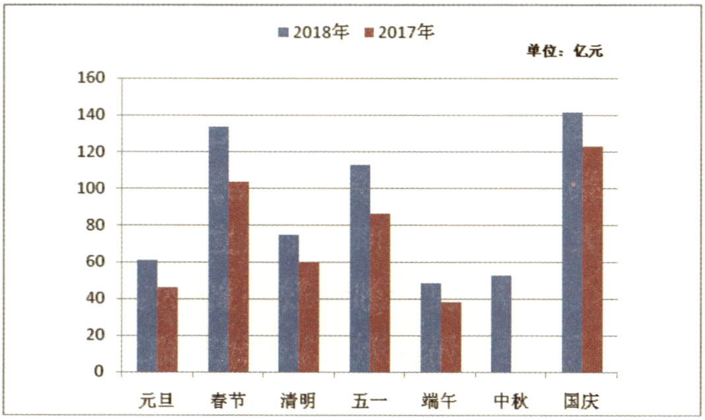

图 15　2018 年长假和小长假重庆市旅游收入情况

第四节　固定资产投资与基础设施建设

一、固定资产投资

2018年，重庆市固定资产投资总额比上年增长7%，其中基础设施建设投资增长11.5%。全年全市民间投资增长12.8%，比全社会投资增幅高5.8个百分点，列全国第十位、西部地区第四位，占全社会投资总额的54.9%。

表15　2018年重庆市固定资产投资按产业分与上年比较

指标	比上年增长（%）
全市固定资产投资总额	7.0
第一产业	–9.5
第二产业	7.3
其中：工业	7.3
汽车产业	6.3
摩托车产业	0.9
电子产业	4.5
装备产业	12.0
化工产业	14.6
医药产业	29.7
材料产业	28.1
消费品产业	3.0
能源工业	–3.4
第三产业	7.4
其中：房地产开发	6.8

全年全市房地产开发投资4248.76亿元，增长6.8%。其中，住宅投资3012.65亿元，增长14.4%；办公楼投资104.81亿元，减少33.4%；商业营业用房投资564.66亿元，减少15.9%。

二、基础设施建设

（一）城市基础设施建设

2018年，重庆市城市道路建设完成投资350.99亿元。推进曾家岩大桥、龙洲湾隧道等7座桥梁、4座隧道建设，建成投用渝广高速公路进城通道、照母山隧道等融城通道，完成回兴立交、石马河立交二期等一批堵点改造工程，开工建设解放碑地下环道三期项目。未贯通道路完工20条11千米，次支路网完工14条19.2千米。全市建成公租房54.16万套，改造城市棚户区住户5.43万户。

2018年，主城区开工建设公共停车场87个，计划新增停车泊位2.2万个，建成公共停车场45个，新增停车泊位8948个。主城区开工新建及提档升级人行天桥与地下通道项目30个，建成人行步道10条，完成投资2.65亿元。8个试点区县及13个非试点区县累计开工建设城市管线88.71千米，累计形成廊体56.31千米，累计完成投资31.57亿元，其中2018年新开工建设城市管线39.07千米，建成廊体29.12千米，完成投资22.4亿元。全市建成城市排水管网1051千米，完成投资27.8亿元；建成市政消火栓3900余个，完成投资8600万元。轨道交通工程计划完成投资305亿元，实际完成投资305.3亿元，新增通车里程49千米，年末运营总里程313千米。

表16　2018年重庆市商品房建设与销售情况

指　标	绝对量	比上年增长（%）
施工面积（万平方米）	27226.56	4.9
其中：住宅	17859.42	6.6
办公楼	809.16	-10.9
商业营业用房	3836.44	-3.8
新开工面积（万平方米）	7386.16	30.0
其中：住宅	5145.20	36.9
办公楼	132.72	39.9
商业营业用房	725.19	-5.6
竣工面积（万平方米）	4083.45	-19.2
其中：住宅	2784.64	-16.0
办公楼	129.04	-9.1
商业营业用房	509.48	-29.7
销售面积（万平方米）	6536.25	-2.6
其中：住宅	5424.76	-0.5
办公楼	127.37	-24.4
商业营业用房	513.97	-19.0
销售额（亿元）	5272.70	15.7
其中：住宅	4442.87	23.4
办公楼	138.98	-14.3
商业营业用房	536.02	-14.9

（二）农村基础设施建设

至2018年年末，全市农村公路总里程13.9万千米，其中县道7053千米，乡道1.31万千米，村道11.88万千米；农村公路路网密度每百平方千米168.7千米。2018年，全市普通公路建设投资 273.97 亿元，其中通组公路建设投资 102.54 亿元；开工建设通组公路 2.8 万千米，其中完工 2.5 万千米。解决 4132 个村民小组的公路通达问题，完工 8498 千米；解决 8130 个村民小组的公路通畅问题，完工 1.65 万千米。村民小组公路通达率 91.3%，公路通畅率 61.3%。新建、改建村级招呼站 1800 个，新增通客车行政村 121 个，行政村客车通达率 99.1%。

2018 年，全市改造提升 95 个乡镇、30 个街道、2213 个村、628 个社区综合文化服务中心，累计改造提升 775 个乡镇、204 个街道、6840 个村、2562 个社区综合文化服务中心，覆盖率分别达 95.67%、91.47%、84.03%、86.43%。建成 24 小时自助图书馆 44 个。“两馆一站”国家等级率位居全国前列，平均每万人有公共文化设施面积 586.42 平方米，超过全国平均水平，江津区获第三批国家公共文化服务示范区西部地区第一名。完成 418 个村综合文化服务中心示范工程和 4 个民族自治县 669 个村覆盖工程，完成 14 个贫困区县 584 个村综合文化服务中心设备配备，为 6 个贫困区县文化馆配置流动文化车。实施直播卫星精准扶贫工程，为全市 18 个深度贫困乡镇建卡贫困户免费配送直播卫星设备 1.33 万套，全市直播卫星用户累计 91.33 万户。推进有线电视网络向农村延伸覆盖，全市累计有 5700 余个行政村光缆通达，农网“光纤入户”累计覆盖 108 万余户，16 个区县实现行政村光缆全通达。实施 14 座无线发射台基础设施改造，完成 2 座。

2018 年，全市新增改建农村卫生厕所 42.9 万户，累计 452.5 万户，农村卫生厕所普及率 73%；新增农村公厕 1245 座，惠及 200 余万名农村群众，累计 7281 座；新建农村旅游厕所 1298 座，累计 3856 座。在全市 1000 个行政村中分阶段开展农村生活垃圾分类示范，建成再生资源回收站（点）3025 个，500 余个行政村开展分类示范，300 余个行政村修建沤肥池、阳光堆肥房。累计建成乡镇和农村污水处理设施 2400 余处，日处理污水能力 118 万吨。建成乡镇污水管网 2380 千米，完成 100 处农村生活污水处理设施技术改造。新建“四好农村路”2.4 万千米、村民小组通畅路 1.6 万千米、入户道路 8923 千米，完成农村危旧房改造 4.68 万户，安装公共照明路灯或庭院灯 15 万盏，新增村庄绿化面积 500 公顷，建设村级体育活动场所 728 个、村级文化活动场所 7642 个。

第五节　开放型经济

2018 年，重庆市货物进出口总额 5222.62 亿元，比上年增长 15.9%。其中，出口额 3395.28 亿元，增长 17.7%；进口额 1827.34 亿元，增长 12.5%。按美元计算，货物进出口额 790.4 亿美元，增长 18.7%。其中，出口额 513.77 亿美元，增长 20.6%；进口额 276.63 亿美元，增长 15.2%。货物出口额前 3 位国家（地区）分别是美国、韩国和德国，出口额分别是 1063.64 亿元、488.21 亿元和 450.4 亿元，分别增长 23.2%、34% 和 7.5%。货物进口额前 3 位国家（地区）分别为韩国、中国台湾地区和马来西亚，进口额分别是 311.43 亿元、212.41 亿元和 145.24 亿元，分别增长 37.2%、27.3%、-9%。

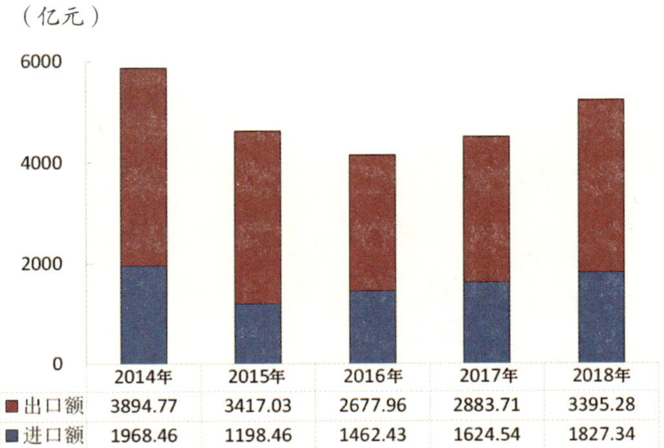

	2014年	2015年	2016年	2017年	2018年
出口额	3894.77	3417.03	2677.96	2883.71	3395.28
进口额	1968.46	1198.46	1462.43	1624.54	1827.34

图 16　2014—2018 年重庆市货物进出口总额

表 17　2018 年重庆市货物进出口总额

指标	绝对量（亿元）	比上年增长（%）
进出口总额	5222.62	15.9
出口额	3395.28	17.7
其中：国有企业	109.38	–4.0
外资企业	2131.21	13.5
私营企业	1125.99	30.3
其中：一般贸易	1060.50	7.5
加工贸易	2258.47	24.5
其中：机电产品	2993.49	18.2
其中：高新技术产品	2314.92	21.4
其中：笔记本电脑	1337.73	4.1
进口额	1827.34	12.5
其中：国有企业	481.58	–6.4
外资企业	818.51	9.1
私营企业	527.09	46.8
其中：一般贸易	871.40	3.2
加工贸易	373.93	43.8
其中：机电产品	1241.22	13.8
其中：高新技术产品	1025.35	18.5

服务外包离岸执行额 21.32 亿美元，增长 13.1%，其中知识流程外包 16.53 亿美元，增长 27.7%。16 个国际服务外包示范区累计执行额 20.82 亿美元，增长 11.8%。

新签外资项目 232 个，减少 2.5%；合同利用外资 90.75 亿美元，增长 136.8%；实际利用外资 102.73 亿美元，增长 0.9%，其中外商直接投资32.5亿美元，增长43.8%。合同利用外资金额前3位的国家（地区）分别是中国香港地区、投资性公司投资、英属维尔京群岛，占全市合同利用外资总额的95.85%；实际利用外资列前3位的国家(地区)分别是中国香港地区、英属维尔京群岛、韩国，到位资金占全市实际利用外资总额的66.78%。合同利用外资列前3位的区县分别为合川区、南岸区、两江新区，实际利用外资列前3位的区县分别为两江新区、渝北区、沙坪坝区。全年全市第二、三产业合同利用外资分别为33.84亿美元、54.84亿美元，所占比重分别为37.29%、60.43%；第二、三产业实际利用外资分别为45.62亿美元、57.1亿美元，所占比重分别为44.41%、55.58%。合同外资主要来源于制造业（30.84亿美元，占33.98%）、租赁和商务服务业（26.79亿美元，占29.52%）；实际利用外资主要来源于制造业(44.82亿美元，占43.63%)、金融业(20.77亿美元，占20.22%)。有47个国家（地区）的外商到渝投资。至2018年年末，全市有世界500强企业287户。

对外承包工程签订合同额32.44亿美元，增长53.6%；工程营业额10.26亿美元，减少39.7%。

2018年，重庆自贸试验区新增注册企业1.28万户，其中外商及港澳台商投资企业221户；新增商贸、交通运输、信息传输、软件和信息技术服务、科学研究和技术服务业企业7731户，占比超过6成。引进项目983个，签订合同(协议)总额2129.25亿元。

第六节　民营经济

一、民营企业

2018年，重庆市新登记民营企业13.18万户，比上年增长11.71%，占全市新登记企业总数的97.23%。至年末，全市有民营企业71.38万户，比上年末增长10.1%，占全市企业总数的94.57%，提高0.4个百分点。注册资本在500万~1000万元、1000万~1亿元、1亿元以上民营企业分别有5.76万户、5.98万户和4700户，分别增长26.34%、22.28%和19.04%。

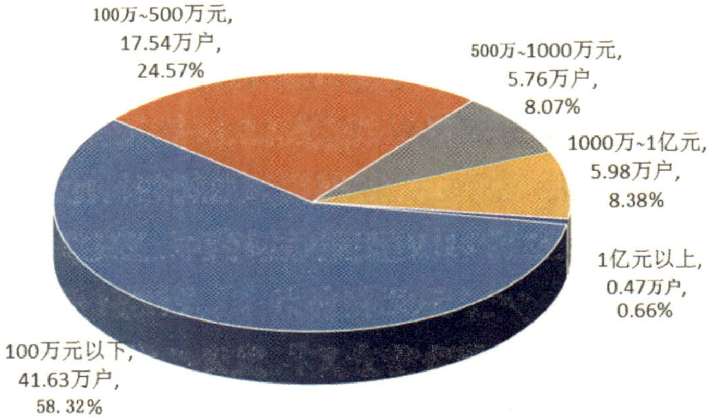

图17　2018年重庆市实有民营企业资金规模分布

2018年,全市新登记民营企业三次产业比为5.62：13.20：81.18。与上年相比，第三产业提高2.55个百分点，第一、二产业分别下降2.53个、0.02个百分点。

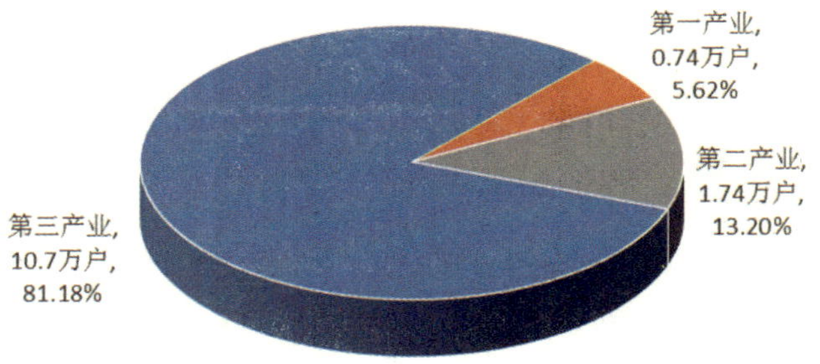

图18　2018年重庆市新设立民营企业三次产业占比

2018年年末，全市实有民营企业户数三次产业比为13.09：15.24：71.67。与上年末相比，第一、二产业分别下降1.45个和0.06个百分点，第三产业提高1.51个百分点，产业结构不断优化。从数量上看，第三产业增幅最高，比上年末增长 12.48%。

二、个体工商户

2018 年，全市新登记个体工商户 27.25 万户，比上年增长 2.22%；注册资金 253.34 亿元，增长 5.23%；户均注册资金 9.3 万元，增长 2.99%，比实有个体工商户户均注册资金多 2.32 万元。至年末，全市实有个体工商户 168.62 万户，增长 6.89%；注册资金 1176.75 亿元，增长 13.03%；户均注册资金 6. 98 万元，增长 5.76%。

个体工商户实有户数三次产业比为 2.19 ∶ 4.74 ∶ 93.07，三次产业占比基本保持稳定，第三产业占九成多，处于主导地位。行业分布仍集中在批发零售业、住宿餐饮业和居民服务业三大传统行业，三大行业个体工商户数量占全市个体工商户总量的 86.37%。

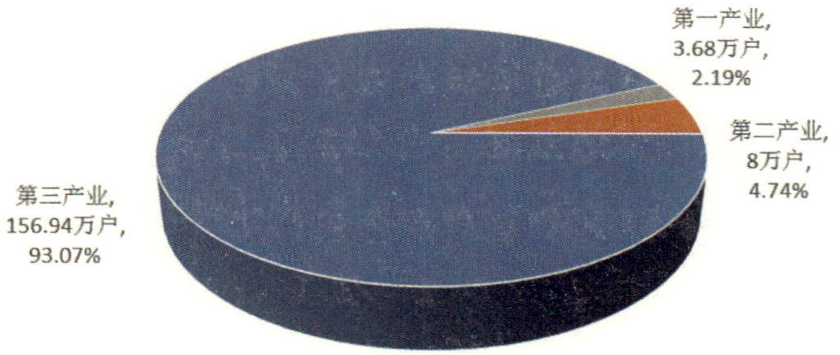

图 19　2018 年重庆市实有个体工商户三次产业占比

2018 年年末，重庆市个体工商户实有数量在市场主体中的占比仍呈逐年下降趋势，由上年末的 67.29% 减少至 66.74%。商事制度改革对企业筹建成本和准入门槛降低，以及各级政府和工商部门积极引导符合条件的个体工商户转型升级为企业，推动企业占比不断攀升，个体工商户占比逐渐下降，全市个体工商户占比大的市场主体结构不断转变。

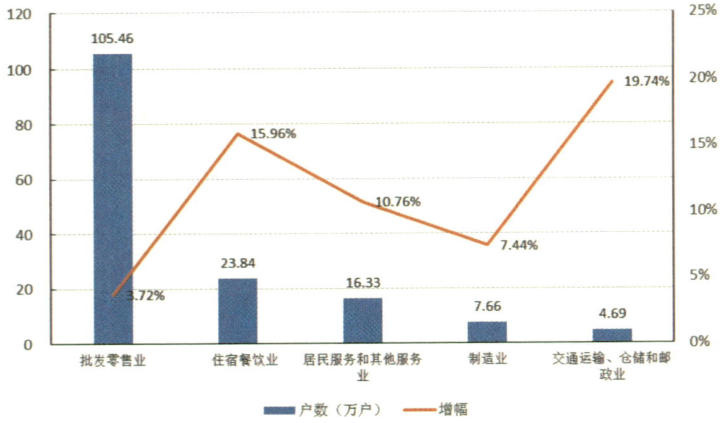

图 20　2018 年重庆市实有个体工商户户数排名前五位行业分布图

三、微型企业

2018 年，全市新发展微型企业 6.43 万户，净增 2.07 万户，带动和解决就业 28.14 万人；累计发展微型企业 58.15 万户，比年初增长 3.7%；累计带动和解决就业 428.43 万人，增长 7.03%。发放微型企业成长奖励 4695 万元；对孵化平台进行第三方绩效评价，对 20 家微型企业孵化园、特色村给予运营绩效奖励 2400 万元。

指导推动“三梦”“三亮”平台完善基础建设、提升运营管理。确定重庆市京渝文创微型企业孵化培训基地、涪陵电子商务产业园、丰都泰发文化旅游产业微型企业孵化园 3 个微型企业孵化园作为 2018 年重庆市精品微型企业双创平台予以支持建设，并给予每个平台一次性补助 500 万元。鼓励社会力量投入微型企业孵化平台建设，新发展孵化平台 41 个。实施微型企业户做大、微型企业园做优、微型企业村做强“三项计划”。各区县已确定对 2200 户微型企业进行重点帮扶推动做大，对 66 个微型企业孵化平台进行提档升级改造推动做优做强，其中做优微型企业园 45 个，做强微型企业村 21 个。

开展银商合作。指导区县和微型企业协会开展银企对接活动

62 次。搭建银企对接平台，推动微型企业成长扶持贷款，有意向申请成长扶持贷款的微型企业 782 户；完成年度微型企业商业贷款贴息工作，拨付贴息资金 398.67 万元。

第七节 财税 金融

一、财政

2018 年，重庆市一般公共预算收入约 2266 亿元，比上年增长 0.6%，加上中央补助、地方政府债务收入、调入预算稳定调节基金以及上年结转收入和调入资金等 2957 亿元后，总收入 5223 亿元；一般公共预算支出约 4541 亿元（其中民生支出 3580 亿元），增长 4.7%，加上上解中央、地方政府债务还本支出以及安排预算稳定调节基金和结转下年支出等 682 亿元后，总支出 5223 亿元。政府性基金预算收入 2316 亿元，增长 2.9%，加上中央补助、地方政府债务收入以及上年结转收入等 1392 亿元后，总收入 3708 亿元；政府性基金预算支出 2677 亿元，增长 22.7%，加上地方政府债务还本支出以及调出资金和结转下年支出等 1031 亿元后，总支出 3708 亿元。国有资本经营预算收入 105 亿元，加上中央补助和上年结转收入等 15 亿元后，总收入 120 亿元；国有资本经营预算支出 52 亿元，加上调出资金和结转下年支出等 68 亿元后，总支出 120 亿元。社会保险基金预算收入 1898 亿元，增长 17%，其中基本养老保险基金预算收入 1298 亿元，基本医疗保险基金预算收入 559 亿元，失业保险基金预算收入 20 亿元，工伤保险基金预算收入 21 亿元；社会保险基金预算支出 1661 亿元，其中基本养老保险基金预算支出 1154 亿元，基本医疗保险基金预算支出 472 亿元，失业保险基金预算支出 15 亿元，工伤保险基金预算支出 20 亿元，加上结转下年支出 237 亿元后，总支出 1898 亿元。

表 18　2018 年重庆市财政收支情况

单位：亿元

预算科目	全市			市级			区县级		
	2018 年	2017 年	2018 年比 2017 年增长（%）	2018 年	2017 年	2018 年比 2017 年增长（%）	2018 年	2017 年	2018 年比 2017 年增长（%）
一般公共预算收入	2265.5	2252.3	0.6	858.9	824.6	4.2	1406.6	1427.8	-1.5
其中：税收收入	1603	1476.3	8.6	547.4	503.4	8.7	1055.6	972.9	8.5
非税收入	662.5	776	-14.6	311.5	321.2	-3	351	454.9	-22.8
#非税占比（%）	29.2	34.5	-	-	-	-	-	-	-
一般公共预算支出	4540.9	4336.3	4.7	1329.5	1238	7.4	3211.4	3098.2	3.7
基金预算收入	2316.3	2251.1	2.9	1209.2	1488.7	-18.8	1107	762.4	45.2
其中：土地出让收入	2135.3	2165.1	-1.4	1107.5	1420.3	-22	1027.8	744.7	38
基金预算支出	2677.7	2182.3	22.7	962.9	865.6	11.2	1714.9	1316.6	30.3
国有资本经营预算收入	105.2	126.7	-17	57.1	85	-32.8	48.1	41.7	15.3
国有资本经营预算支出	52.2	98.8	-47.2	27.1	81.7	-66.8	25.1	17.1	46.8

新增减税 180 亿元。停征行政事业性收费 3 项，降低政府性基金收费 2 项，取消主城区路桥通行费。落实资金 2330 亿元，加大政府基础设施建设投资力度，支持城市路桥隧道、公路、铁路、机场、轨道、水利等重大项目实施。落实资金 92 亿元，加大科技创新投入力度。支持民营经济发展，充分运用奖补、贴费、转贷等政策，撬动信贷融资 200 亿元。争取国家融资担保基金支持，为小微企业融资担保授信 100 亿元。发行政府债券 1014 亿元，其中新增债券 697 亿元，置换债券 317 亿元。至 2018 年年末，全市政府债务余额 4690.6 亿元，政府债务率 67%。

二、税务

2018年，重庆市组织税费收入4200.2亿元，比上年增长11%；其中，税收收入2875.8亿元，增长8.3%；社保费及非税收入1324.4亿元，增长17.2%。海关代征税收136.9亿元，增长4.7%。

图21　2015—2018年重庆市税收分种类情况

按级次分，中央级税收1276.8亿元，增长7.9%；地方级税收1599亿元，增长8.6%。按税种分，国内增值税1162.6亿元，增长8.9%；企业所得税590.4亿元，增长13.3%；国内消费税118.8亿元，减少16.9%；个人所得税222.6亿元，增长22.4%；土地增值税121.1亿元，增长44.2%；契税200.7亿元，增长12.4%。

地方级税收占全市一般公共预算收入的70.8%，提高5.3个百分点。深化增值税改革、个人所得税改革等减税政策，全年全市净减税70.8亿元。非税收入93.2亿元，增长15.8%。其中，地方教育费附加27.4亿元，增长14.5%；文化事业建设费1.7亿元，减少1.7%；工会经费收入5.7亿元，增长18.4%。

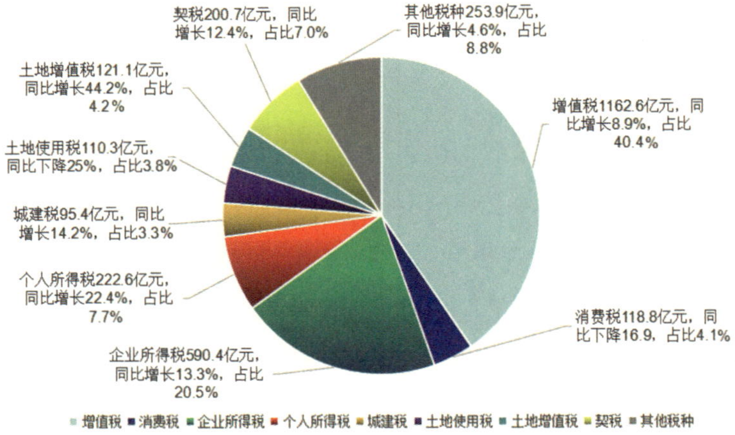

图 22　2018 年重庆市税收收入情况

落实各项税收优惠政策。全年全市为各类市场主体减税 1008.2 亿元，增长 21.7%，净减税 180 亿元。其中，落实西部大开发、小微企业、高新技术、改善民生等优惠政策，减免税 726.7 亿元；营业税改征增值税实现结构性减税 210.7 亿元。累计减免环境保护税 1.46 亿元，享受减免 3631 户次，征收环境保护税 2.87 亿元，排污费增加 4614 万元，增长 19.16%。

三、金融

（一）银行

2018 年年末，全市银行业金融机构总资产约 4.93 万亿元，比上年末增长 4.5%，比年初增加 2119 亿元；总负债约 4.71 万亿元，比上年末增长 4.2%，比年初增加 1885.2 亿元；各项存款余额 3.57 万亿元，比上年末增长 5.8%，列全国第十六位、西部地区第三位，比年初增加 2033.8 亿元，辖区内法人商业银行存款偏离度 0.8%，整体达标；各项贷款余额 3.14 万亿元，比上年末增长 13.5%，比年初增加 3796.8 亿元。贷款重点投向水利环境和公共设施管理、交通运输仓储等基础设施建设领域，制造业、批发零售业、房地产业、租赁商务服务业等关系国计民生领域贷款增速稳定。

年末，全市银行业不良贷款余额、比例分别为352.6亿元、1.08%，均列全国第五位低。贷款分类准确性较高，不良贷款“剪刀差”91%，近3年以来首次下降至100%以下。全市银行业风险抵补能力较强，2018年年末不良贷款拨备覆盖率240.6%，比全国平均不良贷款拨备覆盖率高59.6个百分点。全市银行业税后净利润538.4亿元，比上年增加59.8亿元，增长12.5%。一季度资产利润率、净息差、成本收入比分别为1.12%、2.35%、29.15%，分别上升0.06个、0.13个、-2.18个百分点。

表19　2018年重庆银行业金融机构主要统计指标

指标名称	一季度	二季度	三季度	四季度
总资产（亿元）	47555.91	48122.78	48477.89	49296.18
同比增长（%）	6.13	5.92	4.91	4.49
总负债（亿元）	45531.05	46043.12	46293.18	47065.24
同比增长（%）	5.63	5.34	4.39	4.17
不良贷款比例（%）	1.13	1.14	1.08	1.08
比年初下降（%）	-0.03	-0.02	-0.08	-0.08
税后净利润（亿元，累计）	157.36	297.64	431.86	538.44

注：数据来源于重庆银保监局非现场监管信息系统。

（二）保险

2018年，全市保险机构保费收入806.2亿元，列全国第十八位；比上年增长8.3%，下降15.5个百分点，比全国保费收入增幅高4.3个百分点，列全国第十七位，下降9位。全市保费收入中，产险公司保费收入232.1亿元，增长10.2%；寿险公司保费收入574.1亿元，增长 7.5%。

2018 年，全市保险机构赔付支出 277.6 亿元，增长 8%。其中，产险公司赔款支出 131.6 亿元，增长 13%；人身险公司赔付支出 146 亿元，增长 3.8%。保险业为全市经济社会发展提供风险保障金 42.5 万亿元，其中财产风险保障金 26.5 万亿元，增长 22.4%。人身险风险承保 1.4 亿人次，增长 15.3%。至年末，全市保险行业为经济社会发展积累各种责任准备金 1844.3 亿元，比年初增长 11.9%。

（三）证券

2018 年年末，重庆市有证券分公司 39 家、证券营业部 207 家（分属 74 家证券公司），开设营业部数量前 4 名的证券公司分别是西南证券公司（40 家）、银河证券公司（12 家）、中信建投证券公司（11 家）、国泰君安证券公司（11 家）；全市证券分支机构资产总额 152.46 亿元。2018 年，全市证券机构净利润 1.19 亿元。

全年全市证券经营机构累计代理证券交易金额 3.73 万亿元，其中股票交易额 1.98 万亿元，基金交易额 900 亿元，国债交易额 1.62 万亿元，其他交易额 400 亿元。2018 年年末，全市证券投资者开户 424.62 万户；客户资产 3570.8 亿元，其中托管市值 3313.39 亿元，交易结算资金 257.41 亿元。

第八节　市场监管

一、工商行政管理

开展反不正当竞争与打击传销。2018 年，全市工商行政管理系统立案查办案件 2351 件，办结案件 1683 件，案值 9.56 亿元，罚没金额 9863.37 万元。查办 50 万元以上大要案件 31 件，案值 8.09 亿元，罚没金额 7107.54 万元。在全市开展有影响商品假冒侵权行为，检查企业 577 户，立案查办案件 150 件。全年全市查处“双打”案件 1220 件，涉案金额 3245.12 万元，罚没金额 1996.67 万元，其中商标侵权案件 523 件，产品质量违法案件 697 件。加大建筑工程、医药、教育领域商业贿赂案件查处，立案 27 件，罚没金额 1038.71 万元。全年全市立案查办传销案件 59 件，涉案金额 3.6 亿元，罚没金额 3889.99 万元，教育遣散参与人员 5000 余人次，通过人民法院司法冻结涉案资金 1.1 亿元。优化网络传销数据监测模型，增加网络传销样本库模型 1 万余个。对 77 个短时间内情报信息增长较快、异常活跃的疑似传销组织进行重点监测，上报《网络传销形势分析报告》11 期、《个案专报》82 期。全年全市采集各类情报信息 8143 条，经研判确定有价值信息 4588 条，其中案源信息 3032 条，立案查办案件 2286 件，形成情报参考、研判报告等情报产品 241 篇。

促进消费者权益保护。至 2018 年年末，累计建成“12315”消费维权服务站 1779 个，建成区县级“12315”消费纠纷快速处置绿色通道 167 个。通报重大投诉关注信息 84 期。全年全市“12315”平台受理消费咨询投诉举报 23.42 万件，为消费者挽回经济损失 1.6 亿元，及时办结率在 99% 以上。会同全市 27 个部门联合出台《关于重庆市开展放心消费创建活动营造安全放心消费环境实施意见》，召开全市放心消费创建活动推进会，创建市级放心消费创建活动示范单位 62 家、区县级放心消费创建活动示范单位 2048 家。出台《关于全面开展消费投诉公示工作的实施意见》，实时公示 2 万余件投诉 24 万余项信息。

加强市场规范管理。开展“红盾质量维权行动”。公布《2018 年流通领域商品质量抽查检验重点商品品种计划》，抽检商品 6155 组，检出不合格商品 1180 组，涉及不合格货值金额 977.36 万元。整治中介市场。全年全市清理检查中介组织 5945 个，指导规范经营行为 363 次，纠正虚假宣传行为 231 件，立案查处各类违法行为

75件。开展重点领域合同格式条款监管规范。全年全市检查企业2992户，审查合同文本1586份，约谈企业363户次，下发行政修改建议书132份，纠正格式条款1000条次，查处合同违法案件22件。组织开展“守合同重信用”企业公示活动，向社会公示1255户重庆市2016—2017年度“守合同重信用”企业和550户“守合同重信用”微型企业。制定推广涉农合同示范（参考）文本41种。

加强电子商务监督管理。至2018年年末，全市累计纳入建库电子商务网站约1.74万个（市级重点电子商务网站71个，区县级重点电子商务网站621个），其中平台网站698个，非平台网站1.67万个；累计发放电子标识1.29万个；累计建立“网络消费维权服务站”271个，全市交易类平台（网站）网络消费维权服务站建立率80%。加强监测监管，采用搜索模型开展网络搜索。实施主体搜索任务10次，数据量3.61万条，下派区县工商局2万条，实施建库建档存活监测3次，实施行为搜索任务39次，数据量4487条，形成线索报告22条。网络市场专项整治检查网站、网店4.87万个，实地检查网站经营者9529户，直接删除违法商品信息374条，督促平台删除违法商品信息161条，责令整改网站1172个，关闭网站199个，责令平台停止网店服务50次。全年全系统查办涉网案件344件，罚没总额4987.35万元。

开展市场主体注册登记。全年全市新登记市场主体41.18万户，比上年增长5.37%。其中，企业13.56万户，增长12.25%；个体工商户27.25万户，增长2.22%；农民专业合作社3700户，增长8.1%。至年末，全市市场主体总量252.65万户，比上年末增长7.77%，比商事制度改革前增长64.09%。其中，企业80.53万户，增长9.64%；个体工商户168.62万户，增长6.89%；农民专业合作社3.5万户，增长8.31%。全年全市新增外资市场主体971户，累计6576户，其中外资公司2549家，外商投资合伙企业33户，分支机构3920个（含办事处203个），常驻代表机构58个，承包经营管理企业16户。

表20　2018年重庆市新增各类市场主体情况

类型	数量（万户）	比上年增长（%）	资本总额（亿元人民币、亿美元）	比上年增长（%）
内资企业	13.46	12.27	6159.39	–0.32
其中：公有及公有制控股企业	0.28	47.12	742.55	28.18
民营企业	13.18	11.71	5416.84	–3.27
外资企业	0.10	8.86	131.61	60.52
个体工商户	27.25	2.22	253.34	5.23
农民专业合作社	0.37	8.10	64.48	8.86
合计	41.18	5.37	—	—

表21　2018年重庆市各类市场主体实有情况

类型	数量（万户）	比上年增长（%）	资本总额（亿元人民币、亿美元）	比上年增长（%）
内资企业	79.87	9.67	47978.54	17.81
其中：公有及公有制控股企业	3.72	1.46	13812.00	9.46
民营企业	76.15	10.10	34166.54	21.57
外资企业	0.66	6.89	697.47	15.90
个体工商户	168.62	6.89	1176.75	13.03
农民专业合作社	3.50	8.31	742.57	6.11
合计	252.65	7.77	—	—

加强市场主体监督管理。一是年报公示稳步开展。至年末，全市有60.6万户内资企业、5383户外资企业、79.12万户个体工

商户、25.15万户农民专业合作社报送并公示2017年度年报，年报公示率分别为90.7%、97.15%、54.95%、80.3%；有2.56万户企业公示11.38万条即时信息。二是“双随机”抽查全域推广。全年全市开展“双随机”抽查53次，其中会同16个部门开展抽查42次，随机抽取1329组检查人员对11.46万户市场主体开展核查，发现并处置问题3.37万个。三是信用约束凸显实效。修订出台《重庆市企业经营异常名录管理实施细则》，累计依法将9.06万户企业列入经营异常名录，首次将7801户企业列入严重违法失信企业名单并对外公示，有3751户市场主体在市场准入、工程招标、政府采购等领域受到限制。四是主体监管扎实推进。累计向行业主管部门抄送61.46万条“先照后证”企业信息，立案查处无照经营案件30件。对30.84万户新设立企业进行回访，监管重点市场主体31.4万户，规范处置违法行为568项。全年全市有6.41万户市场主体便捷退市。五是智能监管创新突破。牵头建设覆盖全市监管部门、执行监管任务、开展综合执法的市场秩序与协同监管大数据平台。

加强广告监督管理。全年全市监测广告263.11万条次，违法率0.35%，查处违法广告案件454件，罚没款853.15万元。监测网络广告61.53万条次，其中涉嫌违法广告1478条次，立案查处案件214件，曝光12件，及时处置全国互联网广告监测中心转办涉嫌违法广告线索141批次。全年全市互联网广告违法率0.24%。

加强企业信用体系建设。一是推进法人库数据政务共享。至年末，法人库归集全市323.32万户市场主体（含注、吊销）、1.8万户机关事业法人、1.49万户社团法人、1300户法律服务机构基础信息和相关涉企信息。二是全市推行企业信用信息直接归集。三是落实严重违法失信企业名单制度。在登记、监管、案件等业务系统分别开发严重违法失信企业名单管理模块，与业务系统对接融合。四是稳步推进企业信用信息公示工作。至年末，累计公示

323.32 万户（含注、吊销）市场主体的 6728.27 万条信息，公示系统累计访问量 23.23 亿人次。五是全面开通企业信用信息查询报告网上预约申请服务。全市各查询窗口共为企业出具查询报告 1.91 万份。六是推动联合惩戒。开展对法院“失信被执行人”在企业登记注册环节的任职资格限制工作，累计受限人数 2.05 万人次。累计受联合惩戒市场主体 3309 人次。七是探索开展企业信用信息修复机制。开展宣传活动 312 次，发放宣传资料 2.6 万份，播放宣传片 1100 余次。

二、质量技术监督

加强质量管理。一是持续深化质量强市战略。2018 年，全市 222 个乡镇（街道）开展质量强镇、65 个园区开展质量强园、963 户企业开展质量强企系列活动，34 个市级部门共同主办质量月活动。二是加强质量品牌建设。全年全市新增重庆名牌产品 294 个、重庆知名产品 49 个。谢家湾小学校获中国质量奖，实现重庆市中国质量奖零的突破。全市 4 个区域品牌开展品牌价值评价。三是助力区域特色产业质量提升。市质监局与大足区政府签订菜刀产业质量提升合作备忘录。推动江津汽车及零部件产品质量提升，下达汽车零部件专项监督抽查 100 批次。四是加强中小微企业质量提升。新增 55 户企业开展供应链质量管理，75 户企业开展质量成本管理。组织开展中小微企业质量管理专题培训 44 期，参训人员 2368 人次；组织 111 名质量专家到 210 户企业开展咨询服务；收到 108 家单位 314 个 QC 成果与 59 个班组成果，全年企业开展 QC 小组活动创造可计算经济效益 15.4 亿元。

推进质量监督和执法打假。一是加强质量法治建设。《重庆市地方标准管理办法》自 2018 年 5 月 1 日起实施。二是突出监督抽查重点。全年全市实施监督抽查 5955 批次，处理不合格产品

320批次。向公众发布服装、定配眼镜、餐具洗涤剂等29种产品监督抽查公告。三是防控产品质量风险。对智能手机、食品用塑料包装、电煤、蚊香、驱蚊片、餐具洗涤剂、皮革服装7种产品、45种风险因素实施风险监测。开展电子商务网上抽样134批次。四是加强监管协作。继续推行“湘川黔渝”四省市质量监督工作协作机制，实施“互抽”270个批次。五是严格执法打假。全年全市实施“质监利剑”执法专项行动23次，出动执法人员1.44万人次，检查生产加工企业4038户次，查办质量技术监督违法案件1861件，查获假冒伪劣产品货值1.39亿元，移送公安机关追究刑事责任案件13件。督促指导全市74户企业开展缺陷产品召回活动80次，召回产品106批次156万件。

加强计量监管。一是强化计量技术基础。全年全市新建最高计量标准2项，社会公用计量标准26项；制定实施地方计量技术规范8项，帮扶60户企业建立完善计量标准和计量检测实验室，帮助企业节减计量检测费用3000万元。二是强化计量服务。对26项企业计量标准器核准简化考评程序。完成全国空调产品能效抽检任务30批次；指导80家重点用能单位减少标煤使用176万吨、工业用水2.5亿吨，节约能源资源资金28.6亿元；指导企业新研发计量器具新产品13类128个，计量器具制造业产值比上年增加10亿余元。三是强化计量惠民。全年全市检定有主办者集贸市场在用衡器5.49万台件、出租车计价器2.43万台件、加油（气）机3.13万台件，煤矿报检计量器具检定率100%。免费检定全市1.22万个乡村社区医疗机构的5.13万台件医用计量设备，医用计量设备合格率保持在97%以上。抽检定量包装商品净含量812批次、商品包装150批次。

加强标准化管理。全年全市参与制（修）定国家和行业标准65项，新制（修）定地方标准58项、团体标准18项，企业自我声明公开标准3565项，通过标准化工程师资格考试136人。一是深化标准融合发展。推进 10 个国家级、20 个市级农业标准化示范项目建设；新立项城市管理地方标准 20 项；联合市文化旅游委制定《旅游标准化年实施方案》，推动 12 个旅游标准化试点示范建设和《重庆好礼评定规范》《旅游者文明旅游行为指引》等 12 项旅游地方标准制定；开展物流标准化试点工作，配合市商务委推进农产品冷链流通标准化示范创建，推动《独立蓄热控温集装箱》由地方标准上升成为国家标准。二是深化标准引领创新驱动。开展科技标准产业与联盟同步发展促进行动（三期），在物联网、电子商务与软件、高端制造装备、化工新材料、新能源汽车等 10 个领域开展重要技术标准研究，推动先进技术、专利转化为先进标准，国家技术标准创新基地（重庆）完成中期评估并正式运行。三是深化标准对标达标提升。江津区成为全市首个开展标准对标达标工作的区县，全市汽车、三轮摩托车、电线电缆、油漆涂料等 8 个行业 46 户企业参与对标达标。四是深化标准支撑服务。研究形成《建立推动高质量发展的标准体系》（代拟稿），制定《大数据智能化标准体系建设工作方案》《军民智能技术通用标准体系工作方案》，开展“车载高精度导航定位产品研发”等 5 项标准化项目研究，参与《军民通用资源 分类与编码 第一部分：物资类 油品》等 2 项国家标准制定，立项《车载北斗 / 惯性组合导航设备检测规范》等 3 项地方标准；联合市编办完成 36 个市级部门、38 个区县和两江新区、万盛经开区推进行政许可标准化验收。五是深化国际标准化活动。市政府出台《重庆市推进标准联通共建“一带一路”行动计划（2018—2020 年）》。牵头承办 2018 中英（重庆）智能制造与可持续能源产学研合作与标准化论坛。全年全市参与制修订国际标准 25 项。

推进认证认可工作。一是推进认证提升。市政府印发《关于加强质量认证体系建设促进全面质量管理的实施意见》；市质监局印发《2018 年全市认证“双提升”活动行动计划》，确定 4 个方面 17 项重点任务。二是深化认证认可“放管服”。联合环保、农业部门实施跨部门“三合一”联合评审，将办证周期由 3 个月压缩到 1 个月，评审员由 12 人压缩到 7 人。三是强化认证服务。全市 6344 家组织全部完成质量管理体系升级换版工作，新增质量管理体系认证获证组织 1548 家。四是整治认证乱象。联合环保、公安部门开展环境监测机构专项监督检查，“双随机”抽检机构 41 个，查处违法违规机构 19 个。监督检查建筑工程领域检验检测机构 10 个。抽查检验检测报告 1.04 万份，立案查处出具虚假报告、不能持续保持获证条件等违法违规机构 21 个。运用“认证认可业务综合监管平台”抽查认证现场审核活动 382 个次，启动认证机构主体责任倒查 102 个次，对存在违法违规的 9 个认证机构实施行政处罚。五是推动检验认证产业良性发展。新增检验检测机构 44 个（其中民营机构 29 个），全市资质认定获证机构 569 个（含安检）。全年全市检验检测机构营业收入 52.15 亿元，比上年增长 17.4%，单位机构营业收入超过 900 万元，列全国第六位；全市 1044 户企业获 3C 证书 1.34 万张，证书数量继续保持西部地区第一位。全市新增信息安全管理体系、企业知识产权管理体系等各类服务认证 211 张。

加强特种设备安全监察。2018 年，重庆市有固定式特种设备约 26.33 万台，增长 10.3%，其中锅炉 4908 台，压力容器 4.88 万台，电梯 15.75 万台，起重机械 3.41 万台，客运索道 24 条，大型游乐设施 617 台，场（厂）内专用机动车辆 1.73 万辆。另有气瓶 162.15 万只，减少 4%；压力管道 1.55 万千米，增长 23.6%。全年全市出动安全监察人员 2.28 万人次，检查特种设备生产使用单位 7905 家次，检查设备 4.8 万台套，下达安全监察指令 2280 份，整改隐患 1.12 万处，立案查处特种设备违法案件 643 件，罚没金额 1378.32 万元。全年全市发生特种设备事故 4 起，死亡 5 人，未发生较大以上特种设备事故。全年全市改造更新老旧住宅电梯 816 台，加装老旧住宅电梯 493 台。

三、食品药品监督管理

2018年，制定实施《重庆市食品药品放心工程建设三年行动计划（2018—2020年）》，将源头治理、食品放心、药品放心、产业提升、基层基础、技术支撑、智慧监管、风险防控、法治保障、社会共治十大工程37项重点任务细化分解为95个重点项目。

创建国家食品安全示范城市。2018年，据第三方民意调查显示，全市食品安全总体满意度由2016年年初的55%提升到2017年年末的70.18%。通过“放心肉菜示范超市”创建评估验收超市39家；实施“餐饮业放心工程”，全市AB级餐饮经营单位占比由2017年年末的41.1%提高到2018年年末的54.1%，实施“明厨亮灶”改造餐饮经营者4.59万户，覆盖率30.2%。

健全完善风险防控制度机制。制定出台《2018年坚决打好防范化解食品药品安全重大风险攻坚战行动方案》《健全完善食品安全风险全过程管控机制工作方案》，建立食品药品安全风险隐患分析研判、风险交流、风险预警3项制度，构建以企业自查为基础、监管部门核查为重点、行业协会调查为补充的食品药品安全风险“三查”机制，实行区县分局每半月、市局每月、市食药安办每季度研判风险制度。持续开展食品药品安全风险隐患大排查大整治大执法大督查行动，对生产经营者的原辅料、加工过程进行集中排查，对运输、储存环节进行重点排查，对风险隐患突出的薄弱环节、重点领域和重要产品开展集中整治。全年全市检查食品药品生产经营企业44.3万户次，排查整治风险隐患4.9万个。持续开展地产食品药品全覆盖抽检，共抽验3.6万批次，不合格产品已全部进行核查处置。

着力规范食品药品市场秩序。突出抓好粮食加工品、食用油、肉制品、乳制品、调味面制品、茶叶、酒类、糕点、豆制品和特殊药品、疫苗、高风险医疗器械等重点产品监管。在日常监管全覆盖基础上，采取“双随机一公开”方式，实施专项检查、飞行检查，全市食品药品生产经营企业监督检查覆盖率在95%以上。加强网络食品药品安全监管，集中治理入网经营者的违法行为。持续开展农村、学校及周边、食用农产品批发市场等重点区域食品安全综合治理，深入开展食用植物油、散装白酒、保健食品、冷冻肉制品、“五毛食品”、火锅类餐饮业“地沟油”、地产中药饮片、医疗器械等专项整治。

助推食品医药产业健康发展。将26项行政许可纳入“全渝通办”。全面落实市场准入负面清单制度。积极推进“证照分离”改革试点；探索在自贸区对小微型餐饮进行备案管理；指导行业规范“自煮火锅”生产经营。制定深化审评审批制度改革鼓励药品医疗器械创新意见。全市药物临床试验机构从7个增至19个，开展生物等效性试验29项。全市有18户企业91个产品纳入优先快速审评审批通道。在全国率先实施零售药店试行凭电子处方销售处方药、药品经营企业首营资料电子化等改革，率先实施药品经营企业跨区设库、多仓协同、仓库共享等改革。正式启动进口非特殊用途化妆品备案试点工作。

严惩重处食品药品安全违法行为。全年全市查处食品药品案件7709件（向公安机关移送案件29件），捣毁制假售假窝点3个，责令停产停业企业58户，吊销许可证18件，执行处罚到人17起。

积极构建共治共享格局。开展“食品安全宣传周”“安全用药月”、食品药品宣传“五进”等活动，印发宣传资料30余万册份。开设电视专栏，利用官网、官微、头条号、市内知名微信公众号、有关商业网站等媒介发布食品药品安全科普知识、警示信息和典型案例。全年全市受理食品药品安全举报投诉1.5万件，按时办结率100%。加强食品药品安全信用体系建设，全年全市收集并报市信用中心公示“黑名单”信息41条。

第三章　文化建设

第一节　文化事业

一、社会科学

至2018年年末，重庆市社会科学拥有国家社科工作办分类的全部学科。全市高校内设社科研究所（室、中心）200余个，市属社科研究院（馆、室）8个，市级人文社科重点研究基地52个，市级社科类学术团体230个（其中民办社科研究机构56个）。全市有人文社科专业技术人员1.8万人，其中具有高级技术职称的科研人员6000余人（具有正高级职称的科研人员1778人）。2018年，全市获国家社科基金资助项目219个，资助经费5165万元，国家社科基金资助项目实现5个“首次”，市级社科规划项目立项705个，年度社科规划项目稳中有升。

二、文学艺术

2018年，重庆市举办中国作家“重庆文学周”“2017《民族文学》年度奖”颁奖典礼、“中国著名作家看酉阳”文学实践、庆祝改革开放四十周年作家座谈会等系列文学活动。李永毅获第七届鲁迅文学奖翻译奖，张远伦获2018年度人民文学奖，李元胜、余真获《诗刊》年度大奖和陈子昂青年诗歌奖，第代着冬获《民族文学》年度奖；第代着冬、陈永胜、费丽、姚元等人的作品获中国作协2018年重点作品或少数民族重点作品项目扶持。

川剧《江姐》、京剧《天路彩虹》、话剧《红岩魂》《其香居茶馆》、歌剧《尘埃落定》、跨界融合舞台剧《大禹治水》首演。舞剧《杜甫》、群舞《丑角》、梁山灯戏《好人邓平寿》入选全国展演会演剧目，歌剧《尘埃落定》入选“中国民族歌剧传承发展工程”重点扶持剧目。三峡曲艺传承中心（三峡曲艺团）何菊芳获中国曲艺最高奖——“牡丹奖”，袁国虎获新人奖。魔术《伞丛扇影》获IBM国际魔术大赛金牌、金奖和最受观众欢迎奖，实现重庆市魔术节目在国际顶级赛场上金奖零的突破。原创魔术节目《幻影飞鸽》获第十届中国杂技“金菊奖”金奖。舞蹈作品《边缘》入围第十一届中国舞蹈“荷花奖”现代舞终评，舞蹈《丑角》、舞剧《杜甫》入围第十二届全国舞蹈展演，舞蹈《春回满庭芳》获第五届大学生艺术展演舞蹈本科乙组（专业组）一等奖。

刘见的摄影作品《城市乐章》入选中国第十七届国际摄影艺术展，刘嵩、蒋廷举的摄影作品《山水之城》《二维码中的小生意》入选2018中国纪实摄影展。蔡循生等12人的作品入选第五届全国架上连环画展作品展，林文洁等6人作品的入选第六届全国青年美术作品展，谢光跃的油画作品入选“大潮起珠江——庆祝改革开放40周年全国美术作品展”。重庆美术馆“中国新兴木刻的先行者——朱宣咸艺术回顾展”、綦江区美术馆“情系乡土以画传承——綦江农民版画海内外普及培训”入选全国美术馆优秀项目。市民协主席刘能风获第四届全国石雕石刻设计大赛传统雕艺类金奖。

三、广播影视

深化广播影视文艺创作。新闻宣传方面，推出《把党的十九大精神全面落实在重庆大地上》《在习近平新时代中国特色社会主义思想指引下——新时代新作为新篇章》《推动重庆各项事业沿着习近平总书记指引的方向奋力前行》《实干树形象·实绩惠民生》《"两学一做"特别关注》《兴调研转作风促落实》《在行动》等大型主题报道、系列报道和《扎实推进重大项目落地见效》等重点专栏，强化主流舆论引导；策划《创新驱动促发展》《纵深推进脱贫攻坚》等专题报道，聚焦"8+3"行动计划，服务重庆发展大局。节目栏目方面，《大头小当家》《叽里呱啦我爱画画》《小小见闻家——科普基地巡礼季》分别获"优秀少儿广播电视栏目"精品栏目奖和扶持栏目奖，《诗词热的背后》获电视评论三等奖，《冲出自力巷》获电视专题三等奖，《重庆老手艺》获国际传播三等奖，《天天630》栏目获电视编排三等奖；韩咏秋获第十五届长江韬奋奖（长江系列）和第十届"全国德艺双馨电视艺术工作者"称号；重庆广电影视频道、都市频道获多个全国性奖项；《中国故事》栏目获第十二届"纪录中国"创优评析栏目类一等奖。电视剧方面，《海棠依旧》获第二十九届中国电视金鹰奖最佳电视剧奖和最佳导演奖，纪录片《记住乡愁（第三季）》获"星光奖"电视纪录片大奖，《革命者》获国家新闻出版广电总局2017年度电视剧精品发展扶持专项资金，电视剧《黄土高天》《突击再突击》《娘亲舅大》《回家的路有多远》分别登陆中央电视台一套、八套播出。纪录片方面，《记住乡愁（第三季）》获第二十五届电视文艺"星光奖"纪录片大奖，纪录片《守望》获国家新闻出版广电总局2017年度国产纪录片及创作人才扶持项目资金资助。纪录片《最后的棒棒》在全国热播。完成纪录片《刘少奇军事生涯》的拍摄制作；启动《中国船王》《嘉陵江》《乌江》等拍摄工作；2018年频道纪录片签订合同金额约1600万元。电影剧本《归程》获"夏衍杯"电影剧本征集评选活动一等奖。《红色电话机》等5部微视频作品被国家广播电视总局评为优秀节目。

深化广播电视公共服务。一是加快网络设施建设。至2018年年末，建成市级光缆干线4200千米，主城波分系统承载能力达 2.6T，市干波分系统承载能力达 3.6T，同时建成具备承载能力 10G 的 DVB 承载网、主城 IP 承载网、大客户专网、MSTP 专网；区县 PTN 环网部署：22 个区县乡镇部署 10G PTN 环网、8 个区县乡镇部署 40G PTN 环网。全力配合国网公司推进“五横五纵”省际干线建设和 B 平面核心节点部署工作。数据网络西南片区核心节点确定为重庆。二是加快“广电村村通”工程建设。推进有线电视网络向农村延伸覆盖，累计实现全市 5700 余个行政村光缆通达，4500 个行政村落地“全业务”，农网“光纤入户”累计覆盖 108 万余户，16 个区县实现行政村光缆全通达；全 IP 业务相继在合川区、奉节县成功试点，实现全 IP 直播组播、点播、时移、回看等基础业务落地，开通千兆宽带业务，进入规模部署阶段。扎实推进网络扶贫，实现对 18 个深度贫困乡镇政府所在地光缆全通达，其所辖 171 个行政村中 96 个行政村光缆全通达、业务全落地。打造石柱县中益乡坪坝村等“网络扶贫示范村” 3 个，为贫困群众提供实业扶贫、教育扶贫、医疗扶贫、安全扶贫、文化扶贫等多方面服务。三是加快“卫星户户通”工程建设。实施直播卫星精准扶贫工程，投入资金 443 万元为全市 18 个深度贫困乡镇建卡贫困户免费配送直播卫星设备 1.33 万套，全市直播卫星用户累计 91.33 万户；安装设备 7.6 万套。四是公益广告播出提档升级。2018 年，区县广播电视播出机构播出公益广告 6.71 万条次，重庆卫视等 14 个电视频道播出公益广告 17.09 万条次，其中黄金时间播出 2.7 万条次；6 个广播频率播出公益广告 1.63 万条次。重庆广电集团（总台）电视频道群自制原创公益广告 169 条，广播频率群自制原创公益广告 63 条。

深化视听新媒体发展。视听新媒体产业整体发展和产业链方面，积极构建“互联网＋广电”新媒体业务体系，紧紧围绕集团制定经营目标，按照“四个五”业务结构调整目标（IPTV 业务收入占重数公司整体业务收入的 50%； IPTV 基础业务收入占 IPTV

整体业务收入的50%；重庆电信IPTV业务收入占IPTV整体业务收入的50%；重庆地区业务收入占公司整体业务收入的50%），从平台、产品、运营、管理4个方面打造核心竞争力，最终实现价值变现。2018年，视听新媒体产业营业收入2.14亿元，利润1.03亿元，分别比上年增长54%和40%。网络广播电视台方面，重庆网络广播电视台一级响应重大报道任务7次，开展网络主题宣传38次，实现舆论导向零事故。视界网群日均访问人数（IP）超过80万人次（含移动端重庆手机台注册用户），日均页面浏览量（PV）近700万，增幅均超过2位数。微信公众号、新浪微博官方账号等第三方账号活跃用户70万，日均阅读量突破300万。公共视听载体方面，建成基于“一云多屏”架构的新媒体技术平台，能够支持IPTV、网络广播电视台、手机电视、互联网电视等多种业务运营。“第1眼”App阅读总量2000万次，发稿总量12万篇，其中90%以上为原创稿件，注册用户近10万人次，总下载量140万。

深化媒体融合发展。重庆广电集团（总台）初步建成“两江云”，加速提升媒体智慧化水平，加快市和区县两级广播电视媒体深度融合发展。建设以视频App“第1眼”、音频App“逗听FM”为龙头的移动传播矩阵，移动端总阅读量1252万人次，PC端日均页面浏览量500余万人次，手机台月浏览量3000万。持续推进IPTV业务发展，年末用户320万户。启动13个区县融媒体中心建设试点工作。构建集IPTV、视界网、重庆手机台、微信公众号、官方微博以及电信手机客户端“渝眼”、联通手机客户端“CTV掌上重庆”等终端为一体的新媒体传播平台。

深化广播电视安全保障。建成投用市、区县两级广播电视安全播出监测系统互联互通项目。2018年，全市广电系统组织4.8万人次参与重保期保障，发布预警信息6600条次，完成57天重保期的安全保障工作。全年全市停播事故68起，下降18.07%，总停播时长45.8小时。强化广播电视节目传输覆盖工作，重庆有线双向网络覆盖用户超700万户，城镇有线电视覆盖率99%，农村有线电视覆盖率77%，全网端到端网络双向化率89%。60座无线发射台、228部发射机正常播出3套中央模拟电视节目、12套中央数字电视节目和1套中央广播节目，2套市级数字电视节目和1套区县数字电视节目在50座无线发射台站开播。重庆广电集团6套调频广播在主城区以及各区县人口密集地区实现全覆盖。

四、新闻出版

2018年年末，重庆市有报纸46种（其中面向社会发行的报纸27种，高校校报19种），期刊135种（其中社会科学期刊59种，自然科学期刊76种），报纸、期刊总数分别占全国报纸、期刊总数的1.4%和1.3%，分别列全国第二十二位、第二十四位。《课堂内外》初中版、《课堂内外》高中版、《商界》《党员文摘》4种期刊单刊月发行量超过50万册；全市核心学术期刊率41.94%，列全国第一位；《重庆日报》《改革》等8种报刊被评为第三届全国百强报刊，数量列西部地区第一位。

2018年，打造《马克思画传：马克思诞辰200周年纪念版》《中国特色社会主义道路研究》《中国改革开放全景录·重庆卷》《纪念改革开放40周年·大国议题丛书》等重点主题出版物；推动实施《巴渝文库》，启动5个选题项目；获国家出版基金资助项目6个；增补国家“十三五”重点出版物出版规划项目6个，累计29个；获市级出版专项资金资助项目10个，累计165个；增补市级“十三五”重点出版物出版规划项目26个，累计102个。

五、档案史志

2018年，全市有40个档案行政管理部门，65个档案馆，

2858 个档案室、档案陈列室；有专职档案工作人员 3590 人，兼职档案工作人员 5247 人，其中专职档案工作人员中大学本科以上学历者 2485 人，占 69.2%。全年全市各级各类档案馆共接收纸质档案 334.02 万卷、191.13 万件，累计馆藏档案全宗 1.34 万个，其中纸质档案 1653.52 万卷、1838.3 万件；接待档案利用者 44.3 万人次，提供利用档案 121.4 万卷（件）次；举办档案展览与基本陈列 188 个，观众 5.3 万人次；公开出版档案编研成果 13 种 729.4 万字，内部出版档案参考资料 43 种 562.9 万字。

公开出版《中国改革开放全景录·重庆卷》《重庆市重要历史文献选编（1978—1987）》《重庆改革开放口述史》。《重庆市抗日战争时期人口伤亡和财产损失》（中共党史出版社 2014 年 7 月版）获第九次重庆市社会科学优秀成果三等奖。举办“潮涌渝州——重庆改革开放 40 年大事要事展”。

公开出版《煤炭工业志》《科学技术志》《法院志》《中国民主促进会重庆地方组织志》《政协志》《重庆三峡移民志·库区建设与发展》等 9 部市志，公开出版《大足县志（1986—2011）》《荣昌县志（1986—2005）》《永川市志·政治卷》《永川市志·经济卷》《永川市志·文化卷》《秀山县志（1912—1949）》《酉阳土家族苗族自治县志（1986—2005）》7 部区县志书。按时公开出版《重庆年鉴（2019）》，全市 30 个区县地方综合年鉴实现一年一卷公开出版。出版《黄瓜山村志》《荷花村志》《来凤街道志》3 部名村名镇志，《海兰村志》《荷花村志》《木洞镇志》《黄瓜山村志》《来凤街道志》《牡丹村志》《清水土家族乡志》《兰英村志》《新城村志》《西沱镇志》10 部名村名镇志成功入选中国名村名镇志文化工程。重庆市首部专业农产品志书《巫溪洋芋志》公开出版。编纂出版《重庆历史政德人物》《重庆近现代政德人物资料汇编》。

第二节　文化产业

至2018年年末，全市有文化经营单位1.26万家，比上年末增长11.8%。其中，互联网上网服务营业场所5244处，增长5%；经营性互联网文化单位512家，增长118.8%，娱乐场所3572家，增长5.1%；演出团体2284个，增长34.7%；艺术品经营单位435家，增长8.2%。2018年，重庆市以“五大”抓手推动文化产业发展，全市文化产业产值140亿元，比上年增长15%。

抓顶层设计。2018年，市委、市政府印发《关于推动文化产业高质量发展的意见》，是迄今全国省级层面第一个出台推动文化产业高质量发展政策文件的省市。出台《关于推动乡村文化乐园提质升级的意见》，将民营文化企业发展和乡村文化乐园建设纳入文化产业高质量发展重点，年末全市建成各类特色乡村文化乐园30个。万州区、黔江区、南岸区等17个区县策划设计一批文化产业项目，总投资950亿元。与17个区县、9所高校、3个银行机构、9户投资企业达成文化产业发展合作项目161个，获银行授信额度300亿元和企业意向投资1850亿元，形成部门、区县、学校、银行、企业五方联动助推全市文化产业发展格局。

抓主体培育。至2018年年末，重庆市先后建成南滨路文化产业长廊园区、黄桷坪艺术园区等市级文化产业示范园区17个；建成洪崖洞、巴国城等市级文化产业示范基地84个；重庆互爱科技产业园、金山意库文化创意产业园、万州文化创意产业园等6家园区被评为首批文化创意产业园区，入驻企业525户，其中文化创意企业347户，营业收入80余亿元。全市文化企业突破11万户。恢复设立3亿元规模的市级文化产业发展专项扶持资金，全市首批30个市级数字文化产业项目获扶持资金近1000万元。

抓项目建设。2018年，举办文化和旅游部第十二期文化和旅游精品项目交流对接会暨重庆市文化和旅游产业重点项目合作签约仪式，忠县忠义城、巴人部落主题公园等6个项目进行现场路演，元帅小镇、虚拟实境等8个项目进行实景展示。全年全市在建和拟建文化产业项目74个，预计总投资超过1000亿元，其中凤凰西部文化城、魁星楼艺术区重庆旅游文化创意产业园、重庆广告产业园等项目加快实施，鲁能胜地、重庆文化旅游装备制造产业园、大策集团影视文化产业基地等大型项目进行筹建和规划设计。

抓消费促动。自2017年12月起到2018年年初，以“品味巴渝文化，共享快乐生活”为主题，紧密结合元旦、春节、元宵三大传统节日，以“一大战略联盟、三大板块活动、四十二个主题、双百佳文化消费新领地、百万现金红包、亿元消费礼包”为整体格局，举办第二届“重庆文化惠民消费季”。至2018年末，全市累计有3714户文化企业、商户参与活动，参与活动群众累计5036万人次，实现文化消费各行业、各区县、各人群全覆盖；各级财政投入资金7160万元，其中市级财政投入资金2100万元（包括中央补助地方公共文化服务体系建设专项资金1400万元），各区县财政投入资金5060万元，撬动文化企业、社会组织投入或让利5.4亿元；直接拉动文化消费33.6亿元，带动体育、旅游等相关领域消费45.7亿元；财政资金投入与税收产出之比1 ∶ 10。

抓会展带动。组织壹秋堂夏布有限责任公司、重庆猪八戒网络有限公司等13户重庆市知名文化企业参加2018年第十四届中国深圳（国际）文化产业博览会，展出100余个种类、800余件产品，展现巴渝文化资源创造性转化、创新性发展成果。举办中国智博会、重庆文化产业博览会、中国西部动漫节、万石博览会等本土文化产业品牌会展。精心打造对外文化贸易基地，与两江新区共同筹建重庆对外文化贸易中心。

第三节　文化遗产

一、物质文化遗产

强化文物保护体制。施行《重庆市历史文化名城名镇名村保护条例》，出台《关于切实加强文物安全工作的实施意见》。健全完善市、区县、乡镇（街道）、村（居）四级文物保护网络，创新开展区县政府履行文物保护责任检查评估。开展博物馆和文物建筑消防安全大检查，以及重要节假日文物安全检查、夏季文物安全大排查大整治、今冬明春文物火灾防控等活动，对214家重点文博单位实行明察暗访、区县交叉检查，排查整改安全隐患115处，全市文物总体安全。

文物安全综合管理平台投入运行。开展文物安全智能巡查2.47万次，巡查文物单位1.75万家。湖广会馆、杨氏民宅、南腰界红三军司令部旧址3个全国文物消防“百项工程”项目加快推进，完成特园消防、育才学校旧址消防等重点文物安全防护设施项目10个。

打击文物违法犯罪。跟踪督察长寿区怀清台、綦江区文龙旌表牌坊、永川区朱沱镇不可移动文物保护，重点查处合川区东岳庙、云阳大佛头摩崖造像、南川国营红山铸造厂A01006车间3起法人违法案件，约谈相关文物行政部门和单位，共查处法人违法案件10件。文物犯罪立案13件，破获文物案件12件，打掉犯罪团伙4个，抓获犯罪嫌疑人37人，追回涉案文物3件。

全面加强文物保护工作。一是加强重点革命文物保护。完成红岩革命纪念馆景区入口环境改造，专项整治歌乐山烈士陵园环境突出问题50余个，白公馆、渣滓洞、松林坡实行网上预约参观，歌乐山烈士陵园涉及市地产集团储备土地及房屋委托红岩联线管理使用，“千秋红岩——中共中央南方局历史陈列”完成改陈并对外开放。二是实施文物保护重点工程。实施抗战遗址、石窟寺及石刻、三峡后续文物、大遗址、巴渝古建筑等重点文物保护项目157个，市级以上文物保护单位重大险情排除率96.4%。完成中苏文化协会旧址、抗建堂、中央政治学校研究部旧址、草亭等抗战遗址的保护修缮。启动实施年度三峡后续文化遗产保护项目14个，完工6个，三峡文物科技保护基地项目开工建设。加强川渝石窟保护示范项目建设，完成大足石刻宝顶山大佛湾水害治理工程（一期）、江津石门大佛寺摩崖造像危岩体加固工程，弹子石大佛及大足石刻小佛湾、圆觉洞保护项目加快推进。7条传统风貌街区保护利用项目有序推进，其中南岸区龙门浩街区首开区对外开街，渝中区十八梯首开区完成建设任务，北碚区金刚碑核心区、沙坪坝区磁器口幸福街文物建筑全面启动维修。三是推进申报世界文化遗产。市委召开白鹤梁题刻、钓鱼城遗址申报世界文化遗产工作专题会，成立由市领导任组长的申报世界文化遗产工作协调小组和市内外23名专家为成员的专家组。完成白鹤梁题刻、钓鱼城遗址申报世界文化遗产法定要件。联合联合国教科文组织、中国文化遗产研究院在渝举办第二期中国世界文化遗产能力建设培训班，举办第三届钓鱼城国际学术会议，开展“基于全球视野下钓鱼城遗产价值研究”等十大课题研究，完成钓鱼城悬空卧佛修缮保护工程，钓鱼城衙署遗址考古发掘项目获中国考古学会田野考古奖三等奖。启动白鹤梁监测系统、水下交通廊道防撞设施建设，组织白鹤梁水下博物馆参加全球水博物馆国际研讨会。四是加强考古发掘和修复保护工作。开展考古项目73个，调查面积27.4平方千米，发掘面积3.77万平方米，其中开展渝西水资源、渝湘高铁、轨道交通等基本建设考古勘探发掘项目55项，发掘面积1.93万平方米。历时8年的三峡库区消落区考古阶段性收官，累计发掘面积10万余平方米。保护修复出土和馆藏文物656件套。

推进“五大博物馆群”建设。一是完善博物馆体系建设。2018年，全市新建成开放巴南、永川、重庆建川博物馆等12家博物馆，新增国家等级博物馆5家，全市博物馆总数100家，其中等级博物馆16家。历史、革命、抗战、工业、自然与科技五大博物馆群更加健全，主体多元、结构优化、层级合理的博物馆体系基本形成。联合财政、国土、地税等7个部门出台《关于促进非国有博物馆发展的意见》。全面完成18家非国有博物馆藏品备案工作，共采集登录藏品2.1万件套。二是持续提升博物馆展览展示水平。推出主题鲜明的精品展览310个，全年全市博物馆接待观众超过3300万人次。策划推出“盛筵——见证《史记》中的大西南特展”“回望归鸿——徐悲鸿抗战时期绘画作品展”“回望百年——大足石刻历史影像展”“千人千面：馆藏古代人物画展”“重庆革命遗址掠影展”等原创展览；联合中国博协纪念馆专委会及全国24家革命类博物馆、纪念馆推出“不忘初心牢记使命——中国革命精神联展（1921—1949）”；引进“风流清逸　萧疏奔放——吉林省博物院藏‘南张北溥’书画特展”“走进非洲—中非珍品雕像艺术展”“抗战的堡垒　民主的模范——延安时期的中共中央西北局”等精品展览；赴市外举办“冰清玉洁：馆藏玉器展”“光辉历程不朽丰碑专题展”。成立全市流动博物馆展览联盟，送展览和教育活动到区县、乡镇学校1441场次。故宫学院落户重庆，重庆中国三峡博物馆重庆师范大学分馆、云阳博物馆分馆挂牌，重庆中国三峡博物馆获评2018年全国最具创新力博物馆，红岩干部党性教育基地入选中央国家机关党校首批12个党性教育基地，红岩革命历史博物馆入选全国关心下一代党史国史教育基地，白鹤梁水下博物馆获评全国文物系统先进集体。三是深入推进博物馆智能化发展。围绕创新驱动发展制定文物大数据及智能化建设方案，三峡数字博物馆被选为《2018中国智慧博物馆蓝皮书》智慧博物馆实践案例，“互联网＋红岩精神知识阵地”项目被纳入国家文物局“互联网+中华文明”示范项目库，《红岩记忆》数字体验厅建成开放。智慧文博展区参加首届中国国际智能产业博览会。由市内17家博物馆组成的重庆展团首次参加博博会。四是逐步规范社会文物管理。国家文物进出境重庆审核管理处挂牌。重庆中国三峡博物馆、市文化遗产研究院2个涉案文物鉴定机构开展文物鉴定14次，鉴定文物81件套、古墓葬13处。4个文物拍卖机构全部年审合格。审核文物艺术品拍卖会拍卖标的2701件套，其中撤销拍卖标的2件。

加快推进文物保护利用工作。一是深入研究阐发历史文化内涵。形成《坚定文化自信　推进新时代重庆文化建设》课题报告，编撰出版《重庆地域特色文化》。二是加强城市历史文化保护利用。围绕城市品质提升，策划开展10个专题调研，推动“保护传承历史文脉”“提升文化品位”两大板块纳入市政府《城市提升行动计划》专题部署，重庆红岩革命历史博物馆品质提升、传统风貌区保护利用、重庆大轰炸纪念馆、重庆博物馆新馆、重庆自然博物馆园区、重庆工业博物馆等项目被纳入城市提升重点项目实施。三是大力推进文旅融合发展。重庆中国三峡博物馆、白鹤梁水下博物馆、重庆自然博物馆、重庆抗战遗址博物馆入选全国中小学生研学实践教育基地；重庆中国三峡博物馆推出“博物读城——博物馆大V行”“重庆老城门”MR体验项目等研学活动；重庆红岩革命历史博物馆研发六大系列特色课程，推出现场教学专题课程17门，设计10条研学线路，开展研学活动22个班次；重庆自然博物馆开发课程3套，与周边学校建立馆校合作关系，成立科普文创联盟。新开发文创产品115种近2万件。

夯实文物保护基层基础工作。一是加强文物保护制度建设。划定全国重点文物保护单位保护范围112个、市级文物保护单位保护范围113个。编制八路军驻重庆办事处旧址、老鼓楼衙署遗址、弹子石摩崖造像等7处全国重点文物保护单位保护规划。组织开展第八批国家级文物保护单位申报遴选工作。开展乡村文化遗产资源调查。启动实施18个深度贫困乡镇文物扶贫项目12个。二是推进文物领域“放管服”改革。将涉及全市文物保护项目的行政审批事项由4项合并为1项，审批材料缩减50%，审批时间缩短30%。自2018年9月正式接件以来，共办理工程建设文物保护许可13件。三是加强文物宣传工作。举办第九届重庆文化遗产宣传月活动，推出博物馆“互联网+”、专题展览、文化惠民等九大板块232项活动，市内外主流媒体发布专题新闻超过100篇。在“重庆文物”官微、官网刊发精品信息517条，其中被《中国文物报》、国家文物局官网等采用67条。完成《重庆市志·文物志》的编撰工作。

二、非物质文化遗产

2018年，《武陵山区（渝东南）土家族苗族文化生态保护实验区总体规划》通过文化和旅游部审批，完成长江三峡（重庆）文化生态保护实验区总体规划编制，8项传统工艺入选《第一批国家传统工艺振兴目录》；20名市级非物质文化遗产代表性传承人入选国家级非物质文化遗产代表性传承人，累计60人；入选市级非物质文化遗产生产性保护示范基地52个、市级非物质文化遗产传承教育基地54个，分别累计87个、109个；荣昌夏布传统工艺工作站建成投用，首个非物质文化遗产特色市集——九街壹华里非物质文化遗产美食特色小镇开街。

第四节　公共文化服务

2018年，重庆市公共文化服务提质扩面、优质高效，提升了服务效能。全年全市组织开展流动文化进基层活动3.3万场次、全民阅读活动6000场次，其中举办全市乡村文艺会演、戏曲曲艺大赛、阅读之星诵读大赛、广场舞大赛等品牌群众艺术活动；第六届重庆演出季圆满落幕；提档升级83个乡镇（街道）、2794个村（社区）综合文化服务中心，基层综合文化服务中心覆盖率分别达89.9%、68.4%；江津区入选第三批国家公共文化服务体系示范区，为西部地区第一名；建成24小时自助图书馆44个，“两馆一站”国家等级率位居全国前列，全市每万人拥有公共文化设施586.42平方米，超过全国平均水平；“科普文化云”“巴渝文化云”“群众文化云”全面上线运行，年均配送公共文化服务2万余场次，实现“百姓点单、政府配送”一键搞定；深入实施有线电视数字化、双向化改造，建设光缆2.1万千米，累计实现5774个行政村通达有线电视光缆，全市广播、电视信号综合覆盖率分别达98.96%和99.22%；精准扶贫深入推进，完成14个贫困区县584个村综合文化服务中心设备配备和1.33万户建卡贫困户直播卫星接收设备配送。

第五节　文旅融合

2018年，重庆市55个文旅重点项目有序推进，北碚区温泉健康小镇等6个重点旅游项目顺利落地；魁星楼艺术区、重庆旅游文化创意产业园、重庆广告产业园加快实施，鲁能胜地、重庆文化旅游装备制造产业园等大型拟建项目有序推进，西部地区首个纪录片产业基地——重庆纪录片产业基地揭牌启用，当当书店全国首家旗舰店落地重庆，重庆电影剧本孵化中心挂牌成立；举办重庆市文化产业发展协作推进签约仪式，达成文化产业发展合作项目161个；举办第十二期文化产业精品项目交流对接会，签约项目30个，签约总金额1699亿元；举办第二届文化惠民消费季，全市参与人数突破500万人次，直接拉动消费50亿元；举办全球旅行商大会、重庆国际旅游交易会，20余个国家和地区近400名全球旅行商来渝采购重庆旅游产品，搭建新的重庆旅游展示交易平台；世界旅游业理事会（WTTC）发布《2018年城市旅游和旅游业影响》，重庆为全球旅游增长最快城市；全年全市文化产业增加值632亿元，比上年增长6%。旅行社新增27家，累计581家；旅游总收入4344.15亿元，增长31.3%。

第四章　社会建设

第一节　社会事业

一、科技

2018 年，重庆市科技创新战线深化科技体制改革，强化区域创新发展的技术、资本和创新生态 3 个关键支撑，促进科技与经济社会发展深度融通，支撑高质量发展取得明显成效。

科技创新能力持续提升。建立全市研发经费投入目标分解、综合考核和专项考核机制。全年全社会支出研发经费 397 亿元，比上年增长 9%；研发经费投入强度 1.95%，与全国平均水平的差距从 2015 年的 0.5 个百分点缩小到 0.2 个百分点；获专利授权 4.57 万件，增长 31.36%；平均每万人拥有发明专利 9.08 件，增长 25.24%。综合科技进步水平指数和区域创新能力综合指标列全国第八位。

优质创新资源加快集聚。实施科技型企业培育“百千万”工程，完善并落实科技创新券、研发准备金制度、重大新产品研发补助、高新技术企业研发补助等激励政策，落实国有企业创新投入视同利润考核制度。全年全市新培育科技型企业 4301 户，增长 24.1%；新认定高新技术企业 893 户，增长 24.5%。引进建设中国科学院大学重庆学院、中国工程科技发展战略重庆研究院、联合微电子中心、英特尔 FPGA 中国创新中心等高端研发机构 24 个。重庆医科大学附属儿童医院被批准为全市首个国家临床医学研究中心。

图 23　中国智谷（重庆）

（重庆经开区管委会　供稿）

创新平台引领作用不断加强。新增永川、荣昌 2 个国家高新区和涪陵、合川、长寿 3 个市级高新区，新增酉阳、铜梁 2 个国家农业科技园区。至年末，全市累计布局建设各类创新园区 41 个，初步构建起涵盖国家自主创新示范区、高新区、农业科技园区、特色产业科技园区、大学科技园的创新园区体系。高新区内有高新技术企业 929 户，占全市高新技术企业的 37.1%；高新区规模以上工业企业工业总产值 5147.34 亿元，占全市规模以上工业企业工业总产值的比例超过四分之一，增长 5.8%，比全市规模以上工业企业工业总产值增幅高 3 个百分点。

科技赋能取得新成效。实施以大数据、智能化为引领的创新驱动发展战略行动计划，推动大数据、智能化提升制造业转型升级。全年全市智能机器人、智能网联汽车产量分别增长 50% 以上，智能手机产量增长 59.4%，智能产业销售额增长 19.2%。战略性新兴制造业、高技术产业增加值分别增长 13.1% 和 13.7%。

重点从 5 个方面发力推动科学技术发展。一是着力推进重点产业技术创新。实施智能产业技术创新，制定集成电路技术创新实施方案，培育大数据智能化研发平台 37 个，组建技术创新战略联盟 10 家，以产学研协同创新方式推进实施重大主题专项 9 个、重点研发项目 310 个。实施生物医药产业科技创新工程，研发一类新药 3 个、三类医疗器械 9 个。实施百项战略性新兴产业项目计划，搭建 ARM 移动计算平台、汽车公共数据库、机器人检测评定中心等公共服务平台。推进智能制造应用示范，智能化改造企业203户，新设智能工厂14家、数字化车间62个，企业生产效率平均提高32.7个百分点，产品不良品率平均下降21.8个百分点，产品研发周期平均缩短12.5%。积极推动平台经济、共享经济发展，与航天云网科技发展有限责任公司合作建设工业大数据制造业创新中心及云制造产业基地，工业互联网标识解析国家顶级节点启动运行，飞象工业互联网、中移物联网等综合性平台建成投用。加大产业基础科学研究支持力度，全年全市实施基础研究项目836个，增长49%，其中“向量最优化问题的理论研究”项目获国家自然科学奖二等奖。二是着力引育优质创新主体。举办第十三届重庆高交会暨第九届军博会，签约项目483个。至年末，全市累计建设新型研发机构75个；累计培育市级以上科技创新基地782个，国家重点实验室、国家工程技术研究中心、国家工程研究中心52个。出台支持重庆大学、西南大学“双一流”建设专项政策，遴选市级重点学科200个，认定市级一流学科43个。中国科学院大学重庆学院揭牌成立。全市高校累计建成“协同创新中心”58个，合作建立研发平台及孵化器400余个。全年全市高校获国家自然科学基金资助项目850余个。持续实施科技型企业培育“百千万”工程，年末全市有科技型企业1.1万户，有效期内高新技术企业2504户。全年全市举办人工智能国际前沿论坛、国际工程科技发展战略高端论坛等国际性学术会议100余次，到渝交流合作“两院”院士258人次。全市累计培育国家级高层次创新人才608人。全年全市获国家科学技术奖6项，评定市科学技术奖152项。三是着力推进科技改善民生福祉。在交通、医疗等领域搭建全市大数据管理与服务平台10个，建设高血压专病、血管外科学等专科医联体5个。全年全市研发水、大气等领域污染防治新技术、新产品40余项。培育一级优质杂交稻品种2个。组织选派国家“三区”科技人才和市级科技特派员1220人，实现贫困村服务全覆盖。四是着力深化科技体制改革。取消行政审批项目 14 项，保留行政审批（行政许可）事项 1 项，取消和调整行政权力事项 12 项，保留行政权力事项 7 项；清理废止阻碍创新的文件 267 件；整合科技项目、科技平台、科技型企业等 8 个业务管理平台，建成科技服务“一网通办”系统，该做法被《国务院大督查专刊》刊载。扩大科技型企业知识价值信用贷款改革试点，合作银行全年向 500 户科技型企业贷款 13.03 亿元，成为重庆市十大重点改革之一。建立绩效工资水平动态调整机制。在西南大学、市中药研究院等 10 家高校院所开展科技成果初始权益分配改革试点。五是着力营造创新创业氛围。推进部市会商，全年全市争取科技部重大科技项目、科研平台等经费 10 亿元以上。推进部门科技协作，市科技局与市生态环境局、市卫生健康委、市交通局等部门建立科技创新协同推进机制。加强区县创新协同，推动奉节县成为全国首批启动建设的创新驱动示范县。两江新区、永川区、猪八戒网络公司等国家“双创”示范基地加快建设，环大学创新生态圈建设全面启动，全市累计建成科技企业孵化器 68 家、众创空间 322 家。“百问百答”科技创新政策宣讲活动服务企业 3815 户。全年全市技术合同登记交易成果 2952 项，成交金额 266.1 亿元，分别增长 41% 和 127%。种子、天使和风险投资引导基金直接参股组建子基金累计 78 支，资金规模 213 亿元；投资项目 1048 个，投资金额 132 亿元。至年末，全市有市级科普基地 147 个，科技工作者 202.17 万人，公民具备科学素质的比例为 8.01%。

表 22　2018 年重庆市争取国家科技计划项目经费

分类	立项项目（项）	计划拨款（万元）
合 计	919	107358.56
一、科技部计划		

续表

分类	立项项目（项）	计划拨款（万元）
“973”计划		
重大科学研究计划		
“973”前期研究		
“973”计划项目子课题		
“973”青年科学家专题		
“863”计划		
科技支撑计划		
星火计划		
火炬计划		
创新基金		
工程中心		
重点实验室		
农业科技成果转化		
科技富民强县		
国家重点新产品		
国际合作	3	994.00
成果转化		
软科学		
重大科技专项	2	10105.56
研究开发专项	1	494.00
重点研发计划	22	39165.00
其他（园区）	3	15000.00
二、国家自然科学基金委		
国家自然科学基金	888	41600.00

表 23　2018 年重庆市市级科技计划项目（按计划类别分）

计划（专项）类别名称	项目数（项）	计划总拨款（万元）	当年拨款（万元）
基础研究与前沿探索	836	5500.0	5500.0
技术创新与应用发展	810	67620.0	27965.0
技术预见与制度创新	142	1480.0	1480.0
科技传播与普及专项	60	535.0	535.0
科技人才专项	123	4050.0	4050.0
科技研发平台专项	14	18000.0	6500.0
科研机构绩效激励引导专项	109	6137.5	6137.5
社会事业与民生保障科技创新专项	16	850.0	0
总 计	2110	104172.5	52167.5

表 24　2018 年重庆市市级科技计划项目（按单位性质分）

单位性质名称	项目数（项）	计划总拨款（万元）	当年拨款（万元）
企 业	497	73659.4	29689.4
高等院校	1090	12945.0	10655.0
研究院所	267	11218.6	7088.6
公益性机构	36	789.4	609.4
政府机构	40	1656.1	1126.1
其 他	180	3904.0	2999.0
总 计	2110	104172.5	52167.5

表 25　2018 年重庆市市级科技计划项目（按技术领域分）

技术领域名称	已拨款项目数（项）	计划总拨款（万元）	当年拨款（万元）
科技服务	10	4270.0	2270.0
装备制造	16	2450.0	1450.0

续表

技术领域名称	已拨款项目数（项）	计划总拨款（万元）	当年拨款（万元）
医药卫生	16	640.0	640.0
现代农业	18	540.0	540.0
电子信息	16	490.0	490.0
新材料	14	420.0	420.0
汽车摩托车	9	285.0	285.0
能源资源	6	160.0	160.0
交通城建	3	90.0	90.0
消费品制造	2	60.0	60.0
综合化工	2	50.0	50.0
环境保护	1	30.0	30.0
其 他	1827	94687.5	49202.5
总 计	1940	104172.5	55687.5

表 26　2018 年重庆市获国家科学技术奖项目

项目名称	奖种	等级	主要完成人	主要完成人所在单位
向量最优化问题的理论研究	国家自然科学奖	二等奖	杨新民、陈光亚	重庆师范大学、中国科学院数学与系统科学研究院
复杂修形齿轮精密数控加工关键技术与装备	国家科技进步奖	二等奖	王时龙、李先广、李国龙、蒋林、曹华军、陈鹏、康玲、陈剑、李樟、张自凯	重庆大学、重庆机床（集团）有限责任公司、重庆齿轮箱有限责任公司、浙江双环传动机械股份有限公司、浙江万里扬股份有限公司、重庆蓝黛动力传动机械股份有限公司、綦江齿轮传动有限公司
猪抗病营养技术体系创建与应用	国家科技进步奖	二等奖	陈代文、车炼强、詹勇、吴德、余冰、虞洁、张克英、何军、韩继涛、张璐	四川农业大学、浙江大学、四川铁骑力士实业有限公司、新希望六和股份有限公司、通威股份有限公司、重庆优宝生物技术股份有限公司、福建傲农生物科技集团股份有限公司

续表

项目名称	奖种	等级	主要完成人	主要完成人所在单位
高世代声表面波材料与滤波器产业化技术	国家科技进步奖	二等奖	潘峰、欧黎、王为标、张美蓉、罗景庭、曾飞、马晋毅、陆增天、赖定权、宋成	清华大学、中国电子科技集团公司第二十六研究所、无锡市好达电子有限公司、深圳市麦捷微电子科技股份有限公司、深圳大学
超500米跨径钢管混凝土拱桥关键技术	国家科技进步奖	二等奖	郑皆连、韩玉、牟廷敏、冯智、王劼耘、庞博新、秦大燕、王建军、龙跃、徐文	广西路桥工程集团有限公司、四川省交通运输厅公路规划勘察设计研究院、广西大学、柳州欧维姆机械股份有限公司、重庆交通大学、江苏苏博特新材料股份有限公司、泸州东南高速公路发展有限公司
大型屋盖及围护体系抗风防灾理论、关键技术和工程应用	国家科技进步奖	二等奖	杨庆山、蔡昭昀、陈波、林莉、黄国庆、狄谨、田玉基、吴明超、楼文娟、杨娜	北京交通大学、中冶建筑研究总院有限公司、重庆大学、中国京冶工程技术有限公司、浙江大学、西南交通大学、深圳市前海公共安全科学研究院有限公司

二、教育

2018年，重庆市有各级各类学校（普通学校、成人学校之和，不含职业技术培训学校）1.02万所，比上年增长3.2%；在校学生628.7万人（不含在渝军队院校学生），增长1%；招收学生184.3万人，增长2.1%；毕业学生175.3万人，增长1.7%；教职工43.8万人，增长2.6%，其中专任教师35.6万人，增长2.1%；教育人口（在校学生和教职工）672.5万人。全市有各级各类民办学校4142所，占全市学校总数的40.6%；在校学生112.4万人，占全市在校学生总数的17.9%。其中，民办幼儿园3891所，在园幼儿61.4万人；民办义务教育阶段学校160所，在校学生18.2万人；民办普通高中23所，在校学生3.5万人；民办中等职业学校（含民办技工学校）42所，在校学生6.7万人；民办普通高校26所，在校学生22.6万人。

全年全市教育经费总投入1021.6亿元，增长7.73%；一般公共预算教育支出678.8亿元，增长10.46%，占全市一般公共预算支出的14.95%，提高0.78个百分点。

表27　2018年重庆市教育经费来源构成情况

项目	金额（元）
总 计	102162649259
一、国家财政性教育经费	82845760031
1. 一般公共预算安排的教育经费	82128126274
（1）一般公共预算教育经费	67883337932
①教育事业费	63380334011
②基本建设经费	2050075769
③教育费附加	2452928153
（2）其他一般公共预算安排的教育经费	14244788342
①科研经费	2563000
②其他	14242225342
2. 政府性基金预算安排的教育经费	512222318
其中：彩票公益金	117285469
3. 企业办学中的企业拨款	4415400
4. 校办产业和社会服务收入用于教育的经费	17896366
5. 其他属于国家财政性教育经费	183099673
二、民办学校中举办者投入	366923609
三、捐赠收入	140770571
四、事业收入	16267249090
其中：学费	12924987949
五、其他教育经费	2541945959

2018年，重庆市新选聘巴渝学者特聘教授39人，新引进“两院”、海外院士10人，学科领军人才41人，优秀青年博士102人，海外知名专家17人，知名高校优秀博士或副教授55人；新入选国家级人才项目50人次、省级人才项目145人次。新招收农村小学全科教师培养对象1500人、学前教育公费师范生519人，新招聘“特岗教师”1130人。新建名师乡村工作室10个。发放乡村教师岗位生活补助3.3亿元，惠及9.8万人。“国培计划”“市培计划”投入资金1.18亿元，培训教师3万余人次。

2018年，重庆市有高校72所，其中部属本科院校2所，市属普通本科院校23所、专科院校40所、成人高校4所，在渝军队院校3所；高等教育毛入学率47%，高等教育在校学生103万人；在渝高校教职工6.07万人，其中专任教师4.37万人；高校占地面积5135.2万平方米；教学行政用房面积1167.2万平方米，教学仪器设备价值109亿元，纸质图书6838万册。全年全市高校毕业学生22.16万人，初次就业率88.85%，其中家庭经济困难和残疾毕业生初次就业率90.78%；留渝就业创业14.34万人，增加4000人。开展就业“双选”活动近5600场次，岗位数与毕业学生人数比为2.88∶1。累计建成3个国家级、28个市级和36个校级大学生创业孵化基地，总面积8万平方米。

表28　重庆市“双一流”建设高校及学科

类别	“双一流”建设高校	“双一流”建设学科
一流大学建设高校	重庆大学	机械工程、电气工程、土木工程
一流学科建设高校	西南大学	生物学

表 29 2018 年重庆市高校进入 ESI 学科排名前 1% 学科

高校	学科
重庆大学	工程学、计算机科学、材料科学、化学、数学、植物学与动物学、临床医学
西南大学	化学、植物学与动物学、农业科学、材料科学、工程学、生物学与生物化学
陆军军医大学	临床医学、药理学与毒理学、神经系统学与行为学、免疫学、生物学与生物化学、分子生物学与遗传学
重庆医科大学	临床医学、药理学与毒理学、神经系统学与行为学、生物学与生物化学
重庆邮电大学	工程学

表 30 2018 年重庆市高校新增博士学位授权点

高校	博士学位授权点
西南政法大学	新闻传播学
重庆医科大学	口腔医学
	公共卫生与预防医学
	药学
	口腔医学
重庆师范大学	考古学
重庆交通大学	土木工程

2018 年，全市有幼儿园 5607 所（另有幼教点 1892 个），在园幼儿 96.31 万人，专任教师 4.79 万人；普通小学 2893 所，在校学生 209.54 万人，专任教师 12.65 万人；普通初中 866 所，在校学生 104.6 万人，专任教师 7.79 万人；普通高中 256 所，在校学生 60.77 万人，专任教师 3.93 万人；特殊教育学校 38 所，在校学生 2.14 万人，专任教师 995 人。全市学前教育三年毛入园

率 87.05%，九年义务教育巩固率 94.5%，高中阶段教育毛入学率 96.6%。

2018 年，全市有中职学校 183 所，其中技工学校 51 所；在校学生 39.69 万人，其中技工学生 9.7 万人；教职工 2.26 万人（技工学校教职工 4600 人），其中专任教师 1.91 万人（技工学校专任教师 4300 人）。至年末，全市具有招生资质的中职学校 135 所，其中国家级、市级重点中职学校分别有 51 所、40 所，国家级、市级中职示范学校分别有 30 所、31 所。

2018 年，全市有成人高等学校 4 所，教职工 1158 人（专任教师 754 人），成人本专科在校学生 10.51 万人（含普通学校成人本专科在校学生）；成人中学 11 所，教职工 49 人（专任教师 37 人），在校学生 3847 人；成人小学 260 所，教职工 652 人（专任教师 234 人），在校学生 4.07 万人。

2018 年，重庆市引进美国、英国、澳大利亚、加拿大、芬兰等国家的 7 所高校到渝合作办学，新增专科及以上层次中外合作办学项目 7 个，全市中外合作办学机构和项目累计 45 个。新增科技部国家国际科技合作基地 1 个、高等学校学科创新引智基地 2 个，引进海外高水平专家 181 人。启动实施《重庆市职业教育中外合作办学行动计划（2018—2022）》，在渝设立中德职教联盟。实施国家、市级公派出国留学项目 25 个，选派 1834 名师生赴 40 个国家留学访学。实施重庆市外国留学生市长奖学金丝路项目，赴美国、英国等

图 24　2018 年 12 月 13 日，市教委与加拿大大不列颠哥伦比亚大学签约　（市教委　供稿）

10余个国家参加教育展，组织9所高校赴乌克兰举办留学重庆国际教育展，启用留学重庆国际推广服务信息平台。2018年年末，全市有来自148个国家的留学生9220人。

三、卫生健康

至2018年年末，全市有医疗卫生机构约2.05万个，其中医院800家（三级医院48家，二级医院150家），基层医疗卫生机构1.95万个，专业卫生机构和其他卫生机构189个；实有床位22.01万张；卫生人员27.27万人，其中卫生技术人员20.92万人（执业、助理医师7.62万人，注册护士9.51万人）。全年全市医疗卫生机构总诊疗人数1.59亿人次，出院人数703.3万人次，门诊患者次均医药费用210.69元，住院患者人均医药费用6260.38元。全市医院门急诊人数8031万人次，出院519万人次，均比上年增长4%。2018年，全市人均期望寿命77.64岁，孕产妇死亡率和婴儿死亡率分别为14.24/10万、4.13‰。全年全市人口自然增长率3.46‰，常住出生人口性别比（以女性为100，男性对女性的比例）107.55。

2018年，全市创建三级甲等医院1家（累计36家）、二级甲等医院3家，通过等级医院复评18家；新增市级临床重点专科29个，评估验收专科35个；在建市级诊疗中心20个、区县级诊疗中心215个。新开工重大建设项目17个，完工14个，新增业务用房面积22万平方米。新增中央项目17个，新增中央投资5.98亿元，总建筑面积35万平方米。市中医院三期、市艾滋病中心等市级重大项目建成投用，新增床位2860张。至年末，全市建成医联体188个，实现区县、三级医院全覆盖。落实基层首诊，县域内就诊率91.2%。

2018年年末，全市有基层医疗卫生机构1.95万个，增长4.55%；

实有床位5.29万张，增长3.72%；卫生技术人员6.31万人，增长12.53%。市卫生健康委、市财政局共同印发《重庆市实施乡村振兴战略基层卫生服务体系建设实施方案（2018—2020年）》。市级财政投入资金5200万元，完成90套数字化医疗设备、162个数字化接种门诊和60处污水处理设施的建设任务。全年全市培训基层医疗卫生机构管理人员1123人、临床医生273人、护士1292人、骨干乡村医生114人、村卫生室人员3372人；选拔培养基层优秀人才100人；基层医疗卫生机构有540人晋升高级职称，占总数的23.47%，其中晋升全科高级职称者增长50%。建成区域医学影像中心（远程读片中心）6个；建成远程合作医院160家，远程诊疗覆盖70%的区县。在潼南区、忠县、彭水县试点“医通、财通、人通”的医共体建设。在11个区县开展医防融合发展试点。重庆市被评为全国基本公共卫生服务先进标杆，获国家基本公共卫生服务项目考核西部地区第一名。至年末，全市家庭医生签约率33.81%，其中重点人群家庭医生签约服务率60%。全年全市家庭医生签约服务1030.54万人，向居民履约提供服务2500万人次。

2018年，市级评估的传染病报告率99.86%。全年全市报告突发公共卫生事件89起，下降51.89%。无甲类传染病报告。报告乙类传染病18种，发病7.41万例，死亡1124例，发病率240.88/10万，死亡率3.66/10万，病死率1.52%；报告丙类传染病10种，发病15.47万例，死亡12例，发病率503.07/10万，死亡率0.04/10万，病死率0.01%。

2018年，重庆市孕产妇死亡率和婴儿死亡率分别为14.24/10万和4.13‰，15个区县孕产妇死亡为零，13个区县婴儿死亡率低于3‰，12个市级危重孕产妇、新生儿救治中心救治病人4.6万例。出生缺陷发生率稳定在10‰以下，15个区县免费实施新生儿遗传代谢性疾病筛查，艾滋病、梅毒和乙肝母婴阻断项目检测覆盖率在99%以上。全年全市免费检查“两癌”妇女72.86万人次。在全国率先启动青少年生殖健康促进项目。年末全市平均每千名儿童有床位 2.03 张，每千名儿童有儿科执业（助理）医师 0.61 人。

2018 年年末，全市有中医、中西医结合医院 163 家（其中三甲医院 9 家，每个区县至少有 1 家公立中医类医院），其他中医医疗机构 2543 个，开展中医药专科以上教育的院校 4 所；中医药人员 1.97 万人，占全市卫生技术人员的 9.42%，平均每万常住人口有中医执业（助理）医师 5.38 人，全市有国医大师 2 人、全国名中医 3 人、市级名中医 113 人；有中医床位 3.93 万张，中医年门急诊量 1835.46 万人次，住院患者 117.15 万人次。80% 的综合专科医院、55% 的妇幼保健院设置中医科室，99% 的社区卫生服务中心、98% 的乡镇卫生院、95% 的社区卫生服务站、81% 的村卫生室能够提供中医药服务。全市基层医疗卫生机构建设中医综合服务区 933 个，占 93%。新增全国名老中医药和基层名老中医药专家传承工作室 9 个，新增全国中药特色传承人才、中医护理骨干等高层次人才 25 人。培训中医护理骨干 60 人。

2018 年，重庆市 12 个乡镇创建国家卫生乡镇（县城）工作通过市级技术评估，全市创建命名市级卫生乡镇 14 个、优秀卫生村 9 个、卫生单位 28 家、卫生村 29 个。新增改建卫生厕所 42.9 万户，新增农村公厕 1245 座。

2018 年，重庆市医疗卫生机构获批准国家重点研发计划 4 项、国家科技重大专项 6 项（获资助经费约 1.13 亿元）、市级重点实验室 9 个。新立项区域医学重点学科 19 个。累计推广适宜技术 282 项，惠及二级医院 131 家，实现 38 个区县全覆盖，应用病例 35 万例，患者直接费用平均每人次降低 5677 元。启动重庆市重点疾病防治技术攻关计划 3 项，获重庆市科学技术奖励 15 个（其中一等奖 4 个）。招收住培学员 1742 人。获国家级继续教育项目 277 个、市级继续教育项目 3720 个，率先探索“互联网 +”医学教育。新增全科医生转岗培训和助理全科医生培训基地 22 个。2018 年年末，全市注册全科医生 6261 人，增长 111%，平均每万名居民有全科医生 2.04 人。

2018 年，全市开展卫生执法监督检查 14.27 万户次，监督覆盖率 99.61%；查处案件 7135 件，罚款金额 1628.4 万元，分别增长 8.35%、24.2% 。全年全市对生活饮用水、学校卫生、公共场所卫生持续监督检查 7.85 万户次，行政处罚 3598 件，罚款金额 387.66 万元。

四、体育

2018 年，重庆市承办国际、国内体育比赛 29 项，其中国奥国际足球锦标赛、永川国际女足邀请赛、上海合作组织武术散打比赛、中国冰壶公开赛国际赛事 4 项，全国跳水锦标赛、全国田径大奖赛第四站等国内年度最高水平比赛 7 项；举办重庆市田径冠军赛等市级体育比赛 25 项。选招运动员 99 人，试训运动员 119 人。全年全市运动员在各级各类比赛中获金牌 105 枚、银牌 64 枚、铜牌 102 枚，其中获第十八届亚运会金牌 3 枚；获国家体育总局授予的体育运动荣誉奖章和一级奖章运动员、教练员 10 人；组织各级各类教练员、裁判员培训 55 期，培训 3350 人次。

表 31　2018 年重庆运动员参加国际比赛获第一名情况

姓名	性别	项目	级别 / 小项	比赛名称
施廷懋	女	跳水	女子 3 米板单人	国际泳联跳水系列赛
施廷懋	女	跳水	女子 3 米板双人	国际泳联跳水系列赛
施廷懋	女	跳水	女子 3 米板单人	国际泳联跳水世界杯
施廷懋	女	跳水	女子 3 米板双人	国际泳联跳水世界杯
李雪芮	女	羽毛球	女单	加拿大公开赛

续表

姓名	性别	项目	级别 / 小项	比赛名称
别 舸	男	田径	200 米	美国杰姆－布什邀请赛
施廷懋	女	跳水	女子三米板双人	第十八届雅加达亚运会
施廷懋	女	跳水	女子三米板单人	第十八届雅加达亚运会
袁心玥	女	排球	女排	第十八届雅加达亚运会
于超杰	男	武术散打	56 公斤级	“上合组织”国际武术散打争霸赛
李大银	男	举重	81	世锦赛
王丹妮	女	网球	一级	ITF 国际女子巡回赛
王丹妮	女	网球	一级	ITF 国际女子巡回赛
雷挺婕 / 黄茜	女	国际象棋		世界国际象棋奥林匹克团体赛
雷挺捷	女	国际象棋	慢棋女子团体	亚洲国际象棋团体赛
雷挺捷	女	国际象棋	快棋女子团体	亚洲国际象棋团体赛

2018 年，全市新建社区健身点 300 个、农民体育健身工程 728 处、社区健身中心 13 个、登山步道 3 条、各类足球场地和全民健身中心 30 个，建设社区多功能运动场和室内健身中心 30 个。至年末，全市累计建成农民体育工程 8858 处（覆盖率 100%）、乡镇体育健身广场 393 个、社区健身点 900 个、贫困地区村综合文化服务中心示范点 418 个，各区县建成标准体育场 37 处、体育馆 40 座、游泳馆 32 座，全市体育场地总量 4.06 万处，面积 4061.3 万平方米，平均每万人有体育场地 13.7 处。新成立市级单项运动协会 9 个，累计 54 个；培训社会体育指导员 5905 人次。

2018 年，举办重庆国际马拉松赛、国际攀联世界杯攀岩赛和亚洲青年攀岩锦标赛、亚洲及大洋洲室内跳伞锦标赛、合川龙舟世界杯赛、中国开州汉丰湖国际摩托艇公开赛、中国武隆国际山地户外运动公开赛、重庆长寿湖国际铁人三项赛、环中国国际公路自行车赛重庆梁平站、中国自行车联赛奉节站、全国沙滩排球巡回赛云阳站等品牌赛事；举办马拉松赛11场，参赛人数10万人次。

2018年，命名重庆市重点业余体校14所、体育后备人才单项训练基地90个、市级青少年体育俱乐部19所。组织10个项目优秀体育后备人才训练营。组织市级青少年体育赛事67项，参赛运动员2.5万人次。

2018年年末，全市38个区县、万盛经开区、5个市级机关、4个行业系统建立老体协48个，全市乡镇（街道）成立老体协的单位比例为91%；全市有各级老体协8755个（含基层站点），会员192万人。全市全年各级老体协举办比赛展示活动7724次，参加人员累计157万人次。经常参加各级老体协组织的体育健身活动的老年人有388万人，占全市老年人总数的55%。全市有老年体育项目国家级教练员20人，国家级裁判员28人，一级教练员122人，一级裁判员162人，三级以上教练员1400人，裁判员1200人。

图25　2018年9月21日至23日，举办重庆体育产业博览会
（市体育局　供稿）

2018年，重庆市对7900户不易出户的重度残疾人实施“康复体育关爱家庭计划”；打造残疾人文体示范点50个；参加基层残疾人群众体育活动1.9万人次；组织240名视力残疾人开展“残健融合关爱跑”活动；获特殊奥林匹克运动会足球比赛第二名，进入第十届残疾人全运会决赛群众项目6个。组织69名残疾人运动员参加全国锦标赛，获金牌16枚、银牌14枚、铜牌17枚，打

破 3 项全国纪录，入选国家集训队运动员 8 人；举办重庆市残疾人游泳锦标赛。

2018 年，编制《重庆市体育产业加快发展计划（2018—2020）》。全市体育彩票销售网点 3315 个；体育彩票销售额首次突破 50 亿元，达 59.66 亿元。开展健身教练、游泳救生员等职业技能鉴定 28 期，培训和鉴定体育行业从业人员 1280 人次。

五、就业

2018 年，重庆市城镇新增就业人员 75 万人；城镇登记失业率 3.3%，比年度控制目标低 0.7 个百分点；调查失业率在 4.8% 左右，比年度控制目标低 0.7 个百分点。全年全市发放各类就业补贴资金 14.5 亿元，惠及 33 万人。其中，发放企业稳岗补贴 4.4 亿元，惠及企业 1.7 万户；发放技能提升补贴 3793 万元，帮助 2.2 万名企业职工提高劳动技能。实施“就在山城”就业促进行动，建立高校毕业生实名制信息对接和定制服务机制，实名登记离校未就业毕业生 2.3 万人，“一对一”帮扶就业 1.7 万人，年末高校毕业生就业率 94.4%。帮扶城镇登记失业人员就业 27.8 万人、困难人员就业 13.2 万人。新发布特色培训职业（工种）93 个，培训 17.7 万人次。开展创业培训 6 万余人次，新发放扶持创业贷款 33.5 亿元，直接扶持创业 2.9 万户，带动就业 13.9 万人次；新建农民工返乡创业园区 10 个；新增创业人员 41.1 万人次。通过市场化手段帮助 319 万人次实现就业，协助信息产业企业招工 39.1 万人次；召开西部人力资源服务博览会。

六、收入分配

2018 年，重庆市城镇常住居民人均可支配收入约 3.49 万元，为全国平均水平的88.9%，比上年提高0.4个百分点，列全国各省（区、市）第十二位、西部地区第二位；增加2696元，增长8.4%，比全国平均水平高0.6个百分点，列全国各省（区、市）第六位、西部地区第三位。城镇常住居民人均工资性收入占可支配收入的57.5%，提高0.5个百分点，经营净收入、财产净收入、转移净收入分别占11.4%、7.3%、23.9%，其中经营净收入占比与上年持平，财产净收入、转移净收入占比分别下降0.1个、0.3个百分点。城镇常住居民工资性收入、经营净收入、财产净收入、转移净收入分别增长9.4%、7.8%、6.8%、6.8%，其中工资性收入对城镇常住居民人均可支配收入增长贡献率为63.7%，远远超过其他3项收入对收入增长贡献率之和。

表32　2018年重庆市城镇常住居民人均可支配收入

指标名称	金额（元）	比上年增加（元）	比上年增长（%）	增长贡献率（%）
可支配收入	34889	2696	8.4	100.0
一、工资性收入	20054	1718	9.4	63.7
二、经营净收入	3973	288	7.8	10.7
三、财产净收入	2536	161	6.8	6.0
四、转移净收入	8326	530	6.8	19.6

2018年，重庆市农村常住居民人均可支配收入1.38万元，列全国各省（区、市）第十八位、西部地区第二位；为全国平均水平的94.3%，提高0.2个百分点；增加1143元，增长9%，下降0.4个百分点，自2011年以来已连续下降7年，比全国平均水平高0.2个百分点，比城镇常住居民人均可支配收入增速高0.6个百分点。农村居民收入增量增加54元，自2013年起增量连续6年逐年递增。城乡居民收入比进一步下降至2.53∶1，下降0.02个点。其中，

工资性收入 4848 元，增加 453 元，增长 10.3%，对可支配收入增长贡献率 39.9%，占可支配收入的 35.18%，提高 0.41 个百分点；转移净收入 3786 元，增加 342 元，增长 9.9%，对可支配收入增长贡献率 29.9%，占可支配收入的 27.47%，提高 0.22 个百分点；经营净收入 4813 元，增加 322 元，增长 7.2%，对可支配收入增长贡献率 28.1%，占可支配收入的 34.92%，下降 0.62 个百分点；财产净收入 335 元，增加 27 元，增长 8.7%，对可支配收入增长贡献率 2.3%，占可支配收入的 2.43%，下降 0.01 个百分点。

2018 年，重庆市城镇非私营单位就业人员平均工资 7.89 万元，比上年增长 11.3%。分登记注册类型看，股份合作单位平均工资最高，为 11.65 万元，下降 14.5%；其次为国有单位 10.32 万元，增长 14.3%；第三位是股份有限公司 8.96 万元，增长 13.4%。分地区看，主城片区平均工资 8.5 万元，增长 8.7%；渝西片区 7.26 万元，增长 14.2%；渝东北片区 7.05 万元，增长 12.9%；渝东南片区 8.09 元，增长 15%。分行业看，平均工资最高的 3 个行业分别是金融业 13.35 万元，是全市平均工资的 1.69 倍；信息传输、软件和信息技术服务业 12.31 万元，是全市平均工资的 1.56 倍；科学研究和技术服务业 11.54 万元，是全市平均工资的 1.46 倍。平均工资最低的 3 个行业分别是住宿餐饮业 4.16 万元，是全市平均工资的 52.7%；居民服务、修理和其他服务业 4.91 万元，是全市平均工资的 62.2%；农林牧渔业 4.98 万元，是全市平均工资的 63.1%。从平均工资增长速度来看，全部 19 个行业门类中，有 9 个行业平均工资增速高于全市平均水平。增速最高的 3 个行业依次为采矿业，水利、环境和公共设施管理业，公共管理、社会保障和社会组织，分别增长 41.4%、20.8% 和 14.3%。增速最低的 3 个行业依次为农林牧渔业，居民服务、修理和其他服务业，租赁和商务服务业，分别增长 -8.5%、2.4% 和 4.0%。

表 33　2018 年重庆市城镇非私营单位分登记注册类型就业人员平均工资

登记注册类型	金额（元）	增长率（%）
合计	78928	11.3
国有	103225	14.3
集体	58150	8.3
股份合作	116535	–14.5
联营	57414	–10.4
有限责任公司	64814	10.7
股份有限公司	89623	13.4
其他内资	61196	10.4
港澳台商投资	72313	4.2
外商投资	71006	4.0

表 34　2018 年重庆市城镇非私营单位分片区就业人员平均工资

片区	金额（元）	增长率（%）
合　计	78928	11.3
都市区	80502	10.7
其中：主城片区	84981	8.7
渝西片区	72623	14.2
渝东北片区	70540	12.9
渝东南片区	80879	15.0

表 35　2018 年重庆市城镇非私营单位分行业就业人员平均工资

行业	金额（元）	增长率（%）
合　计	78928	11.3
农林牧渔业	49774	–8.5

续表

行业	金额（元）	增长率（%）
采矿业	85100	41.4
制造业	69467	5.7
电力、热力、燃气及水生产和供应业	86608	4.3
建筑业	59605	9.9
批发零售业	66828	12.1
交通运输、仓储和邮政业	78996	12.8
住宿和餐饮业	41547	6.6
信息传输、软件和信息技术服务业	123128	9.9
金融业	133454	7.8
房地产业	74343	11.0
租赁和商务服务业	50412	4.0
科学研究和技术服务业	115365	12.8
水利、环境和公共设施管理业	62435	20.8
居民服务、修理和其他服务业	49131	2.4
教育	101579	13.8
卫生和社会工作	108037	12.3
文化、体育和娱乐业	79351	13.6
公共管理、社会保障和社会组织	97843	14.3

七、社会保障

（一）社会保险

2018 年，重庆市继续实施社会保险阶段性降费政策。全年全市累计为企业减负 170 亿元，超年初目标任务 20 亿元。完成 122 家中央驻渝单位、3.6 万人的数据采集和参保登记，启动职业年金全面征收，启动基本养老保险基金投资运营。7月、9月分别调整增加城镇职工、城乡居民基本养老待遇，惠及734万人；失业保险金标准从每人每月1050元调整为每人每月1200元，保障8.2万名失业人员的基本生活。将工程建设项目流动就业农民工纳入工伤保险覆盖范围；城乡养老、医疗保险参保率巩固在95%以上。全年全市社会保险基金收入1898亿元，支出1661亿元。

（二）社会福利

2018年，市委、市政府印发《保障和改善民生行动计划（2018—2020年）》“老有所养”专项方案，市政府出台社区养老服务“千百工程”实施方案；市政府办公厅印发《关于做好制定和实施老年人照顾服务项目工作的通知》；市民政局联合8个部门下发《关爱加强农村留守老年人关爱服务的实施意见》。全年全市新增社区养老服务站200个，打造市级示范社区养老服务中心20个。重庆市推进养老项目建设被国务院表彰。九龙坡区通过全国第二批社区居家养老服务试点地区考核验收，渝中区、沙坪坝区被列入全国第三批社区居家养老服务试点地区。新增社会办养老机构48个，新增养老床位7000余张，打造连锁化养老机构2个，形成歌乐山养老产业集聚发展区，社会办养老机构床位约占总床位的32%，政府运营养老床位降低到68%。大力支持养老机构内设医疗机构和医疗机构举办养老机构，全市护理型床位占22%，养老机构医疗卫生服务能力达72%。全市26个区县的183所乡镇敬老院为1399名农村社会老年人提供托养服务。市级对利用自有产权建设养老机构的每张床位补贴由5000元提高到1万元、租赁产权补贴由1000元提高到5000元。引进新加坡优护、华润、远洋、宜康集团到渝投资养老服务业。至2018年年末，全市有养老机构1403个，社区养老服务中心（站）1220个，养老床位21.8万张，平均每千名老人有床位30.8张。重庆市第三社会福利院、市儿童爱心庄园被确定为全国第五批社会管理和公共服务综合标准化试点单位。

2018 年，重庆市建立孤儿基本生活自然增长机制。自 1 月 1 日起，儿童福利机构集中供养孤儿保障标准每人每月从 1200 元提高到 1360 元，散居孤儿从 1000 元提高到 1160 元，艾滋病病毒感染儿童参照散居孤儿标准执行，全市 4000 余名孤儿的基本生活得到较好保障。确保符合条件的孤弃儿童 100% 享受到高校助学政策。全市 13.87 万名困境儿童得到较好照顾。开展农村留守儿童关爱保护和困境儿童保障示范创建活动，乡镇儿童督导员、村（社区）儿童主任配置实现全覆盖。重庆市列“中国儿童政策省级创新指数 2018”全国第五位、西部地区第一位。

2018 年，重庆市完成证照分离改革试点，出台《假肢和矫形器（辅助器具）生产装配企业实施告知承诺制实施办法》。印发《重庆市贫困残疾人生活补贴和重度残疾人护理补贴申请审定管理规范的通知》，开展残疾人“两项补贴”工作业务培训。配合民政部实施“福康工程”，免费配置假肢矫形器，开展手术矫治康复。全年全市有 48.72 万名残疾人享受“两项补贴”，发放资金 2.66 亿元。

2018 年，重庆市新设立慈善基金近 30 支，慈善组织总数 89 个，接受慈善捐赠 10.6 亿元，受益 200 万人次。在市内外媒体上刊发重庆慈善信息 450 篇次，各类网络媒体转发慈善信息 1.8 万次，网民点击量 600 多万人次。全市 30 家扶贫公益组织投入资金 2.3 亿元资金参与脱贫攻坚，为 97.27 万名贫困群众实施帮扶。中国城市公益慈善指数排名中，全国 211 个城市重庆列第十四位（西部地区第二位）。全年全市福利彩票销售额 58.27 亿元，增长 4.94%；筹集公益金 17.36 亿元，增长 3.62%。

（三）社会救助

2018 年，社会救助水平稳步提升。深入推进民政领域脱贫攻坚，制定民政领域打赢脱贫攻坚战三年行动实施方案，出台农村低保制度与扶贫开发有效衔接政策，将23.18万名扶贫对象纳入低保，160余万名贫困人口纳入医疗救助，1.1万名扶贫对象纳入特困供养，2.57万户次贫困对象享受临时救助。动员慈善组织投入公益资金5.74亿元，帮扶97.27万名贫困群众。加强城市特殊困难群众救助，市政府出台《关于加强城市特殊困难群众救助帮扶工作的意见》，完善特殊困难群众的教育资助、医疗保障、就业创业等政策，保障城乡困难群众同步进入全面小康。全面落实困难群众基本生活保障自然增长机制，从2018年1月起，全市城乡低保标准分别从每人每月500元、350元提高到每人每月546元、410元，分别增长9.2%、17.1%，全年支出低保资金45.35亿元，保障低保对象89.23万人；全市特困人员救助供养基本生活标准从每人每月650元提高到每人每月710元，增长9.2%，全年发放特困供养金16.49亿元，保障特困人员18.54万人。建立特困人员照料护理分档补贴制度，将照料护理补贴标准确定为全护理和半护理两档，补贴标准分别为每人每月300元、200元。制定相对统一的分类分档临时救助政策，切实解决困难群众突发性、紧迫性、临时性基本生活困难问题。全年支出临时救助资金5.3亿元，救助困难群众19.66万人次。在全国率先探索实施"民政惠民济困保"综合保险项目，安排财政专项资金1.17亿元，为122.84万名符合条件的困难群众购买综合性商业保险，切实增强困难群众的风险抵御能力，减轻困难群众遭遇意外或疾病而造成的生活负担。开展社会救助综合改革试点，永川区被民政部确定为全国社会救助综合改革试点区。市委、市政府印发《保障和改善民生行动计划（2018—2020年）》"弱有所扶"专项方案。实施"特困照护"专项行动，全年新建、改扩建区域性特困人员集中供养服务机构40个，改造升级农村敬老院40个，全市生活不能自理特困人员集中供养率超过25%。开展农村低保专项治理，在全市集中治理"人情保""关系保""错保""漏保"等问题。出台推行政府购买服务提高基层社会救助经办服务能力的实施意见，基层社会救助经办服务能力不断增强。

（四）社会抚恤

2018 年，重庆市调整部分优抚对象抚恤和生活补助标准，比上年提高 10%；调整一级至四级残疾军人护理费标准，提高 8.7%。认定申请享受抚恤补助符合条件人员的身份。至年末，全市享受国家定期抚恤补助的优抚对象 21.5 万人，比上年末减少 3 万人。每月向租住公共租赁住房的每户优抚对象家庭发放租金补助。建立义务兵家庭优待金与重庆市城镇居民可支配收入挂钩的动态调整机制。全年全市义务兵家庭户均优待金 9658 元，增长 20.7%。

2018 年，按照国家烈士遗属定期抚恤金增长比例同步调整地方优待金，进一步提高烈士遗属抚恤待遇保障标准。核查全市烈士纪念设施情况，到涪陵区、梁平区、酉阳县、秀山县等区县实地调研革命烈士纪念设施保护管理工作，重点指导黔江革命烈士陵园改建扩建，督促梁平革命烈士陵园整改。各区县开展“铭记·清明祭英烈”主题宣传教育活动和“9·30”“11·27”等革命烈士纪念活动。全年全市组织烈士纪念活动 170 场次，参与人员 20 万余人次。

至年末，民政部、退役军人事务部、市信访办交办的信访事项全部办结。主动约谈涪陵区、沙坪坝区等 10 个区县相关部门，层层压实信访工作责任。推进建立各级领导干部与退役军人联系机制和“一对一”“一帮一”工作机制；开展“八一”走访慰问活动，首次基本实现重点优抚对象和困难退役军人慰问全覆盖。将享受国家定期抚恤补助的重点优抚对象（伤残人民警察、伤残国家机关工作人员除外）全部纳入“惠民济困保”商业保险范围。

2018 年，全市军队转业干部安置任务达到近 10 年最高峰。多渠道促进“阳光安置”。有关区县、市级有关部门和单位对实际接收计划中分配军队转业干部、自主择业军队转业干部、随调家属进行妥善安置，全面完成军队转业干部教育培训任务；圆满完成退役士兵接收安置任务，建立自主就业退役士兵一次性经济补助自然增长机制，一次性经济补助金按时足额发放到位。

八、脱贫攻坚

2018年2月，出台《重庆市精准脱贫攻坚战实施方案》，明确到2020年，实现贫困人口稳定脱贫、贫困区县全部摘帽、深度贫困乡镇高质量脱贫、区域整体贫困有效解决、脱贫攻坚成果切实巩固等主要目标。《方案》提出实施基础设施提升、特色产业扶贫等12项具体行动。9月，重庆市出台《关于打赢打好脱贫攻坚战三年行动的实施意见》等文件，明确集中力量推进深度贫困地区脱贫攻坚、强化到村到户到人精准帮扶、补齐贫困地区基础设施短板、激发贫困群众内生动力等措施，深化完善了脱贫攻坚政策措施体系。坚决纠正过去赶进度、图虚名的错误做法，深入推进精准扶贫精准脱贫，编制实施18个深度贫困乡镇脱贫攻坚三年规划，易地扶贫搬迁完成搬迁入住5.54万人，完成18个深度贫困乡镇农网改造工程，深化渝鲁扶贫协作。全年全市落实市级以上财政专项扶贫资金49亿元，区县统筹整合脱贫攻坚资金134.7亿元。全年全市有65个贫困村整村脱贫，3.9万户、12万贫困人口脱贫。石柱县、奉节县2个县脱贫摘帽，年末贫困区县由14个减少至4个，农村贫困人口减少至13.9万人，贫困发生率由2014年的7.1%下降至0.7%。

第二节　社会治理

一、社会治安综合治理

2018年，全市群众安全感、政法队伍满意度和司法公信力分别达98.43%、96.31分、96.45分，分别比上年提高1.51个百分点、1.57分、1.45分。

防范化解重大风险攻坚战。制定出台《重庆市坚决打好防范化解重大风险攻坚战实施方案》及配套制度，建立指挥部和专项工作组。坚决维护政治安全，深入贯彻落实总体国家安全观。有效化解矛盾纠纷。领导干部接访下访群众1.8万次，化解信访矛盾2.1万件，矛盾纠纷排查化解率98%，人民调解组织调解成功率99.3%。持续推进“3+N”专项治理工作。深入开展“三打击一整治”“渝警行动2018”、打击“套路贷”等一系列专项行动，共破刑事案件8.23万件，现行命案破案率达100%，全市刑事立案、八类暴力案件分别下降4.9%、17.9%。持续开展重要军事设施周边治安环境隐患整治。在全市开展安全稳定工作大排查大整治大督查大执法行动，市委政法委牵头制定《贯彻落实公共交通安全稳定工作重要举措分工方案》。全年全市发生生产安全事故起数和死亡人数分别下降9.1%、7.7%。深入开展“净网”“清朗”“清网”“扫黄打非”等专项行动。

扫黑除恶专项斗争成效初显。全年全市侦办涉黑犯罪组织10个、涉恶犯罪团伙236个，破获涉黑恶刑事案件2257件，刑事拘留犯罪嫌疑人2571人。以扫黑除恶专项斗争为牵引带动“渝警行动2018”专项行动等推进有力，破获案件9.92万件，上升10.03%。在侦涉嫌“套路贷”的黑恶团伙案件51件，查询、冻结和扣划银行存款1.8亿元。对176个社会治安重点地区进行挂牌整治，重点地区刑事案件发案下降47.74%。

有力推进各项改革重点任务。深入推进司法责任制改革。制定《关于加强法官检察官正规化专业化职业化建设全面落实司法责任制的实施意见》，全面落实司法责任制、加强司法权运行监督管理的做法得到中央司法体制改革领导小组办公室充分肯定。深化涉法涉诉信访改革，重庆市建立会商机制破解难题的经验做法得到中央处理信访突出问题及群体事性事件联席会议办公室的充分肯定。完成认罪认罚从宽制度改革试点，认罪认罚适用率位居全国法院第一。“重庆智慧法院”建设获“全国政法系统‘智慧法院’十大创新案例”等称号。市检察机关完成内设机构改革做法获最高人民检察院的充分肯定并向全国推广。推动《重庆市公安改革攻坚行动方案》《关于健全统一司法鉴定管理体制实施方案》出台，不断深化司法体制综合配套改革。社会心理服务、社区治理等社会治理体制改革工作有序推进。执法监督和执法司法规范化建设成效明显，开展案件质量评查2917件。法治宣传教育工作切实加强。全面落实“谁执法谁普法”责任制，建立落实领导干部法治轮训制度，分层分类培训干部10万余人次。实施“莎姐”大普法“四百工程”，各级检察院检察长均担任法治副校长，为学生讲法治课。完善领导干部法治考试制度，举办“宪法宣传周”暨“国家宪法日”主题活动、“12·4”国家宪法日大型融媒体网络直播晚会，参加“千万市民学宪法”网络知识竞赛活动200万余人次。法学研究工作继续稳步推进。与相关省市联合举办第十三届西部法治论坛等全国性、地区性法治论坛。一批法学法律专家受聘市政府法律顾问和市人大、市政府立法咨询（评审）专家委员会委员。

反邪教宣传教育。依托《重庆法制报》开办反邪教专刊《正道》，每周专题报道1期；借助重庆电视台科教频道《平安建设进行时》专栏，每月播出反邪教专题节目1期；各区县、两江新区、万盛经开区在电视台、广播电台、报纸、杂志等平台开设反邪教宣传固定专刊（栏）100余个。全年全市征集反邪教宣传教育微电影、公益广告、文艺节目、图书等作品254件。常态化推动反邪教宣传教育进农村、进社区、进机关、进学校、进企业、进家庭、进宗教“七进”活动。组织开展城乡及学校反邪教集中宣传警示教育活动，共放映反邪教公益电影《回归——警惕邪教侵害》18.5万场次，开展文艺巡演1.3万场次，举办法制宣讲和警示教育展览1.7万场次，签订家庭拒绝邪教承诺卡4200万张，基本覆盖全市城乡居民和在校学生。

二、安全生产监督管理

2018年，全市发生各类生产安全事故819起，死亡893人，分别上年下降9.1%和7.7%，实现连续16年“双下降”目标。全年全市发生较大事故16起，减少2起；未发生重大及其以上事故。事故死亡人数从直辖之初的最高年的3613人下降至893人，较大事故从最高年的98起下降至16起，重特大事故从最高年的20起下降至能较为有效控制（近4年发生1起）。

提升领导干部责任意识。市委、市政府出台《重庆市党政领导干部安全生产责任制实施细则》。提升市政府安委会统筹力。加强目标任务统筹，坚持安全生产专项考核、奖励，严格落实安全生产“一票否决”。对区县党政领导履职、部门执法情况、事故调查处理情况开展印证式、解剖式深度督查。春节、“两会”、高温汛期等重要节点，上下联动、严防死守，做到厅长在片区、处长在区县、干部在岗位、交警在路上、老板在企业。提升工作水平。创新监管执法方式，推进重庆市“百部”安全生产地方标准建设；在危险化学品、非煤矿山、工贸行业探索推进标准化评审与执法检查“一体化”工作方式，防止标准化创建走形式；推行企业“总工程师”制度、检查执法“三步曲”等。做实企业安全生产全员责任制，突出企业主要负责人关键作用，深入推进双重预防体系建设，深化落实“日周月”工作制度。推动社会共建共治，加强基层网格化管理；出台安全生产举报奖励办法；严格企业诚信管理，强化失信惩戒。提升基层基础。推进产业结构调整，严格落实供给侧结构性改革，大力推动“四小”企业依法关闭、危险化学品生产企业搬迁入园等重点工作。着力夯实基础保障，新安装“生命工程”防撞护栏1000千米，累计安装2.5万千米，改造危桥75座、危隧8座，渡改桥9座；大力实施安全民生工程，改造主城区1635栋老旧居住建筑的消防设施；加强长江船舶改造，拆解老旧船舶1240艘。提升专项整治效果。持续推动道路交通严重违法行为、建设“两防”、煤矿“六害”等专项整治。

三、社区治理

2018年，全市深入推进城乡社区治理。紧扣推进乡村振兴战略和提升城市品质行动，重庆市出台《关于加强和完善城乡社区治理的实施意见》《加强乡镇政府服务能力建设实施方案》《关于进一步优化完善乡镇机构设置的指导意见》等文件，构建城乡社区治理工作新格局。全国社区治理和服务能力建设示范培训班在渝举办，重庆市“三事分流”社区治理工作机制向全国交流推广。市民政局、市委组织部印发《关于进一步做好城乡社区协商工作的通知》。确定城乡社区协商示范培育点109个，总结出群众说事、干部问事、集中议事、合力办事、民主评事的“五事工作法”和“逢十协商日”等协商制度，建立“百姓管家”“百姓会客厅”等协商平台。总结推广“三事分流”工作机制，通过“三事分流”工作机制解决群众反映的问题58万余个，化解群众矛盾23万余个。沙坪坝区石井坡街道团结坝社区党委书记、居民委员会主任杨春敏被中宣部、民政部评为全国首届最美城乡社区工作者。渝中区石油路街道金银湾社区“社区事务‘三事三色’管理法”被民政部评为优秀社区工作法。开展国家级农村社区示范创建活动，4个村被民政部确定为首批全国农村幸福社区建设示范单位，九龙坡区成功申报首批全国农村社区治理实验区，南岸区顺利通过全国第三批社区治理和服务能力创新实验区结题评审。开展市级和谐村（社区）建设示范创建活动，评出市级和谐示范村100个、市级和谐示范社区100个。投入市级补助资金2600万元，支持深度贫困乡镇中44个建筑面积低于200平方米的村（社区）便民服务中心改造建设，支持10个示范培育村（社区）加强便民服务中心建设。印发《关于进一步规范村（社区）证明事项的通知》，村（社区）证明事项从35项规范精简到10项。制定基层群众自治性组织依法自治事项清单、协助政府事项清单、负面事项清单，进一步完善社区工作准入，厘清乡镇（街道）和自治组织权责边界。推进村规民约、居民公约在基层社会治理中发挥积极作用，组织开展村民自治领域扫黑除恶专项行动。

四、社会组织培育

至2018年年末，全市累计登记社会组织17343家，其中社会团体7767家，民办非企业单位9499家，基金会77家。持续深化社会组织改革。市委常委会专题听取全市社会组织工作情况汇报，建立由市长任组长的全市社会组织工作领导小组，统筹谋划全市社会组织建设。市民政局、市文明办、市综治办、市司法局等8个部门联合印发《关于大力培育发展社区社会组织的实施意见》，支持鼓励发展在城乡社区开展为民服务、养老照护、公益慈善、促进和谐、文体娱乐和农村生产技术服务等活动的社会组织，年末全市社区社会组织4278家。加强党对社会组织工作的领导。印发《关于加强直属社会组织党的建设工作的实施意见》，在社会组织成立登记、年检、评估等环节，同步推进社会组织党建工作，指导社会组织将党建工作总体要求和践行社会主义核心价值观写入章程。年末全市市级社会组织党组织覆盖率73.8%，党的工作实现全覆盖。深化登记管理制度改革，推行社会组织登记“验资通”，市发展改革委、市民政局、市委组织部、市政府外办、市财政局、市人力社保局、市国资委、市机关事务局联合印发《重庆市行业协会商会综合监管实施细则（试行）》，基本建立社会组织活动异常名录和严重违法失信名单。开展行业协会商会会费清理规范工作，全年全市为企业减负1854万元。开展打击整治非法社会组织专项行动，妥善处置非法社会组织70余家，《查处非法社会组织操作指引》被民政部转发全国参阅。市民政局、市委宣传部、市委组织部、市政府外办、市公安局、市财政局、市人力社保局、市文化旅游委、市统计局联合印发《关于促进社会智库健康发展的实施意见》。山东省民政厅、重庆市民政局签订《社会组织扶贫协作框架协议》。

第五章　生态文明建设

第一节　生态保护红线划定

重庆市作为全国第一批开展生态保护红线划定工作的省市，严格按照国家相关要求，牢固树立生态优先、绿色发展理念，坚持山水林田湖草系统保护，实施生态空间用途管制，提高生态系统服务功能，构建全市生态安全格局，优化市域国土空间格局，科学合理确定重庆市生态保护红线边界。2018 年 7 月 2 日，市政府印发《关于发布重庆市生态保护红线的通知》，明确重庆市生态保护红线面积 2.04 万平方千米，占全市总面积的 24.82%。主要分布在渝东北、渝东南以及“四山”地区，包含水源涵养、生物多样性维护、水土保持、水土流失、石漠化五大类型。

一、生态保护红线管控

2018 年，重庆市强化生态保护红线管控。一是注重数据管理。出台《关于加强生态保护红线矢量数据使用管理的通知》，明确生态保护红线矢量数据管理责任、权限以及使用范围、程序等，及时将数据分发给各区县、市级相关部门，实现数据共享，同时对数据操作进行技术指导，提高各级各部门工作效率。二是加强项目指导。涉及生态保护红线的项目选址、规划等事项时，核准项目与生态保护红线关系，及时出具相关证明。三是开展平台建设。与生态环境部卫星环境应用中心完成《重庆市生态保护红线监管平台的总体设计方案》编制。

二、勘界定标试点

2018年，重庆市选取渝北区玉峰山森林公园作为勘界定标试点区域，开展生态保护红线勘界定标试点工作，将生态保护红线由“图上”落到“地上”。构建市、区、镇、村四级责任体系。探索水泥、塑钢、大理石界桩以及不锈钢、防腐木标识牌等多种材质，总结各种材质的优缺点。进行智能界桩、北斗系统、巡更系统应用等试点。主要采取4个方面的监管措施。一是安装智能界桩，使用巡更系统，设置公益岗位，由当地村民巡护；二是在主要道路安装摄像头，自动捕捉大型工程机械，在生态保护红线监管平台报警并发短信告知管理人员；三是安装北斗系统智能界桩，发生损坏或位移自动报警，主动预警开挖等破坏行为；四是借助卫星遥感技术，利用高清分辨率卫星影像图对疑似点位进行识别。11月30日，生态环境部生态司在重庆市召开生态保护红线勘界定标试点现场座谈会，四川省、云南省等周边4个省（区）生态环境厅相关管理和技术人员参加会议。

第二节　绿色发展

一、能效水平

2018年，重庆市加强重点用能企业节能管理，制定出台《重庆市重点用能企业能效赶超三年行动计划（2018—2020年）》，开展300户企业节能目标责任制落实情况监督检查；实施工业节能监察，对360户企业开展能耗达标和落后机电设备监督检查，对5户能耗不达标企业下发限期整改通知书；推广节能先进技术和节能新机制，新登记备案节能服务公司 37 家，组织大型节能技术培训 2 次，参加培训企业 130 户次。开展火电水泥能效领跑者评选活动，万州港电、梁平海螺等 5 户企业（生产线）被评为重庆市能效领跑者。

二、绿色制造体系构建

2018 年，重庆市制定印发《重庆市绿色制造体系建设三年行动计划（2018—2020 年）》《重庆市绿色园区和绿色工厂认定管理办法（试行）》，以构建绿色工厂、绿色设计产品、绿色园区、绿色供应链、绿色服务平台为重点，发挥财政政策引导作用，推动建立高效、清洁、低碳、循环的绿色制造体系。玖龙纸业（重庆）有限公司等 6 户企业成功创建国家级绿色工厂，长寿经开区成功创建国家级绿色园区，28 户企业和 1 个园区成功创建市级绿色工厂和绿色园区。组织实施国家绿色制造专项。组织重庆通用工业（集团）有限责任公司等 6 户企业申报国家绿色制造系统集成项目，获中央财政补助资金 7100 万元，推动企业制造技术绿色化率和制造过程绿色化率提高 20% 以上，资源环境影响度下降 15% 以上。组织实施市级绿色制造工程。统筹安排市级财政补助资金 3068 万元，支持 33 个节能节水清洁化改造项目，实现年节约标煤 3 万吨、节约水量 100 万吨，新增工业固体废物利用量 80 万吨；年减排 SO_2、NOx、VOCs 等污染物 5000 余吨。

三、资源循环利用

2018 年，重庆市开展全市工业固体废物综合利用大排查，全市有工业固体废物综合利用企业 335 户，从业人员 2.82 万人，利用量 9140 万吨，销售收入 167.45 亿元，减免税收 9170 万元。起草《重庆市工业固体废物资源综合利用评价管理实施细则(试行)》，引导企业开展工业固体废物资源综合利用评价，支持企业享受相关税收优惠。转发《国家工业资源综合利用先进适用技术装备目录》，加强工业资源综合利用先进技术装备宣传，开展先进技术进企业等活动。

四、工业节水

制定印发《重庆市工业企业水效提升三年行动计划（2018—2020年）》，划定100户重点企业名单，明确工作路径，细化保障措施，切实推进企业节水改造。推进节水型企业创建，联合市水利局印发《关于深入开展节水型企业创建工作的通知》。支持企业节水改造，安排财政资金374万元支持节水改造项目4个，预计年节水量67万立方米。

五、清洁生产

制定印发《重庆市清洁生产水平提升三年行动计划（2018—2020年）》，以企业清洁生产诊断为抓手，对全市107户企业免费开展清洁生产审核，帮助企业查找生产工艺、能耗、物耗、污染物排放等问题，提出改进措施和改造建议，引导企业实施清洁生产技术改造。加大清洁生产技术宣传推广力度，承办全国绿色设计产品评价管理培训班，支持重庆市企业申报国家环保装备制造企业。

第三节 污染防治

一、水污染防治

2018年，重庆市地表水环境质量总体良好，长江干流重庆段水质为优，纳入国家考核的42个断面水质达到Ⅲ类以上比例为90.5%，优于国家下达的88.1%的年度目标任务；城市集中式饮用水水源水质达标率100%，48段城市黑臭水体基本消除黑臭，9个地下水水质保持稳定，城乡饮用水水源总体安全，长江流域重庆段未发生重特大水污染事件。

强化工业污染防治。加强工业污水集中处理。2018年，新建工业集聚区污水集中处理设施14处，新增日污水处理能力8万吨。至年末，全市累计建成工业集聚区污水集中处理设施90处，日污水处理规模约100万吨。强化化工园区环境管理。全面实施长江经济带化工污染专项整治，切实整治沿江化工污染，5个化工园区全部建成并投用园区集中污水处理设施，日污水处理规模8万吨，污水排口均安装水污染物自动监控设施并与生态环境部门联网。完成1474座加油站地下油罐防渗改造任务。

深化城镇生活污染治理。新建、扩建城市生活污水处理厂8座，日污水处理能力新增29万吨，完成4座城市生活污水处理厂一级A提标改造工程。完成100处乡镇生活污水处理设施升级改造，妥善解决已建成生活污水治理设施不能稳定达标排放问题。提速推进生活污水管网建设，分别新建城市和乡镇生活污水管网455千米和2380千米，全市城市和乡镇生活污水处理率分别达93%和82%。

加强农业农村污染防治。梯次推进农村生活污水治理，按照集中与分散治理相结合、达标排放与综合利用相结合、工程措施与生态措施相结合的原则，因地制宜推进农村生活污染就近治理，逐步管控农村生活污水乱排乱放。2018年，完成400个村农村环境综合整治，累计完成3500个村农村环境综合整治，基本实现1000人以上的农村聚居点集中式污水处理设施覆盖。启动编制全市农业农村污染防治攻坚行动计划实施方案，以农村“五沿”地区为重点，因地制宜，因类施策，分类管控，全力推进农村人居环境改善。深入推进生态振兴试验示范，大力支持南岸区开展乡村生态振兴单项试验示范区建设。持续推进畜禽养殖污染防治工作，全市37个涉农业区县全部完成畜禽禁养区划定调整工作、40万头存栏生猪当量畜禽养殖污染治理；加强畜禽养殖粪污资源化利用，出台《重庆市畜禽养殖粪污资源化利用考核办法》并与区县签订目标责任书，开展粪污资源化利用专项督查和还田承载能力测算课题研究。

狠抓重点流域污染防治。持续深入推进綦江河、大溪河、龙溪河等重点河流和达不到水环境功能类别河流的综合整治，深化长寿湖、玉滩湖等良好水体的生态环境保护工作，组织召开重庆市流域治理与生态修复培训会、劣V类河流和不达标河流整治现场工作会等会议，现场督办临江河、濑溪河等河流综合整治工作80余次，2018年乌江、綦江河、任市河、大溪河、龙溪河水质稳定提升到Ⅲ类，其中龙溪河流域水环境精准治理被纳入国务院第五次大督查典型经验，被国务院办公厅通报表扬。坚决打好黑臭水体歼灭战，全面完成48段城市黑臭水体整治，基本消除黑臭水体，顺利通过住建部、生态环境部专项督查，公众满意度均超过90%，重庆市被财政部、住建部、生态环境部列为全国城市黑臭水体治理示范城市。

二、大气污染防治

2018年，重庆市空气质量优良天数316天，比上年增加13

天，无重污染天气；PM2.5 年均浓度为每立方米 40 微克，下降 11.1%。空气质量达标区县（自治县）11 个，增加 6 个。

协同控制交通污染。以柴油车整治和运输结构调整为重点协同控制交通污染。用车排放管理方面，开展机动车排气道路抽检、遥测 26.8 万辆，查处违反限行规定的货车 30 万余辆，整治冒黑烟车和超标车 2.6 万辆，淘汰老旧柴油车 1.7 万辆。升级国家第六阶段机动车污染物排放（“国六”）标准油品方面，全市 30 座储油库和 1391 座加油站提前完成（“国六”）标准油品置换。新车环保管理方面，开展新车环保信息公开和一致性核查 2.5 万辆，主城区 2 万余辆出租车、公交车全部使用清洁能源，建成充电桩 8000 余个，新开通 2 条轨道交通线路，累计 313 千米，日均客运量近 300 万乘次。船舶和民用航空器污染整治方面，完成 7 座码头岸电设施建设，拆除或者封存重庆籍船舶重油、渣油专用设备 362 套，改造液化天然气（LNG）动力船舶 2 艘，LNG 加注码头建设有序推进，推广纯电动客渡船 40 余艘，重庆江北机场建成桥载设备 115 套，实现登机廊桥全覆盖。

突出控制扬尘污染。以施工扬尘分级管控和裸土覆盖为重点控制扬尘污染。控制施工扬尘方面，督促 8000 余个施工工地严格执行控尘“十项强制性规定”，累计建设和巩固扬尘控制示范工地 1740 个，安装冲洗装置 500 余套，购置水雾炮 1000 余台。控制道路扬尘方面，累计建设和巩固扬尘控制示范道路 1700 条，道路洒水量增长 9%，主城区主要道路机械清扫率提升到 90%。控制运输和裸土扬尘方面，执行建筑垃圾运输车密闭运输，严查冒装撒漏、带泥带尘车辆，完成主城区裸土覆盖和绿化面积 1400 万平方米。

重点控制工业污染。以超低排放改造和挥发性有机物治理为重点控制工业污染。累计关闭搬迁拉法基水泥南山工厂、川东化工公司、远大印务公司等大气污染企业 300 余户。完成燃煤锅炉清洁能源改造或淘汰 34 台。去产能退出煤矿 2 个、烧结砖瓦企业

191户。完成7台共252万千瓦煤电机组超低排放改造。深度治理汽车整车制造及零配件生产、汽车维修、印刷包装、水泥、日用玻璃等行业企业及燃煤、燃气锅炉使用单位676家。完成112户企业挥发性有机物治理。组织33户水泥和重点区域烧结砖瓦企业在空气污染、用电高峰、环境应急等时段错峰生产、削峰减排。将执行国家大气污染物特别排放限值的范围从主城区扩大到江津、合川、璧山、铜梁等渝西片区，降低区域大气污染。

全面控制生活污染。以餐饮油烟整治和露天焚烧管控为重点控制生活污染。强化餐饮油烟整治方面，出台餐饮业大气污染物排放标准，完成2200余户餐饮企业和公共机构食堂油烟整治。严控高污染燃料方面，新划定高污染燃料禁燃区251平方千米，累计划定3098平方千米。整治臭气扰民和露天焚烧方面，投资7亿余元，完成5家垃圾填埋场、污水处理厂臭气扰民整治。

三、土壤、固体废物污染防治

2018年，重庆市完成农用地土壤污染详查任务。落实国家专项资金5831万元，完成9593个农用地土壤样品、1826个农产品采集、制备、分析测试。生态环境、自然资源和农业农村部门数据实现共享，完成数据分析、专题图制作等，初步判定土壤环境质量类别。重点行业企业用地调查完成1700余户企业的基础信息采集和风险筛查与纠偏，完成初步样品采集和部分样品分析测试招标工作。

建设用地土壤污染风险管控和修复稳步推进。重庆市在全国率先建立疑似污染地块名单、污染地块名录及其开发利用负面清单。对2015年以来筛查出来的387块疑似污染地块建立疑似污染地块清单。2018年，开展427块疑似污染地块调查评估工作，完成202块。全市累计完成721户搬迁或关闭企业地块调查评估。

开工治理修复污染地块27块，完成11块。累计投入社会资金2.2亿元，治理修复污染土壤43.6万立方米，提供净地面积96万平方米。在全国率先开展污染土壤风险管控。印发《重庆市污染地块风险管控区域划定工作指南》，对暂不开发利用或暂不具备开发利用条件的污染地块实现风险管控，由区县政府发布公告、设置标识等，在北碚区、大渡口区、沙坪坝区、巴南区等区县开展示范。

固体废物环境管理进一步加强，危险废物得到及时安全处置。一是科学合理规划，固体废物处置能力稳步提升。印发《重庆市危险废物集中处置设施建设布局规划（2018—2022年）》，规划分别新增危险废物和医疗废物集中处置能力85.35万吨和1.13万吨以上。新建成投运永川危险废物填埋场、丰都医疗废物处置场。启动《重庆市固体废物处理处置设施建设规划（2018—2035年）》编制。新建永川、荣昌、酉阳、黔江（一期）4个一般工业固体废物处置场。二是提升监管能力，实施精细化全过程管理。推进固体废物信息采集平台建设，完成一期危险废物转移联单精细化管理系统开发，实施危险废物转移联单制度企事业单位（个人）1.15万家（人），产生转移联单5.2万张。开发建设固体废物污染防治综合管理平台，开展危险废物精细化试点，探索建设危险废物“一物一码”管理体系，通过规范包装及标签，实现废物贮存、转移、处置全过程信息追踪。完成第一批24家重点单位危险废物精细化管理试点，启动100吨以上危险废物产生源164户企业和危险废物经营单位试点。积极申报“无废城市”建设试点工作，入选国家“11+5”试点城市。三是加强重金属风险防控，年度2%减排任务全面完成。完成11个治理改造减排项目和3个关停淘汰类减排项目。发布《重庆市重点行业执行重点重金属污染物排放特别排放值的公告》，决定2019年全面执行重金属污染物特别排放限值。开展涉镉等重金属行业企业污染排查，完成448户企业污染源或区域排查，建立重金属重点行业249户企业全口径清单，汇总形成第一批 70 个整治清单。开展嘉陵江上游尾矿库排查，制定整治方案。完成石柱恒岳矿业集团遗留尾矿库、秀山县电解锰厂等 6 个遗留电镀锰渣场整治实施方案。

四、噪声污染防治

开展噪声监测。开展主城区 21 个功能区声环境质量自动监测点位日常运维，收集区域环境噪声 3834 个、交通噪声 908 个，完成两江新区 17 个道路交通噪声点及 55 个区域环境噪声点监测，获取数据约 1500 个。

开展“严查噪声污染　确保高中考环境”专项行动。发现建筑工地环境违法行为 90 起，约谈违法企业 105 户、曝光 111 次。联合 8 个部门开展夜间建筑施工专项整治、乱鸣喇叭全民共治、宁静机关校园创建、公益宣传活动等；组织噪声污染防治专项执法行动，集中查处建筑工地夜间违法施工行为，专项行动以来全市建筑施工噪声投诉量减少 27%。

实施“宁静行动”。新建环境噪声达标区 24.17 平方千米，复查环境噪声达标区 327.8 平方千米；创建市级安静居住小区 33 个，复查市级安静居住小区 115 个，严格控制社会生活、道路交通、建筑施工、工业企业等噪声。限期治理工业噪声源 4 个、社会生活噪声源 5 个、建筑施工噪声源 7 个、扰民固定设备噪声源 44 个。建设道路声屏障 1565 米、道路降噪绿化带 23 万平方米，改造低噪声路面 6.5 万平方米，在主城采购安装鸣笛声呐抓拍系统 35 套。全市功能区声环境质量达标率 95%。

五、辐射污染防治

加强辐射安全审批。全年全市审批辐射类建设项目环评 92 个。

强化辐射安全许可管理，审批辐射安全许可证613个，持证率100%。强化放射性同位素转让转移管理，审批放射性同位素转让105件，办理放射性同位素转移备案131件。

加强辐射安全日常监管。现场监督检查辐射类建设项目约150人次，监督检查市管企业218户，依法立案查处环境违法行为7起，罚款34.6万元。深入开展“两会一节”安全隐患排查、放射源安全清查等专项整治行动和汛期重点辐射源安全检查，对全市99家放射源单位开展风险排查，消除多个辐射安全隐患。市生态环境局与市公安局、市卫生健康委等部门建立协调机制，定期沟通协商，信息共建共享，联合开展监督检查。

加强辐射安全应急工作。完成市生态环境局及各区县政府辐射事故应急预案修订工作；制定《重庆市饮用水源放射性污染应急预案》；修订《重庆市城市放射性废物库应急预案》；编写应急救援队伍联合训练计划和大纲，对全市辐射监督员开展应急培训，将辐射应急队伍纳入全市综合应急救援队伍。

加强辐射环境监测工作。完成全市29个国控点和107个市控点辐射环境质量监测，获取数据3500余个，数据报送完成率100%。4个自动监测站运行情况良好，5分钟均值获取率在95%以上。完成验收、委托、投诉、货包等监测任务23项，监督性监测重点源单位35家，个人剂量监测1200余人次。初步建立全市饮用水水源放射性水平基础数据库。完成全市38个区县103个集中式饮用水水源地以及长江、嘉陵江、乌江8个出入境断面放射性水平调查。对长江干流及其主要支流流经的17个区县开展放射性水平调查，掌握枯水期、平水期以及不同年度各时期放射性指标变化情况。完成第二次全国污染源普查重庆市伴生放射性矿普查工作。对523户伴生矿开发利用企业进行现场核实，编写《第二次全国污染源普查重庆市伴生放射性矿调查成果报告》。

第四节　生态保护与修复

一、规划源头管控

2018 年，重庆市加大生态保护与修复规划源头管控力度。一是开展自然资源调查。启动第三次国土调查，实地调查土地种类、面积和权属，全面掌握全市耕地、种植园、林地、草地、湿地、商业服务业、工矿、住宅、公共管理与公共服务、交通运输、水域及水利设施用地等地类分布及利用状况。二是探索构建国土空间用途管制制度。开展长江经济带国土空间用途管制和纠错机制试点，细化优化全域生态保护红线、永久基本农田、城镇开发边界 3 条控制线，纠偏突出问题。三是编制《主城区“四山”保护提升专项行动规划方案》，指导各区县分区开展“四山”保护提升实施方案，全面清理主城“四山”范围内的建设项目。编制《重庆市主城区“两江四岸”治理提升统筹规划》并于 2018 年 11 月获批准。起草《重庆市主城区“两江四岸”滨江地带规划建设导则》。四是开展江心岛、半岛规划优化工作。完成主城区重要江心岛本底调查，编制《广阳岛长江生态文明创新实验区总体规划》及控制性详细规划，制定主城区江心绿岛保护利用规划实施方案。

二、林地、森林、湿地生态保护和修复

2018 年年末，重庆市森林面积 397.6 万公顷，比直辖初的 172.9 万公顷翻了一番多；森林覆盖率 48.3%，位居西部地区省（区、市）前列。有各类自然保护区 58 个（其中国家级 7 个，市级 18 个，县级 33 个），分布在 29 个区县，面积 80.47 万公顷，占全市面积的 9.8%；市级以上森林公园（含生态公园）85 个（其中国家级

27个，市级58个），面积18.79万公顷，占全市面积的2.3%；湿地公园26个（其中国家级22个，市级4个）；国有林场69个。2018年，全市累计完成各类营造林约42.67万公顷，超年度计划任务的12.3%，其中退耕还林10.4万公顷，培育疏林地及未成林地5.31万公顷，宜林荒山及无立木林地造林3.47万公顷，农村“四旁”植树9533.33公顷，改造农田林网和特色经济林（新）12.21万公顷，森林抚育4.84万公顷，培育特定灌木林5.49万公顷。

开展山水林田湖草生态保护修复试点。2018年，重庆市入围国家第三批山水林田湖草生态保护修复工程项目试点。首期中央奖补资金10亿到位，下达到有关项目责任主体。项目安排围绕城市提升行动计划，依托重庆山城、江城独特地形地貌，选择主城区“一岛”“两江”“三谷”“四山”区域，重点保障广阳岛生态修复工程、缙云山生态修复整治工程、“四山”山体修复、河湖水环境综合治理、截污管网、“两江四岸”治理提升、“清水绿岸”治理提升、餐饮船停泊船搬移、货运码头搬迁整治、消落带治理等城市修补重点工程，共7大类22个子类。2018年，启动项目110个，累计投资19亿元。

三、生物多样性保护

2018年年末，全市境内有高等植物6000余种，其中国家Ⅰ级重点保护野生植物主要有珙桐、银杉、红豆杉、伯乐树、水杉等9种，国家Ⅱ级重点保护植物主要有楠木、香樟、鹅掌楸、连香树等40种；国家Ⅰ级重点保护陆生野生动物主要有豹、云豹、黑叶猴、林麝、金雕等11种，国家Ⅱ级重点保护陆生野生动物主要有红腹锦鸡、长耳鸮、斑羚、大灵猫、小灵猫等54种。

四、水土流失预防和综合治理

2018 年，市水利局完成水土保持方案行政许可 888 个（其中市级 46 个），不予许可 20 个（其中市级 9 个），受理水土保持设施竣工验收资料报备 155 个（其中市级 35 个），征收水土保持补偿费 1.52 亿元（其中市级征收 8089 万元）。向 71 家生产建设单位 175 个市级立项项目发放告知书。简化水土保持方案行政许可办事流程，印发《关于进一步加强和规范水土保持方案审批的通知》《重庆市区域水土保持方案编制技术要点》，水土保持方案严格控制在承诺的工作日内予以办结，按时完成率 100%。全年全市免征水土保持补偿费 1013 万元（其中市级 411 万元），建设单位按降低后的征收标准减少缴纳水土保持补偿费 5315 万元（其中市级 1709 万元）。对 174 个水利部批准下放和市级审批生产建设项目开展监督检查，对 8 个区县开展生产建设项目区域监管，启动石黔高速公路彭水段违法弃渣案生态环境损害赔偿。全年全市新增治理水土流失面积 1500 平方千米，其中水利部门治理水土流失面积 606 平方千米。水土保持重点工程建设投资 2.36 亿元，新增治理水土流失面积 606 平方千米。推进股权化改革，撬动 3000 万元以上社会资金参与坡耕地水土流失治理。印发《重庆市水土保持工程以奖代补试点方案》，在城口县、梁平区开展为期 3 年的改革试点，探索、总结、推行利益相关者自主建设水土保持工程监督管理新机制。

五、耕地保护

2018 年，重庆市加大耕地保护力度。一是坚持落实耕地保护共同责任机制。分解下达 2018 年度耕地保护责任目标，签订耕地保护目标责任书，组织开展 2018 年度耕地保护责任目标考核及上报工作。二是健全耕地保护新机制。自2018年7月1日起，按“算大账”核销数量、水田、粮食产能3类指标的管理方式落实耕地占补平衡；出台《重庆市国土房管局关于全面落实永久基本农田特殊保护制度的实施意见》，落实永久基本农田特殊保护政策。三是严格落实耕地占补平衡任务。全年全市补充耕地7306.67公顷，建设占用耕地7000公顷，全部按照“先补后占、占一补一、占优补优”要求落实耕地占补平衡。投入资金3亿元收购远郊区县新增耕地指标626.67公顷，保障主城九区耕地占补平衡需求。完成耕地占补平衡指标市场交易2073.33公顷，交易金额10.02亿元，发挥市场对补充耕地指标的配置作用。四是建立耕地质量监测评价常态化机制。建立全市耕地质量监测体系，划定全市耕地渐变类型区，在全市主要涉农区县布设监测样点1029个，动态掌握全市耕地质量等别变化情况；建立耕地质量“日常项目评定、年度更新评价、定期全面评价”制度、耕地质量和耕地产能评价制度。五是推进高标准农田建设。全年全市投资22.45亿元，建成高标准农田8.47万公顷；向14个国家级贫困区县切块下达补助资金4.57亿元，支持贫困区县开展高标准农田建设；联合4个市级部门印发《重庆市高标准农田建设上图入库及新增耕地认定实施方案》，统一全市高标准农田上图入库管理和新增耕地认定要求。六是有序推进农村建设用地复垦。全年全市完成农村建设用地复垦项目1214个，减少建设用地规模2786.67公顷。

六、矿山环境保护

2018年，重庆市加大矿山环境保护力度。一是推进历史遗留和关闭矿山地质环境治理恢复与土地复垦。全年全市治理（复垦）历史遗留和关闭矿山701公顷。制定《重庆市国土房管局关于印发历史遗留和关闭矿山环境治理恢复与土地复垦项目管理办法的通知》。持续推进渝北区玉峰山二、三期矿山地质环境治理项目，渝北区羽田煤矿、前锋采石场和巴南区洲欣采石场等12个市级投资矿山地质环境治理恢复与土地复垦项目。二是成功上线“重庆市历史遗留和关闭矿山环境治理恢复与土地复垦项目管理系统”，实现全市历史遗留和关闭矿山环境治理恢复与土地复垦项目信息化管理。三是以绿色矿山建设为抓手，积极推进矿山开发生态保护与修复工作。联合10个相关市级部门印发《重庆市加快推进绿色矿山建设工作方案》,制定《重庆市绿色矿山标准及评价体系》《重庆市绿色矿山建设发展规划》。至年末，全市建成绿色矿山27个。四是严格执行矿业权设置区划及分区管理制度。制定采矿权设置及准入管理暂行规定。发布主要矿产资源“三率”指标技术要求。五是加大中央环保督察反馈问题整改力度。制定自然保护区内采矿权退出工作方案和奖补标准，自然保护区内采矿权退出33宗，“四山”管制规定发布后新批采矿权退出15宗。化解过剩产能，推进关闭煤矿采矿许可证注销和退还采矿权价款工作。2018年注销采矿权许可证111个，退还煤矿缴纳采矿权价款1.85亿元。

第五节 环境质量

一、大气环境质量

2018年，重庆市主城区环境空气质量达标天数316天，比上年增加13天，占86.6%；超标天数49天，占13.4%。

主城区环境空气中PM10年均浓度为每立方米64微克，达标，下降11.1%；PM2.5年均浓度为每立方米40微克，超标0.14倍，下降11.1%；二氧化硫年均浓度为每立方米9微克，达标，下降25%；二氧化氮年均浓度为每立方米44微克，超标0.1倍，下降4.3%；一氧化碳年均浓度为每立方米1.3毫克，达标，下降7.1%；臭氧浓度为每立方米166微克，超标0.04倍，上升1.8%。

26个区及两江新区、万盛经开区城区环境空气中可吸

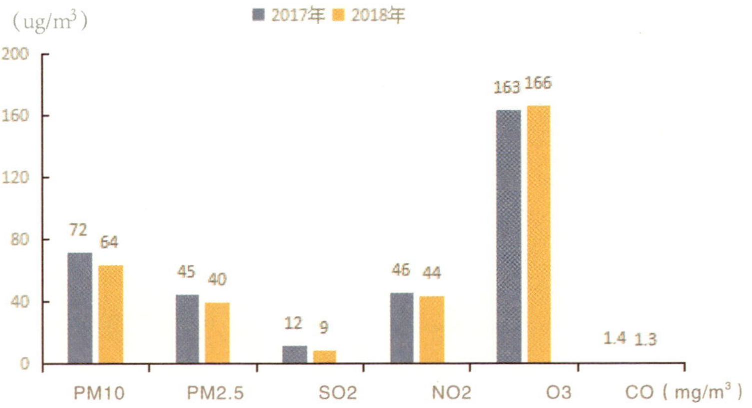

图 26　2018 年重庆市环境空气主要污染物年均浓度与 2017 年比较

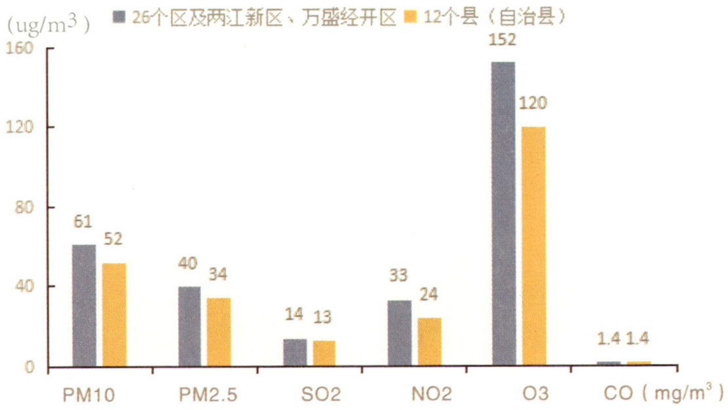

图 27　2018 年重庆市区县主要污染物年均浓度

PM10、PM2.5、二氧化硫、二氧化氮、一氧化碳和臭氧平均浓度分别为每立方米 61 微克、40 微克、14 微克、33 微克、1.4 毫克和 152 微克，其中 PM10、二氧化硫、二氧化氮、臭氧和一氧化碳浓度均达标，PM2.5 超标 0.14 倍。12 个县（自治县）城区环境空气中 PM10、PM2.5、二氧化硫、二氧化氮、一氧化碳和臭氧平均浓度分别为每立方米 52 微克、34 微克、13 微克、24 微克、1.4 毫克和 120 微克，其中 PM10、PM2.5、二氧化硫、二氧化氮、臭氧和一氧化碳浓度均达标。

二、水环境质量

2018 年，全市地表水总体水质良好。211 个监测断面中，Ⅰ类、Ⅱ类、Ⅲ类、Ⅳ类、Ⅴ类和劣Ⅴ类水质断面比例分别为 3.3%、56.4%、22.8%、11.9%、2.8% 和 2.8%，其中Ⅰ～Ⅲ类水质断面比例为 82.5%，比上年下降 1.4 个百分点；水质满足水域功能要求的断面占 87.7%，与上年持平。全市 66 个城市集中式生活饮用水水源地（其中主城区 14 个，主城区以外其他区县 52 个）水质达标率 100%，与上年持平。

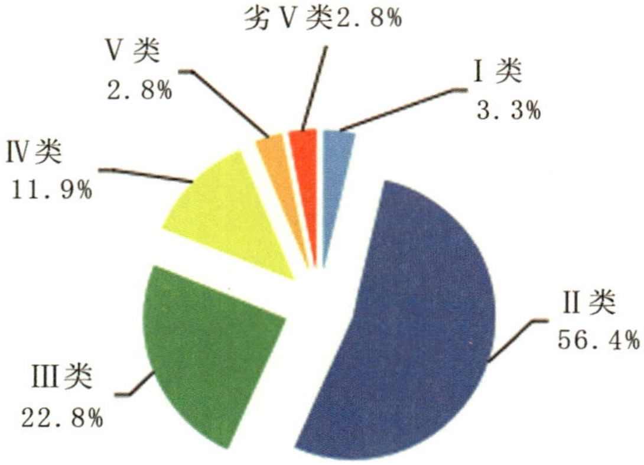

图 28　2018 年全市地表水水质类别分布

长江干流总体水质为优。15 个监测断面中，Ⅰ～Ⅲ类水质断

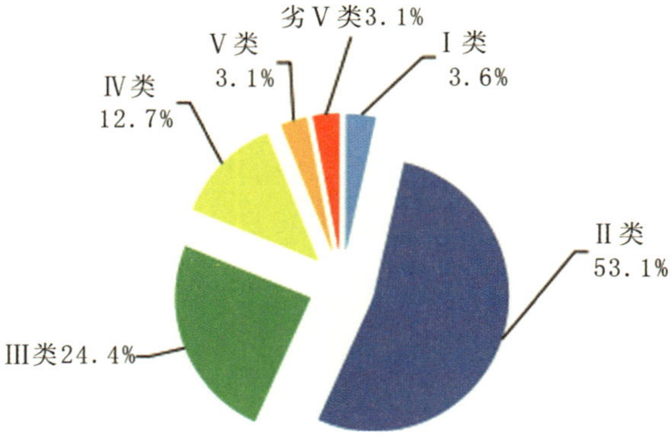

图 29　2018 年长江支流水质类别分布

面比例为 100%，与上年持平。

长江支流总体水质为良好。196 个监测断面中，Ⅰ类、Ⅱ类、Ⅲ类、Ⅳ类、Ⅴ类和劣Ⅴ类水质断面比例分别为 3.6%、53.1%、24.4%、12.7%、3.1% 和 3.1%，其中Ⅰ～Ⅲ类水质断面比例为 81.1%，下降 1.5 个百分点；水质满足水域功能要求断面占 86.7%，与上年持平。

长江主要支流嘉陵江流域设 47 个监测断面，其中干流 4 个断面均为Ⅱ类水质；其他 43 个断面中，Ⅱ类、Ⅲ类、Ⅳ类、Ⅴ类和劣Ⅴ类水质断面比例分别为 27.9%、30.2%、25.6%、7% 和 9.3%，主要污染指标为总磷、化学需氧量和氨氮。乌江流域设 21 个监测断面，其中干流 6 个监测断面均满足Ⅲ类水质；其他 15 个监测断面均满足Ⅲ类水质，Ⅰ类、Ⅱ类和Ⅲ类水质断面比例分别为 13.3%、73.4% 和 13.3%。

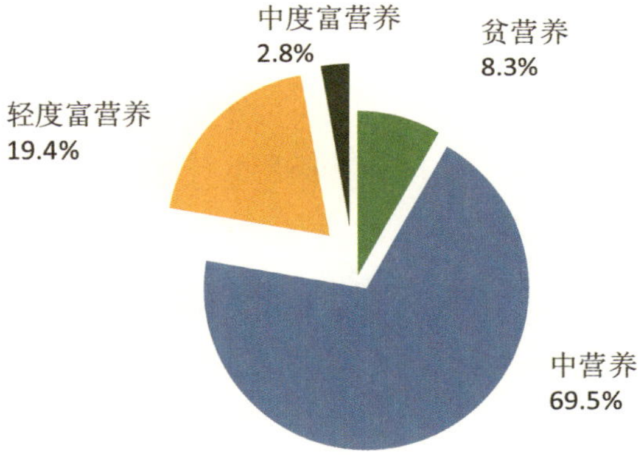

图 30　2018 年三峡库区一级支流非回水区营养状态分布

三峡库区 36 条一级支流 72 个断面水质呈贫营养断面比例为 4.2%；呈中营养断面比例为 70.8%；呈富营养断面比例为 25%，下降 2.8 个百分点。其中，36 个非回水区水质呈贫营养断面比例为 8.3%；呈中营养断面比例为 69.5%；呈富营养断面比例为 22.2%，下降 2.8 个百分点。36 个回水区水质呈中营养断面比例为 72.2%；呈富营养断面比例为 27.8%，下降 2.7 个百分点。

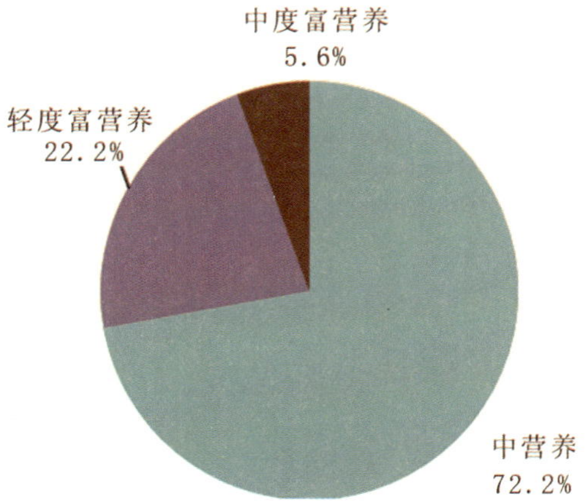

图 31　2018 年三峡库区一级支流回水区营养状态分布

三、声环境质量

2018 年，全市区域环境噪声昼间平均等效声级 54.4 分贝，比上年上升 0.9 分贝，夜间平均等效声级 45.1 分贝；道路交通噪声昼间平均等效声级 66.1 分贝，上升 0.1 分贝，夜间平均等效声级 55.1 分贝。主城区区域环境噪声昼间平均等效声级 53.2 分贝，上升 0.1 分贝，夜间平均等效声级 46.1 分贝；道路交通噪声昼间平均等效声级 67.1 分贝，上升 0.4 分贝，夜间平均等效声级 58.5 分贝。其他区县城区区域环境噪声昼间平均等效声级 54.5 分贝，上升 0.3 分贝，夜间平均等效声级 44.9 分贝；道路交通噪声昼间平均等效声级 65.7 分贝，与上年持平，夜间平均等效声级 53.6 分贝。

统计资料

表 36　2018 年重庆市主要经济指标一览表

指标	2018 年
人口与就业	
人口（万人）	
年末常住人口	3101.79
城镇	2031.59
乡村	1070.20
男性	1563.43
女性	1538.36
就业（万人）	
就业人员数	1709.51
在岗职工人数	356.61
城镇登记失业人数	13.09
宏观经济	
国民经济核算（亿元）	
本市生产总值	20363.19
第一产业	1378.27
第二产业	8328.79
工业	5997.70
第三产业	10656.13
固定资产投资（亿元）	
固定资产投资总额	

续表

指标	2018年
建设项目	
房地产开发	4248.76
财政（亿元）	
一般公共预算收入	2265.54
一般公共预算支出	4540.95
物价指数（上年=100）	
居民消费价格指数	102.0
工业生产者出厂价格指数	102.1
工业生产者购进价格指数	102.5
商品零售价格指数	101.2
产业	
农业	
乡村从业人员（万人）	1258.41
农林牧渔业总产值（亿元）	2052.40
农业	1292.68
林业	101.14
牧业	520.05
渔业	100.39
农林牧渔服务业	38.14
主要农产品产量（万吨）	
粮食	1079.34
油料	63.70
烟叶	6.24

注：1）本表数据本市生产总值、工业增加值速度指标按可比价计算，其余指标均为自然增长。

2）2017年起按营改增试点后新的收入划分办法及新增建设用地土地有偿使用收入等基金列转公共预算，与往年不可比。

3）为与国家统计口径一致，剔除跨省项目投资和农户投资，2017年固定资产投资总量数据与往年存在口径差异。

续表

指标	2018 年
茶叶	4.20
水果	431.27
猪肉	132.16
水产品	52.96
工业（规模以上）	
工业总产值（亿元）	20690.04
主营业务收入（亿元）	20244.08
利税总额（亿元）	2231.17
产品销售率（%）	98.2
全员劳动生产率（元 / 人年）	330180
主要工业产品产量	
天然气（亿立方米）	106.76
发电量（亿千瓦时）	756.56
钢材（万吨）	1187.66
铝材（万吨）	192.55
微型计算机设备（万台）	7074.08
水泥（万吨）	6577.54
汽车（万辆）	205.04
轿车	46.40
摩托车（万辆）	389.11
啤酒（万千升）	70.61
卷烟（亿支）	520.00
建筑业（资质内）	
建筑业总产值（亿元）	7819.42

续表

指标	2018年
房屋施工面积（万平方米）	35140
房屋竣工面积（万平方米）	13780
交通运输业	
客运量（万人）	63634
铁路	7707
公路	52150
水运	731
民航	3047
货运量（万吨）	128234
铁路	1705
公路	107064
水运	19452
民航	13
港口货物吞吐量（万吨）	20444

注：1）工业总产值的绝对值和指数按现价计算。2018年同期总产值、主营业务收入、利润总额及产品产量数据根据有关制度规定进行了修订，增速按照可比口径计算。

2）建筑业2003年起的所有数据均不包括劳务分包企业。

3）从2000年起民航货运量按新制度统计，旅客行李不再计入货运。

4）1996年起铁路数据按重庆现地域进行了调整。

5）2013年公路、水路数据按部门专项调查做了调整，速度按可比价计算。

6）畜牧业数据自2007年起根据第三次农业普查数据进行了调整。

续表

指标	2018 年
邮电通信业	
邮电业务收入（亿元）	368.79
本地电话用户（万户）	589.00
移动电话用户（万户）	3650.70
固定互联网络用户（万户）	1273.80
国内贸易（亿元）	
社会消费品零售总额	7977.01
批发零售贸易业	6705.53
住宿餐饮业	1271.48
对外贸易（亿美元）	
进出口总值	790.40
出口	513.77
进口	276.63
利用内外资	
实际利用外资额（亿美元）	102.73
外商直接投资额	32.50
实际利用内资额（亿元）	
国际旅游	
接待入境旅游人数（万人次）	388.02
旅游外汇收入（万美元）	218989.0
旅行社组织出境游客人数（万人次）	201.66
金融保险业（亿元）	
金融机构人民币存款年末余额	35651.57
住户存款	15907.23

续表

指标	2018 年
金融机构人民币贷款年末余额	31425.87
股票筹资额	43.96
保险公司保费收入	806.24
保险公司赔款及给付	277.37
教育、科技、文化	
教育	
专任教师（万人）	
普通高等学校	4.29
普通中学	11.72
小学	12.65
在校学生数（万人）	
普通高等学校	82.79
普通中学	165.33
小学	209.54
教育经费支出（亿元）	1018.81
科技	
技术市场成交额（亿元）	266.17

注：1）普通高等学校数据含研究生。

2）2007 年起，外商直接投资数据为上报商务部口径。

3）因全国银行业统计制度调整，报表项目归属发生变化，2011 年起“个人存款”口径做了调整。

4）因国家保险核算制度改变，2011 年起保费收入指标同期不可比。

5）因人民银行统计指标口径发生变动，2015 年起人民币存贷款余额指标同期不可比。

6）2018 年上半年同期社会消费品零售总额根据第三次全国农业普查结果及有关制度规定进行了修订，增速按照可比口径计算。

续表

指标	2018 年
文化	
图书出版数量（万册、万张）	15270
杂志出版数量（万册）	4455
报纸出版数量（万份）	26398
电视人口覆盖率（%）	99.27
广播人口覆盖率（%）	99.04
家庭、生活	
家庭	
城镇常住居民平均每户常住人口（人）	3.04
农村常住居民平均每户常住人口（人）	2.93
婚姻	
内地居民登记结婚对数（万对）	25.88
内地居民登记离婚对数（万对）	13.62
居住	
城镇常住居民人均房屋建筑面积（平方米）	36.53
农村常住居民人均住房面积（平方米）	53.93
工资和收入	
城镇非私营单位在岗职工工资总额（亿元）	2903.79
城镇非私营单位在岗职工平均工资（元）	81764
城镇常住居民人均可支配收入（元）	34889
农村常住居民人均可支配收入（元）	13781
卫生	
医院、卫生院（个）	1684
卫生技术人员（人）	209237

续表

指标	2018年
执业（助理）医师	76361
卫生机构床位数（张）	220104
市政建设	
供水总量（万立方米）	162207
天然气供气总量（万立方米）	518574
排水管道长度（千米）	21323
道路长度（千米）	10662
公园绿地面积（公顷）	28330
环境	
化学需氧量排放量（万吨）	
二氧化硫排放量（万吨）	

注：2002年起卫生统计指标名称变更，统计口径变化，不可与往年同比：2002年起卫生技术人员和床位不包括医学院校、卫生学校和计生站；执业（助理）医师2002年以前统计口径为“医生”。2010年指标卫生技术人员、执业（助理）医师为调整数，均含村卫生室。

表 37　2018 年重庆市国民经济主要指标占全国的比重

指标	全 国	重 庆	重庆占全国的比重（%）
土地面积（万平方千米）	960	8.24	0.86
年末户籍总人口（万人）	139538	3101.79	2.22
年末就业人员数（万人）	77586	1709.51	2.20
国内（地区）生产总值（亿元）	900309.5	20363.19	2.26
第一产业	64734.0	1378.27	2.13
第二产业	366000.9	8328.79	2.28
第三产业	469574.6	10656.13	2.27
主要农业产品产量（万吨）			
粮食	65789.2	1079.34	1.64
油料	3433.4	63.70	1.86
城镇常住居民人均可支配收入（元）	39251	34889	
农村常住居民人均可支配收入（元）	14617	13781	
邮政业务总量（亿元）	12345.2	134.83	1.09
电信业务总量（亿元）	65555.7	1541.30	2.35
社会消费品零售总额（亿元）	380987	7977.01	2.09
固定资产投资额（亿元）	645675.0		
房地产开发投资	120263.5	4248.76	3.53
金融机构人民币各项存款余额（亿元）	1775226	35651.57	2.01
金融机构人民币各项贷款余额（亿元）	1362967	31425.87	2.31
货物进出口总额（亿元）	305050.4	5222.62	1.71
出口额	164176.7	3395.28	2.07
进口额	140873.7	1 827.34	1.30
建筑业总产值（亿元）	235086	7344.58	3.12

续表

指标	全 国	重 庆	重庆占全国的比重（%）
在校学生数（万人）			
普通本专科	2831.0	76.28	2.69
普通小学	10339.3	209.54	2.03
执业（助理）医师（万人）	360.7	7.64	2.12
医院床位数（万张）	652.0	16.21	2.49

附　录

重庆市人民政府工作报告

——2019 年 1 月 27 日在重庆市第五届人民代表大会第二次会议上

重庆市人民政府市长　唐良智

各位代表：

现在，我代表市人民政府向大会报告工作，请予审议，并请市政协委员和其他列席人员提出意见。

一、2018 年工作回顾

2018 年，是全面贯彻党的十九大精神的开局之年，是重庆发展进程中很不平凡的一年。全国两会期间，习近平总书记亲临重庆代表团参加审议并发表重要讲话，为新时代重庆发展指明了前进方向、提供了根本遵循，给全市干部群众极大鼓舞。

一年来，在以习近平同志为核心的党中央坚强领导下，在中共重庆市委直接领导下，在市人大、市政协监督支持下，我们全面贯彻习近平新时代中国特色社会主义思想和党的十九大精神，全面落实习近平总书记对重庆提出的“两点”定位、“两地”“两高”目标和营造良好政治生态、做到“四个扎实”的重要指示要求，坚持稳中求进工作总基调，聚焦高质量、供给侧、智能化，坚决打好“三大攻坚战”，谋划实施“八项行动计划”，坚决肃清孙政才恶劣影响和薄熙来、王立军流毒，统筹推进稳增长、促改革、调结构、惠民生、防风险工作，保持了经济持续健康发展和社会大局稳定。地区生产总值突破2万亿元、增长6%，经济社会发展呈现出“稳、进、好”的态势。

——“稳”的格局在巩固。就业稳，新增城镇就业75.3万人，城镇调查失业率控制在4.7%左右。金融稳，新增社会融资规模5000亿元，银行业不良率、小贷不良率、融资担保代偿率处于全国较低水平。外贸稳，进出口总值增长15.9%，服务贸易额增长20.7%。外资稳，外商直接投资增长43.8%，实际利用外资102.7亿美元。投资稳，固定资产投资增长7%，工业投资增长7.3%。预期稳，全社会用电量、货运量、中长期贷款余额等先行指标分别增长12.3%、11.2%、15.3%。

——“进”的动力在增强。大数据智能化创新提速，智能产业实现销售收入4640亿元，增长19.2%，预计全社会研发经费支出增长9%，占地区生产总值比重达到1.95%。新产业新业态新模式不断发展，战略性新兴制造业、高技术产业增加值分别增长13.1%、13.7%，服务业增加值增长9.1%，限额以上法人企业网上零售额、信息服务收入分别增长28.6%、16.7%。全面深化改革持续释放市场活力，158项中央部署的重大改革任务有序推进，189项市级重点改革项目加快落地。新登记市场主体41.2万户，创历年新高。民间投资增长12.8%，招商引资签约落地项目协议投资额超过1万亿元。

——“好”的势头在显现。经济效益逐步回升，规上工业企业实现利润1219亿元，资产负债率下降1.5个百分点，全员劳动生产率提高到32.8万元/人。财政收入质量明显改善，全市税收占一般公共预算收入比重达到70.8%，比上年提高5.3个百分点。生态环境质量不断提升，基本消除主城区黑臭水体，长江干流重庆段水质总体为优，空气优良天数达到316天、同比增加13天，

PM2.5 平均浓度下降 11.1%。高品质生活增进民生福祉，城乡居民人均可支配收入分别增长 8.4%、9%，城乡养老保险、医疗保险参保率巩固在 95% 以上，贫困发生率降至 0.7%。

过去一年，在市委领导下，我们重整行装再出发，团结一致向前行，习近平总书记对重庆的殷殷嘱托成为全市各项工作的总遵循、最强音；谋划实施“三大攻坚战”和“八项行动计划”，打基础谋长远，抓兑现促落实，明确了新时代重庆发展的实践路径和具体抓手；坚决肃清孙政才恶劣影响和薄熙来、王立军流毒，努力营造风清气正的政治生态，为全市发展创造了良好环境。当前的重庆，政治生态持续向好，干部群众精神状态积极向上，经济社会发展各项事业稳步向前。

各位代表！过去一年，受国内外宏观环境影响，重庆经济下行压力持续增大，地区生产总值、工业增加值、固定资产投资、社会消费品零售总额等指标增速低于预期。这其中，有周期性市场变化的因素，国内部分产业进入市场饱和期，“天花板”效应显现，特别是全国汽车产销出现负增长，对我市汽车支柱产业形成冲击。有长期积累的结构性矛盾影响，产业结构方面，我市传统产业亟待升级，新兴产业发展不足；供需结构方面，中低端产品相对过剩，高端产品供给不足；动力结构方面，投资拉动、传统要素驱动效应递减，新动力支撑不足，经济转型升级过程中增速有所放缓。也有体制机制方面的原因，我市资源市场化配置、科技创新体制机制等还不够完善，制约了经济发展的动力活力。

总体上看，虽然我市部分经济指标增速下行，但高质量发展态势在上行。我们坚持从长远大势认识当前形势，不纠结于经济增长一时快慢，不为局部和眼前问题所困扰，保持定力、增强信心，把握规律、科学理政，努力推动高质量发展。

一年来，主要做了以下工作。

（一）抓重点补短板强弱项，“三大攻坚战”开局良好。编制实施三年行动方案，狠抓各项任务落地。打好防范化解重大风险攻坚战。强化源头治理、动态管理、应急处理，有效防控各类风险隐患。发挥债委会和联合授信机制作用，缓解企业流动性短缺。P2P网贷、非法集资等重点金融风险整治取得成效。加强政府债务管理，建立风险定期排查和台账式管理机制，政府债务风险总体可控。打好精准脱贫攻坚战。坚决纠正过去赶进度、图虚名的错误做法，深入推进精准扶贫精准脱贫，编制实施18个深度贫困乡镇脱贫攻坚三年规划，深化鲁渝扶贫协作，石柱、奉节达到摘帽标准，12万贫困人口脱贫。打好污染防治攻坚战。全面推行河长制，加强大气污染联防联控，实施土壤污染管控和修复，主要污染物排放总量持续下降，一批突出环境问题得到解决。

（二）着眼长远突出三年，“八项行动计划”有序展开。坚持边谋划边推进边完善，认真编制行动计划，动态调整工作专项，形成项目化、清单化、政策化推进机制。谋划实施以大数据智能化为引领的创新驱动发展战略行动计划，协同发展智能产业、智能制造、智慧城市，成功举办首届智博会并成为永久会址。谋划实施乡村振兴战略行动计划，启动11个区县、102个乡镇、220个村分层分类试验示范，基本构建起政策措施框架体系。谋划实施城市提升行动计划，高起点规划、高标准建设、高效能管理，推进21个专项和79个子项。谋划实施军民融合发展战略行动计划，强化“六个统筹”，加快创建国家军民融合创新示范区。谋划实施科教兴市和人才强市行动计划，加快科技与经济融合、教育与产业对接、人才与发展匹配，推进10个专项和32项重点任务。谋划实施内陆开放高地建设行动计划，拓展通道、提升平台、完善口岸、培育主体、优化环境，努力在西部内陆地区带头开放、带动开放。谋划实施保障和改善民生行动计划，在“七有”上持续用力，不断增强人民群众获得感。谋划实施生态优先绿色发展行动计划，推进28类工程和119项任务，加快建设山清水秀美丽之地。“八项行动计划”务实推进，取得阶段性成果。

（三）突出大数据智能化，产业转型升级取得新进展。推进数字产业化、产业数字化，用智能化“为经济赋能、为生活添彩”。加快发展智能产业，制定集成电路等产业专项政策，签约联合微电子中心、比亚迪汽车电池等大数据智能化项目3919亿元，京东方第6代柔性面板、SK海力士二期等重大项目开工，阿里巴巴、腾讯等企业西南地区总部落户重庆，集成电路、智能机器人、智能网联汽车产业产值增长均超过20%。大力推进智能制造，推动203家企业实施智能化改造，工业互联网标识解析国家顶级节点启动运行，飞象工业互联网、中移物联网等综合性平台建成投用。加快建设智慧城市，智慧政务、智慧交通、智慧教育、智慧医疗等取得积极进展，以应用促产业、以产业带应用的态势初步形成。巩固提升支柱产业，出台实施汽车产业“1+2”等专项政策，汽车产业加速转型，电子、能源、装备产业稳步增长，消费品产业逐步回升，医药、材料产业产值分别增长11.9%和20.2%。促进军民融合发展，落实与军工央企集团一揽子战略合作协议，全球低轨卫星移动通信、中国兵器科学研究院西南分院等重大项目落户。积极发展现代服务业，金融业增加值增长6.9%，服务外包离岸执行额增长13.1%。重点物流基地集聚辐射能力日益显现。智博会、西洽会、军博会、中新金融峰会等展会成效明显。召开旅游发展大会，举办第九届中国长江三峡国际旅游节和全球旅行商大会，全市旅游总收入增长31%。

（四）深化改革开放创新，发展动能转换迈出新步伐。以实际行动庆祝改革开放40周年，在新起点上推动改革开放再出发。强化改革推动。市级机构改革顺利实施，政府职能进一步优化。围绕“破、立、降”深化供给侧结构性改革，为企业减负超过600亿元。商事制度改革实现“三十一证合一”，企业开办审批时间压缩至5个工作日以内。扎实推进国企改革，企业活力进一步增强。出台实施“银行业支持实体经济发展20条”“涉企减负30条”“制造业降本36条”等政策措施，制定落实民营经济“2+N”扶持政策，支持长安、力帆、小康、宗申等重点企业转型发展、做优做强。强化开放带动。中新互联互通项目“陆海新通道”形成铁海联运、跨境公路运输、国际铁路联运三种方式，“渝黔桂新”铁海联运班列累计开行657班，中欧班列（重庆）开行超过1000班，“一带一路”和长江经济带在重庆无缝衔接。江北国际机场国际航线增至82条，旅客吞吐量达到4160万人次。两江新区获批深化服务贸易创新发展试点，中新互联互通项目累计签约219亿美元，自贸试验区形成11项全国首创制度成果。江津综保区封关运行，涪陵综保区、果园保税物流中心（B型）成功获批。国际贸易“单一窗口”和智慧口岸建设扎实推进，整体通关时间压缩1/2以上。强化创新驱动。出台“双一流”建设专项支持政策，启动建设中科院大学重庆学院，24家国内外知名高校院所来渝设立分院分所。引进“两院”院士等高层次人才255名，新增科技型企业4301家。重医附属儿童医院获批国家临床医学研究中心。荣昌、永川获批国家高新区。

（五）统筹抓好乡村振兴和城市提升，城乡融合发展呈现新气象。立足大城市、大农村、大山区、大库区基本市情，加快城乡一体化建设，促进城乡各美其美、美美与共。坚持把实施乡村振兴战略摆在优先位置，扎实推进“五个振兴”。新发展农林特色产业166万亩，“巴味渝珍”品牌首批授权产品438个，乡村旅游和农村电商网络零售额分别增长32%、21.3%。农村“三变”改革、“三社”融合发展试点稳步推进，减少村级集体经济“空壳村”1224个。启动农村人居环境整治三年行动，行政村生活垃圾有效治理率超过90%、污水处理率达到63%。实施三峡后续规划项目321个。按照“干五年、看十年、谋划三十年”的总体思路，系统谋划推进城市提升。启动编制国土空间规划，“多规合一”

平台上线运行。实施交通建设三年行动计划，渝贵铁路开通运营，成渝高铁枢纽段、重庆西站一期和沙坪坝站建成投用，渝湘高铁主城至黔江段、重庆东站开工。高速公路开工 7 条，江津至习水段建成投用，全市通车总里程达到 3096 千米。城市轨道交通新通车 49 千米，总里程达到 313 千米。启动实施水源工程建设三年行动，渝西水资源配置工程开工建设。启动“两江四岸”示范段建设，完成广阳岛长江生态文明创新实验区规划编制。制定城市综合管理提升行动方案，推进大城细管、大城智管、大城众管，“马路办公”成为常态，城市面貌发生可喜变化。

（六）推进生态优先绿色发展，环境质量实现新改善。认真落实“共抓大保护、不搞大开发”方针，强化上游意识，担起上游责任，筑牢长江上游重要生态屏障。把修复长江生态环境摆在压倒性位置，划定生态保护红线 2.04 万平方千米，营造林 640 万亩，岩溶石漠化、水土流失和消落区治理取得新成效，全市森林覆盖率提高到 48%。深入开展自然保护区大排查大整治，“四山”综合整治扎实推进，缙云山、水磨溪、长江上游珍稀特有鱼类等自然保护区专项治理初见成效。加快生态文明制度建设，启动生态环境损害赔偿、流域横向生态保护补偿等改革，建成大气、水大数据监管平台，环境治理能力进一步提升。“山水之城 · 美丽之地”颜值更高、气质更佳，八方宾朋来重庆“行千里 · 致广大”。

（七）强化惠民生兜底线，人民群众获得感有了新提升。新增普惠性幼儿园 691 所，义务教育发展基本均衡区县覆盖率达到 95%。城镇职工和城乡居民养老保险待遇稳步调增，城乡低保标准和最低工资标准进一步提高。医药卫生体制改革持续深化，启动县域医共体医通、人通、财通试点，实施 83 个进口药品降价政策。利用城市边角地新建 30 个社区体育文化公园。食品药品放心工程有序推进。扫黑除恶专项斗争扎实开展。矛盾纠纷多元化解机制进一步完善。安全生产突出问题得到整治。国防动员和后备力量建设稳步推进，优抚安置、双拥工作和军民共建深入开展。民族宗教、国家安全、外事侨务、港澳台、统计、档案、保密、参事、史志、消防、人防、气象、地震等工作取得新成绩，妇女、儿童、青年、老龄、慈善、残疾人、红十字等事业有了新进步。

各位代表！过去一年，民生投入持续增加，15 件重点民生实事年度任务全面完成。重庆籍农村建卡贫困家庭大学生资助政策惠及 12 万人次；农村学前教育营养改善计划惠及 16.3 万儿童；学前三年毛入园率达到 87%；主城区路桥收费改革落地实施；建成“四好农村路”2.4 万千米；建成公交优先道 105 千米；新增停车泊位 2.2 万个；建成公共直饮水点 456 个；完成 3.4 万户老旧住宅用水提质工程；基本建成主城区公益性场所免费 WiFi；建成城市公园 131 个；主城区新增公厕 343 座，农村卫生改厕 42.9 万户；新增社区养老服务站 200 所；2.7 万套公租房分配入住；公立医院全面落实 12 条医改便民措施。一批老百姓的身边事、烦心事得到解决。

各位代表！过去一年，我们坚持把政治建设摆在首位，坚持用习近平新时代中国特色社会主义思想武装头脑、指导实践、推动工作，不折不扣落实中央大政方针和市委决策部署。严格落实向市委请示报告制度，定期向人大报告工作、向政协通报情况。主动接受人大和政协监督，认真办理人大代表建议和政协提案，提请市人大常委会审议地方性法规草案 7 件，制定政府规章 5 件。深入开展“兴转促”行动，深化“放管服”改革，推进“全渝通办”，政府服务能力和水平得到新提升。

各位代表！过去一年取得的成绩，是习近平新时代中国特色社会主义思想科学指引的结果，是以习近平同志为核心的党中央坚强领导的结果，是市委带领全市广大干部群众团结拼搏、克难奋进的结果。在此，我代表市人民政府，向全市各族人民，向人大代表、政协委员，向各民主党派、工商联、人民团体和社会各界人士，向驻渝部队和武警官兵，致以崇高敬意！向关心支持重庆发展的中央各部门、各兄弟省区市及港澳台同胞、海外侨胞和国际友人，表示衷心感谢！

在工作实践中，我们深刻认识到，与高质量发展的要求相比，重庆还存在一些突出问题和短板。主要是：产业结构不优、能级不高，经济张力不足，科技创新能力不强，发展质量效益有待提升，转型升级压力较大，构建现代产业体系任务紧迫；城乡区域发展不平衡，交通等基础设施互联互通水平还不高，区域协调发展政策体系有待完善；“三大攻坚战”任务依然艰巨，教育、医疗、养老、收入、住房、安全等民生领域仍有不少短板；“放管服”改革仍需深化，营造国际化法治化便利化营商环境还有不少工作要做；少数政府部门和工作人员担当意识、服务意识不强，不作为、慢作为现象依然存在；党风廉政建设和反腐败斗争还需常抓不懈。对这些问题，我们一定采取有效措施，切实加以解决。

二、2019年工作安排

2019年是新中国成立70周年，是全面建成小康社会关键之年。综观国内外形势，世界经济仍处于复苏过程中，贸易保护主义、单边主义抬头，中美经贸摩擦影响日益显现，我国发展外部环境发生深刻变化，经济下行压力有所加大，一些领域风险挑战增大。但更要看到，我国发展仍处于并将长期处于重要战略机遇期，经济结构优化升级、提升科技创新能力、深化改革开放、加快绿色发展、参与全球经济治理体系变革带来新机遇。当前，我市产业结构调整思路更加清晰，新旧动能加快转换，发展基础不断夯实，政策措施逐步落地，高质量发展体制机制正在形成。我们有条件、有能力克服前进中的困难，抓住机遇、用好机遇，把机遇转化为项目实体、转化为发展动能、转化为民生福祉，实现高质量发展。

今年政府工作的总体要求是：以习近平新时代中国特色社会

主义思想为指导，全面贯彻党的十九大和十九届二中、三中全会精神，深入学习贯彻中央经济工作会议精神，紧紧围绕习近平总书记对重庆提出的“两点”定位、“两地”“两高”目标和营造良好政治生态、做到“四个扎实”的重要指示要求，统筹推进“五位一体”总体布局，协调推进“四个全面”战略布局，坚持稳中求进工作总基调，坚持新发展理念，坚持推动高质量发展，坚持以供给侧结构性改革为主线，坚持深化市场化改革、扩大高水平开放，加快建设现代化经济体系，继续打好“三大攻坚战”和实施“八项行动计划”，不断激发微观主体活力，统筹推进稳增长、促改革、调结构、惠民生、防风险工作，保持经济运行在合理区间，进一步稳就业、稳金融、稳外贸、稳外资、稳投资、稳预期，提振市场信心，增强人民群众获得感、幸福感、安全感，持续营造风清气正的良好政治生态，保持经济持续健康发展和社会大局稳定，为全面建成小康社会收官打下决定性基础，以优异成绩庆祝中华人民共和国成立 70 周年。

今年经济社会发展的主要预期目标是：地区生产总值增长 6%；固定资产投资、社会消费品零售总额分别增长 8%、7% 左右，进出口总值保持正增长；城镇调查失业率控制在 5.5% 左右，全体居民人均可支配收入增长 8% 左右，居民消费价格涨幅 3% 左右；节能减排降碳完成国家下达任务。

上述预期目标，总体上以稳为主，重点是推动高质量发展。6% 的经济增速，与到 2020 年全面建成小康社会相衔接，综合考虑了我市发展的外部环境、基础条件、潜力后劲和预期变量，兼顾了需要和可能，既有利于稳定市场、提振信心，又为深化供给侧结构性改革、推动高质量发展预留空间。

实现上述目标，要重点抓好十个方面的工作。

（一）持续打好“三大攻坚战”，夯实全面建成小康社会基础。针对突出问题，打好重点战役，确保完成年度目标任务。

坚决打好防范化解重大风险攻坚战。落实中央关于防范化解重大风险的决策部署，坚持底线思维，提高防控能力，守土有责、守土尽责，把防范化解重大风险工作做实做细做好。有效防范金融风险，用好市场化债转股、股权融资、并购重组等手段，推进结构性去杠杆。加强影子银行、互联网金融等薄弱环节监管，重点防控企业信用违约、股票质押平仓、债券到期兑付等风险点。持续优化政府债务结构，妥善处理举债与发展的关系，严格落实地方政府债务限额管理要求。严控政府隐性债务，坚决遏制增量，稳妥化解存量。加强房地产市场调控，以稳地价、稳房价、稳预期为目标，完善住房市场体系和住房保障体系，促进房地产市场平稳健康发展。

坚决打好精准脱贫攻坚战。坚持目标标准，落实精准方略，抓好中央脱贫攻坚专项巡视反馈问题整改，以高质量整改带动高质量脱贫，确保“4 个县摘帽、10 万人脱贫”。扎实推进 18 个深度贫困乡镇脱贫攻坚，加快实施路、水、电、信等到村到户项目，培育特色产业，提高发展能力。做好特殊贫困人口精准帮扶，落实健康扶贫、社保兜底等政策，探索资产性收益扶贫等方式，着力解决影响“两不愁三保障”的突出问题。巩固脱贫攻坚成果，把防止返贫摆在更加重要的位置，建立健全后扶机制，激发贫困群众内生动力，做好脱贫攻坚与乡村振兴的衔接，确保稳定脱贫、逐步致富。

坚决打好污染防治攻坚战。实施五大环保行动，抓好中央环保督察和中办二次回访反馈问题整改，着力解决突出环境问题。打好碧水保卫战，深入落实河长制，加强水源地保护，狠抓污水处理设施改造提标和管网配套，强化码头船舶污染防治，严惩超标排放、偷排偷放等行为。打好蓝天保卫战，重点治理柴油货车污染，抓好施工、道路等扬尘管控，加强餐饮油烟、烟花爆竹燃放等专项治理。打好净土保卫战，开展重点行业、企业土壤污染摸底调查，强化污染场地风险管控，完善固体废物和危险废物处置设施，建设土壤污染综合防治示范区。

（二）持续推进供给侧结构性改革和重点领域改革，以改革推动高质量发展。认真落实中央和市委重大改革部署，加强系统集成，放大综合效应。

构建推动高质量发展的体制机制。贯彻落实中央关于推动高质量发展的意见，加快形成推动高质量发展的制度体系和配套措施。明确指标体系，构建贯彻新发展理念的主要指标、核心指标、分领域指标和差异化指标，明确高质量发展的方向和目标。完善政策体系，调整优化政策设计，制定关于建设现代化经济体系的政策举措，更好支撑高质量发展。建立标准体系，健全重点领域标准，完善标准制定、实施、监督机制，引导规范各类主体行为。优化统计体系，完善统计分类、监测、调查实施和执法监督，全面准确反映高质量发展情况。改进绩效评价和政绩考核，建立分级分类绩效评价制度，完善干部考核评价机制，更好发挥激励导向作用。

落实供给侧结构性改革“八字方针”。巩固“三去一降一补”成果，加大“破、立、降”力度，坚决清退“僵尸企业”，有序处置去产能企业债务。落实国家减税降费政策，持续降低企业制度性交易成本和合规性成本。增强微观主体活力，全面实施市场准入负面清单制度，深化公共资源、公共服务等领域市场化改革，坚决破除要素流动壁垒。提升产业链水平，强化工业基础能力建设，推动支柱产业转型升级，发展新的产业集群。畅通经济循环，加快建设统一开放、竞争有序的现代市场体系，促进生产与消费、经济增长与扩大就业、金融与实体经济良性互动。

推进财政金融改革。全面实施预算绩效管理，推进市与区县财政事权和支出责任划分改革，优化财政支出结构。创新投融资方式，做实重庆发展投资公司投融资功能，组建重庆铁路投资集团，整合市级融资担保机构。推进金融改革创新，开展金融科技应用试点和金融标准化试点，加强中新、渝港金融合作。实施经济证券化五年行动计划，提高直接融资比重。

深化国企国资改革。全面实施国企国资改革方案。优化国资布局，推动国有资本加快向公共服务、重大基础设施、战略性新兴产业领域聚焦，国企主业加快向产业链、价值链中高端升级。激发国企活力，加快国有资本授权经营体制改革，深化国有资本投资和运营公司改革试点，推动集团层面混合所有制改革。改进国资管理，推动党政机关和事业单位所属企业经营性资产集中统一监管，完善国企国资审计监管措施。

支持民营经济健康发展。完善“2+N”政策体系，落实“支持实体经济企业18条”，加快培育一批100亿级、500亿级、1000亿级企业。持续开展集中走访精准服务民营企业活动，完善市和区县领导定点联系重点民营企业机制，“一企一策”帮助解决实际困难。对接国家金融监管部门民营企业贷款“125”目标和债券融资政策，设立市级首期100亿元民营企业纾困基金，转贷应急周转资金增加到20亿元。打破市场壁垒，放宽公共服务、基础设施、国企改制重组等领域准入门槛。构建亲清新型政商关系，依法保护企业家人身和财产安全，激发企业家精神，让民营企业家安心谋发展、走向更加广阔的舞台！

着力优化营商环境。重点在改善法治环境、政务环境、市场环境、社会环境和城市生活环境上下功夫。纵深推进“放管服”改革，探索“点菜放权”机制，推进工程建设项目审批制度改革试点，规范招投标，完善公共资源交易监管，实现审批服务事项“全渝通办”全覆盖。建立公平开放透明的市场规则，严格依法办事，支持本土企业，服务外来企业，努力营造“近悦远来”的城市环境，让企业引得来、留得住、发展好！

（三）持续实施以大数据智能化为引领的创新驱动发展战略

行动计划和军民融合发展战略行动计划，推动制造业高质量发展。把制造业转型升级放到更加突出的位置，启动实施“工业跃升”工程，加快构建现代产业体系。

促进智能产业、智能制造和智慧城市加速发展。培育壮大智能产业，一手抓研发创新、一手抓补链成群，着力构建“芯屏器核网”全产业链。“芯”，就是要完善集成电路设计、制造、封装测试、材料等上下游全链条，培育高端功率半导体芯片和存储芯片等项目，抓好联合微电子中心、英特尔 FPGA 中国创新中心等项目。“屏”，就是要壮大液晶面板产业，加快京东方第 6 代柔性面板项目建设，推动鑫景特种玻璃投产放量。“器”，就是要稳定现有智能终端产量，引进品牌手机生产项目，发展智能音箱、智能穿戴等新产品。“核”，就是要完善新能源和智能网联汽车产业生态，发展“大小三电”、智能控制系统等核心零部件。“网”，就是要加强物联网硬件制造、系统集成和运营服务，建设国家物联网产业示范基地和中国智谷（重庆）科技园。推动区块链技术创新应用，促进区块链产业健康发展。加快智能制造步伐，落实智能制造实施方案，更好发挥综合性工业互联网平台作用，推动 1250 家企业智能化改造。推进智慧城市建设，制定新型智慧城市建设方案，出台大数据管理规定，加快建设市级数据中心和“数字重庆”云平台，实施一批智能化应用示范项目，开启全域感知、互联协同、智能运营、便捷高效的智慧城市发展新图景。

推动支柱产业迭代升级。巩固提升智能产业、汽车摩托车两大支柱产业集群，培育壮大装备、材料、生物与医药、消费品、能源、技术服务、农副产品加工等产业集群，打造重庆制造“升级版”。汽车摩托车产业，重点向新能源、智能网联、轻量化转型升级，加快中高端乘用车、商用车、特种车和摩托车新品研发投放，提升关键零部件本地配套能力。装备产业，重点发展轨道交通、航空航天、能源、节能环保和智能制造装备，大力发展服务型制造，提升关键基础件水平。材料产业，重点发展高端金属材料、化工合成材料、复合材料、石墨烯等新材料，构建先进基础材料、关键战略材料、前沿新材料协同发展的产业集群。生物与医药产业，加快发展生物制药、化学创新药及高端仿制药、现代中药、医疗器械产业，做强国家生物医药产业基地。消费品产业，做大做强纺织服装、日化用品、陶瓷制品等产业，丰富品种、提升品质、创建品牌、拓展市场。能源产业，加快发展页岩气等新能源，提高现有能源开发利用效率。技术服务业，重点发展工业设计、检验检测等科技服务业，培育壮大软件产业、工业互联网服务等信息服务业，为制造业发展赋能。农副产品加工产业，壮大肉禽制品、粮油制品等大宗产品规模，提升调味制品、果蔬饮料等特色产品档次，提高农副产品资源工业化生产水平。

增强制造业技术创新能力。坚持以科技创新引领产业升级，研究出台专项实施方案，加快完善制造业技术创新体系。深化产教融合，推进高校院所学科建设、科学研究与重点产业发展有机结合，强化产学研协同创新。加快制造业创新中心建设，高水平建设集成电路特色工艺及封装测试、机器视觉等市级制造业创新中心，积极创建智能网联汽车、工业大数据等国家制造业创新中心。鼓励企业设立研发机构，新建企业技术中心、工业设计中心、工业和信息化重点实验室等市级企业研发机构120家以上，提升规上工业企业研发投入强度。

促进军民融合深度发展。聚焦军工主业、军转民、民参军三大领域，深化与军工央企集团战略合作，加快创建国家军民融合创新示范区。抓好军民融合产业发展，围绕汽车、电子信息、装备制造等传统领域和生物、新能源、新材料等新兴领域，推进布局集聚化、企业集群化、产品和技术集成化。抓好军民融合科技创新，实施科技军民融合重点专项，加强关键技术协同攻关，推动人工智能等重点领域科技军民融合。抓好重大项目重大工程，加快全球低轨卫星移动通信、深科技智能制造、重庆交通大学绿色航空技术研究院等项目建设，提升军民融合发展整体实力。

（四）持续扩大有效需求，为经济平稳运行提供有力支撑。发挥消费对经济发展的基础性作用、投资对优化供给结构的关键性作用，进一步释放内需外需潜力。

拓展消费需求。实施消费升级行动计划，推进消费平台转型升级，壮大限额以上商贸企业，创建国际消费中心城市。培育消费新业态新模式，稳定汽车、百货消费，发展服务消费、健康消费、绿色消费、信息消费，完善进口商品分销体系，做大网络零售规模。切实增加居民收入，落实个人所得税专项附加扣除等政策，研究制定促进居民收入稳步增长的相关政策，增强市民消费能力。

扩大有效投资。加强重大基础设施投资，用好国家补短板政策，重点推动一批高铁、城市轨道、高速公路、水利、航空等基础设施项目，加强工业互联网、物联网等新型基础设施建设，提速三峡后续规划项目建设。加强工业投资，加大招商引资力度，狠抓项目落地，实施重大技术改造升级工程，力争工业投资增长10%，技改投入占比达到40%。加强公共服务投资，加大学前教育、健康、养老等投入力度，加快补齐农村公共服务设施短板，强化自然灾害防治能力建设。激活民间投资，健全吸引民间投资重点项目库，鼓励民间资本参与PPP项目。争取更多地方政府专项债券，加强政银企对接，保障重大项目资金需求。

促进外贸外资稳定增长。拓展多元化市场，稳定美国市场，深耕欧盟、东盟、日韩等传统市场，拓展“一带一路”沿线国家和南美、非洲等新兴市场，支持企业布局海外生产和营销服务网络。优化外贸结构，巩固通用机械、汽摩零部件等传统产品出口，扩大智能终端、高端装备等出口，做优一般贸易、加工贸易，做大总部贸易、转口贸易，丰富“保税+”产业体系。鼓励企业进口先进技术设备、关键零部件、重要资源性产品和紧俏消费品。扩大双向投资，吸引外商直接投资，用好人民币海外基金业务试点政策，支持有实力的企业“走出去”。

发展现代服务业。推动生产性服务业向专业化、中高端拓展，促进生活性服务业向精细化、高品质转变。增强金融集聚辐射功能，大力发展普惠金融、消费金融、绿色金融、物流金融，提升解放碑金融集聚区功能，加快推进江北嘴金融核心区建设。增强现代物流功能，引进国际国内物流龙头企业和综合物流服务集成商，发展供应链管理、物流总部经济、航运衍生服务等高端业态。增强商务会展功能，办好智博会、西洽会、军洽会、支洽会、中新金融峰会、重庆国际人才洽谈会，做大做强会展经济。增强旅游服务功能，深化文旅融合，打好三峡、山城、人文、温泉、乡村“五张牌”，构建长江三峡国际旅游、都市旅游、民俗文化生态旅游、世界温泉谷等项目集群，力争旅游总收入增长 30% 以上。

（五）持续实施科教兴市和人才强市行动计划，以创新驱动高质量发展。抓创新就是抓发展，谋创新就是谋未来。要坚持把人才作为第一资源，把创新作为第一动力，加快完善区域科技创新体系。

推动创新平台升级。高标准规划建设重庆科学城，联动国家自主创新示范区、两江协同创新区，打造西部创新资源集聚地。深化开发区体制机制改革，向高新区、经开区下放市级管理权限，优化财政分享政策，探索推进重庆高新区“一区多园”模式。引导各类开发区创新发展，加快向创新型园区转型，努力建设创新驱动、高质量发展示范区。

壮大高端创新主体。以“双一流”建设带动高等教育整体提升，支持在渝高校与国内外知名高校院所合作，建设一批高水平大学和优势特色学科，提升高等教育服务发展、引领未来的能力。加快科技基础设施建设，积极谋划大科学装置，创建 2~3 个国家重点实验室和国家技术创新中心，引进更多国家级科技创新基地在重庆布局。大力培育科技企业，力争高新技术企业数量增长20%，科技型企业数量增长35%。

优化创新生态环境。提高研发投入强度，出台激励创新政策，通过压缩市和区县两级财政一般性支出，新增10亿元支持科技创新，采取投资补助、重大项目奖励、政府购买等方式，引导企业、高校、院所增加研发投入，全社会研发经费支出占比达到2%以上。完善科技金融服务，壮大创投规模，推进科技型企业知识价值信用贷款扩面放量。抢抓“科创板＋注册制”机遇，加快推动科技企业上市。促进科技成果转化和产业化，深化科技成果使用权、处置权和收益权改革，完善以增加知识价值为导向的分配政策。依托重庆大学、西南大学等高校，建设环大学创新生态圈。实施“重庆英才计划”，完善“一站式”人才服务政策，加快引育一流科学家、学科领军人才、产业技术人才和高水平创新团队，让创新人才立住脚、留住心、扎下根！

（六）持续实施内陆开放高地建设行动计划，以开放带动高质量发展。积极融入“一带一路”建设和长江经济带发展，推动全方位开放，加快培育内陆开放新优势。

增强通道辐射能力。统筹东西南北四个方向、铁公水空四种方式，高标准建设出市出海出境大通道，构建内陆国际物流枢纽支撑。南向，加快中新互联互通项目“陆海新通道”建设，联动沿线省区打造重庆运营中心、运营平台和物流枢纽。西向，完善中欧班列（重庆）功能和网络体系，新增一批境内外集结分拨点。增开中亚班列。东向，加密渝甬铁海联运班列，推动落实长江黄金水道优先过闸机制。北向，做好“渝满俄”班列常态化开行。空中，大力发展基地航空，以国际直达为重点优化航线网络，力争新开通10条国际航线。完善多式联运体系，促进各类开放通道互联互通。

提升开放平台能级。推动各类开放平台功能协同、通关协同、政策协同、监管协同，增强资源集聚能力，强化招商引资，壮大开放主体，支撑全市发展。两江新区，要深化服务贸易创新发展试点，建设保税商圈、邮轮母港和国际合作中心。中新互联互通项目，要加快推进中新金融科技示范区、航空产业园、国际数据通道等标志性项目，形成更多可视性成果。自贸试验区，要按照商品和要素流动型开放向规则等制度型开放转变的要求，加快探索陆上贸易规则，争取更多金融开放试点政策落地。

强化口岸支撑功能。优化口岸布局，重庆港水运口岸扩大开放至果园港区，推动万州机场口岸开放。改进口岸服务，深化国际国内通关协作，拓展国际贸易“单一窗口”功能，推进智慧口岸建设。发展口岸经济，打造内陆国际物流分拨中心，探索建立面向全球市场的采购贸易基地，加快建设“产业＋跨境电商”特色园区和国家临空经济示范区。

（七）持续实施乡村振兴战略行动计划，巩固发展农业农村好形势。精准落实“五个振兴”要求，加快促进农业全面升级、农村全面进步、农民全面发展。

发展山地特色高效农业。深化农业供给侧结构性改革，实施“十百千”工程，促进农业“接二连三”。着力调结构，稳定粮食产能，重点发展柑橘、榨菜、柠檬、中药材、茶叶等特色高效产业，建设一批现代农业产业园区。着力创品牌，加强品种品质品牌建设，培育以“巴味渝珍”为重点的特色农业品牌。着力促融合，做大做强农产品加工，做优做精乡村旅游，大力发展农村电商，扩大农产品外贸，推动农业全产业链升级。

促进城乡要素双向流动。完善“引进”和“留住”人才机制，鼓励企业家、技能人才、农民工返乡投资兴业，加快培育农业龙头企业和新型职业农民。深化农村集体产权制度改革，推进农村承包地、宅基地“三权”分置改革，完善“地票”“林票”制度，扩大农村“三变”改革试点，减少2500个村级集体经济“空壳村”。

鼓励和规范工商资本参与乡村振兴，深化农业项目财政补助资金股权化改革，推进“三社”融合发展试点，完善利益联结机制，让农民分享产业发展收益。

改善农村人居环境。编制多规合一的乡村规划，建设精致县城、大美乡村。实施“五沿带动、全域整治”行动，扎实推进农村人居环境整治，建设2.4万千米“四好农村路”，改造3万户农村危房、37.5万户卫生厕所，强化农村垃圾污水、面源污染治理和农业生产废弃物资源化利用，探索建立长效管护机制。加强农村公共文化建设，保护传承优秀传统文化，引导村民养成良好文明和卫生习惯。建设平安乡村，促进乡村善治，让广袤农村成为记得住乡愁的美丽家园！

（八）持续实施城市提升行动计划，努力实现城市让生活更美好。贯彻“一尊重五统筹”要求，聚焦国际化、绿色化、智能化、人文化，加快提升城市经济品质、人文品质、生态品质、生活品质。

构建分类指导的区域协同发展格局。完成国土空间规划编制，制定建立区域协调发展新机制的实施方案，出台加快推动现代化都市圈建设意见，完善分片区协同发展机制和政策，促进产业协同发展、基础设施互联互通、公共服务共建共享。主城区和渝西片区，突出培育现代产业体系和壮大城市经济，建设展现重庆历史文化名城、山清水秀美丽之地的“窗口”，加快形成更具活力、更有魅力的现代化都市圈；渝东北片区，紧扣筑牢长江上游重要生态屏障目标，推动资源优势、品牌优势、产业优势转化为发展优势，建设长江经济带生态优先绿色发展示范区；渝东南片区，突出民俗和生态优势，重点发展山地特色高效农业、民俗文化生态旅游和特色资源绿色加工产业，建设武陵山区特色生态经济走廊。深化成渝城市群合作，促进区域一体化发展。

构建以交通为重点的网络型基础设施体系。坚持以轨道交通引领城市发展格局，推动高铁、市域铁路、城市轨道交通“三铁”

融合，畅通交通大动脉。加快建设“米”字形高铁网。按照“五年全开工、十年全建成”目标，实施高铁建设五年行动方案，力争开工渝万高铁、渝西高铁、渝昆高铁重庆枢纽段，推进郑万高铁、渝湘高铁主城至黔江段、重庆东站建设，加快渝汉、渝贵、兰渝、成渝中线高铁、渝湘高铁黔江至秀山段等前期工作，实施重庆站、重庆北站南广场、老成渝铁路改造工程，推进万州北站高铁枢纽规划建设。加快城市轨道交通建设。按照“中心加密、两槽提速、两翼联通、外围辐射”思路，实施城市轨道交通成网计划，提速城市轨道交通二期、三期等 208 千米在建项目，启动城市轨道交通四期项目，开工璧山至铜梁线，推进城市轨道交通 TOD 项目，2022 年实现运营和在建里程“850+”。加快建设国际航空枢纽。力争开工江北国际机场 T3B 航站楼和第四跑道，统筹规划第二枢纽机场和货运机场，加快万州、黔江机场改扩建和武隆机场建设，投用巫山机场、永川大安通用机场。加快建设国家公路运输枢纽。提速推进 18 条高速公路建设，开工建设渝遂扩能、渝湘扩能、奉节至建始等项目，建成潼南至荣昌高速公路。启动 3300 千米普通干线公路改造。推进跨江大桥和穿山隧道建设。加快完善城市路网。加密次支路，打通断头路，强化公交和轨道站点接驳换乘，持续缓堵保畅。加快完善信息网、能源网、水利网。推动农村 4G 网络全覆盖，支持 5G 通信网建设和商用试点。推动西北电、三峡电入渝和川渝电联网，完善“四环二射”市域输气干网。推进渝西水资源配置工程，优化主城区水厂布局，加强农村水源工程建设，完善供水安全保障体系。

推进以“两江四岸”为主轴的城市有机更新。按照“点上点靓、线上贯通、面上提升”思路，高水平打造“百千米两江四岸”。加快环朝天门片区、九龙半岛、钓鱼嘴半岛和礼嘉半岛保护开发，推动广阳岛建设“长江风景眼、重庆生态岛”。实施主城区“清水绿岸”工程。强化“四山”保护利用，规划建设城市山地生态公园。谋划布局一批城市功能设施。建设一批山城步道，推进无障碍设施建设，探索开行有轨电车、水上巴士。实施解放碑步行街改造提升试点项目，推动磁器口古镇提质扩容，保护修缮十八梯、金刚碑等历史文化和传统风貌街区。

促进城市管理精细化、智能化、人性化。深化大城细管、大城智管、大城众管，推动“马路办公”常态化、机制化。健全城市管理法规和标准体系，实施城市综合管理七大工程。完善智慧城管综合平台，建设智慧城管示范项目。健全公众参与机制，推动城市管理重心下移。持续提升城市品质，努力实现干净整洁有序、山清水秀城美、宜业宜居宜游！

（九）持续实施生态优先绿色发展行动计划，加快建设山清水秀美丽之地。学好用好绿水青山就是金山银山“两山论”，走深走实产业生态化、生态产业化“两化路”。

加强生态保护修复。深入实施国土绿化提升行动，完成营造林600万亩以上，推动500万亩国家储备林建设。加快国家重点省市地质灾害综合防治体系建设，实施三峡库区消落区治理。推进国家山水林田湖草生态保护修复工程试点，加快建设生物多样性示范区。彻底清理整治自然保护区生态破坏和农地非农化问题，还自然以宁静、和谐、美丽。

推进产业生态化、生态产业化。加快发展生态农业、生态旅游、生态康养等绿色产业，壮大节能环保、清洁生产、清洁能源产业，培育绿色低碳新增长点。推行绿色建筑，发展装配式建筑。实施生活垃圾分类处理。开展生态文明宣传教育，倡导勤俭节约、绿色低碳、文明健康的生活方式。

深化生态监管体制改革。推进全民所有自然资源资产管理和自然生态监管体制改革，建立自然资源确权登记体系。严格执行重点生态功能区产业准入负面清单，建立以排污许可证为核心的污染源管理体系。完善生态补偿机制。落实能源资源消耗总量和强度“双控”目标责任，强化党政领导干部自然资源资产离任审计、生态环境损害责任追究制度，让生态红线成为不可触碰的“高压线”。

（十）持续实施保障和改善民生行动计划，努力创造高品质生活。坚持尽力而为、量力而行，切实办好民生实事，不断增进民生福祉。

做好就业服务和社会保障。实施更加积极的就业政策，多渠道提供职业培训和就业服务。制定推进新时代重庆产业工人队伍建设改革实施意见，办好“一带一路”国际技能大赛。完善多层次养老保险体系。深化医保支付方式改革，强化医保基金监管。稳步提高城乡低保、困难残疾人生活补贴标准，开展社会救助综合改革试点。关爱孤残儿童、留守儿童和困境儿童。完善养老服务体系，推进医养结合，让老年人健健康康有尊严、舒舒服服有品质！

推动教育高质量发展。编制实施《重庆教育现代化 2035》。提高幼儿园普惠率，推进义务教育发展基本均衡区县全覆盖，积极消除城镇学校大班额，清理规范校外培训机构。鼓励普通高中多样化特色化发展，稳妥推进考试招生改革工作。推动高等教育内涵式发展。强化职业教育“双师型”“双证制”“双基地”人才培养。分类发展民办教育。健全教育评价评估体系。开展教师“县管校聘”和校长职级制试点，实施名校长名教师工程，建设高素质专业化教师队伍。

持续实施健康工程。落实“健康中国人行动计划”。深化医药卫生体制改革，健全现代医院管理制度，建设紧密型医共体，完善基层医疗卫生服务体系。加强医学人才培养。健全疫苗监管制度。实施母婴安全、健康儿童行动计划。推动中医药事业发展。完善体育设施，努力创建体育强市。

扎实推进文化建设。深入实施公民道德建设工程，培育和弘扬社会主义核心价值观。开工青少年活动中心等重点项目，改造提升基层综合文化服务中心，开展文化惠民活动，倡导全民阅读。创建国家级文化产业园区，培育新型文化业态。加强文艺精品创作。繁荣哲学社会科学。强化重点文物保护，启动非遗博览园建设，提升工业博物馆品质。挖掘巴渝文化、三峡文化、抗战文化、统战文化和红岩精神内涵，延续城市文脉，讲好重庆故事，让优秀历史文化活在当下、服务当代！

加强和创新社会治理。坚持共建共治共享，扎实开展“枫桥经验”重庆实践十项行动，加快构建富有活力和效率的新型基层社会治理体系。加强基层民主建设，强化社区网格化服务管理，为居民提供精准化、精细化服务。完善立体化、信息化社会治安防控体系，开展公共交通、校园安全、食品药品等领域专项治理，巩固扫黑除恶专项斗争成果。健全社会心理服务体系和疏导机制、危机干预机制，塑造自尊自信、理性平和、亲善友爱的社会心态。健全应急管理机制，严格落实安全生产责任，持续开展大排查大整治大执法，严防重特大安全事故发生。改革和创新信访工作。做好“七五”普法工作。加强国防动员和后备力量建设，建立退役军人事务工作体系，做好优抚安置双拥工作，谱写军政军民团结新篇章。

三、切实加强政府自身建设

打铁必须自身硬。我们要坚持以政治建设为统领，以法治建设为保障，以作风建设为抓手，加快转变政府职能，着力提升行政效能。

坚定理想信念，对党绝对忠诚。深学笃用习近平新时代中国特色社会主义思想，树牢“四个意识”，坚定“四个自信”，坚决做到“两个维护”。深入开展“不忘初心、牢记使命”主题教育。

扎实开展贯彻落实习近平总书记对重庆所做重要讲话和系列重要指示批示精神“回头看”，不折不扣贯彻中央大政方针和市委决策部署，以实际行动兑现市委“三个确保”政治承诺。落实民主集中制，严格执行请示报告制度。坚决肃清孙政才恶劣影响和薄熙来、王立军流毒，推动政治生态持续向好。

严格依法行政，规范高效履职。做好市级机构改革后续工作，完成区县机构改革，依照法定权限和法定程序履行职责。深化综合行政执法改革，严格规范公正文明执法。认真执行人大及其常委会决议决定，积极支持人民政协履行职责。自觉接受人大监督、政协监督、监察监督、司法监督和社会监督，让权力在阳光下运行。

强化学习提能，练就过硬本领。加强知识更新、能力培训、实践锻炼，争当各领域行家里手。提升学习能力，养成坚持学习、深入调研的习惯，在学习和实践中增强本领。提升执行能力，凡是承诺的事情，都要清单化管理、项目化推进、精细化落实。提升创新能力，善于用大数据智能化改进政府服务、用改革创新思维破解发展难题。面对各种困难和挑战，要保持斗争精神，增强斗争本领，敏于发现问题，敢于面对问题，善于化解问题，成于解决问题。

切实转变作风，勇于担当作为。严格落实中央八项规定精神和市委实施意见，集中整治形式主义、官僚主义，坚决纠正表态多调门高、行动少落实差的行为，坚决整肃不作为、慢作为。建立健全正向激励和容错纠错机制，鼓励创造性贯彻落实。建设节约型机关，严控“三公”经费，倡导过紧日子。加强政府诚信建设。做好第四次经济普查。强化对标管理，改进督查工作，倡导比学赶超，让勇于担当成为习惯，让奋勇争先成为常态。

坚持廉洁从政，永葆清廉本色。严格落实全面从严治党主体责任，强化审计监督和廉政风险防控。深入开展“以案四说”警示教育。聚焦脱贫攻坚、生态环保、惠民政策落实等重点领域，严查群众身边的腐败问题。政府工作人员是人民公仆，要讲政德，明大德、守公德、严私德，多积尺寸之功，筑牢拒腐防变的思想道德防线，永葆为民务实清廉的政治本色。

各位代表！伟大时代充满创造，赢得未来唯有奋斗。让我们更加紧密团结在以习近平同志为核心的党中央周围，在中共重庆市委坚强领导下，团结一致、沉心静气，以山城人民的真抓实劲、敢抓狠劲、善抓巧劲、常抓韧劲，推动既定的行动纲领、战略决策、工作部署兑现，以优异成绩庆祝中华人民共和国成立70周年！